KB260655

초등학생
독서와 논술

초등학생 독서와 논술

한복희 저

세상을 꿈꾸는 상상 나래

랭기지**플러스**

올바른 독서 교육을 위한 지침서_

1980년대 중반부터 지금까지 대학에서 독서 지도에 대해 강의해오고 있지만 여전히 읽기 지도는 어렵게 생각된다. 10여 년 전, 우리 큰 애가 고등학생이었을 때 제 6차 교육과정이 발표되었다. 그 당시 나는 매일 저녁 수학능력시험 준비를 어떻게 할 것인지 고민하며 교육방송을 보곤 하였다.

제 7차 교육과정이 도입되고, 2008학년도부터 대학입시에 논술이 강화된다고 한다. 학부모는 어떻게 자녀를 도와주어야 할지 답답한 마음이 들 수도 있다. 10여 년 전 큰 아이 대학입시 때, 새로운 교육과정에 따른 학습 방법을 잘 이해하지 못하고 방향을 빨리 못 잡아서 실패한 경험이 있다. 진학에 실패한 후 1년의 재수 기간 동안 독서와 논술 지도 자료를 모아『풍부한 지식 논술이 풀린다』(한복희, 1995)라는 논술책을 출판하여 큰 호응을 얻은 바 있다.

새로운 교육과정에서는 독서와 논술이 중요하다고 한다. 새삼스러운 것도 아니다. 1994년 수학능력시험이 처음 시행되었을 때에도 독서의 중요성이 강조되어 오늘날과 같은 독서 교육 붐이 이루어지게 되는 전기를 마련하였다. 사람이 잘 살아가기 위해서는 좋은 책을 많이 읽고 이해하고 감상할 수 있도록 독서 능력을 키워야 한다. 학생들은 독서 활동을 통하여 기본적인 지식과 기능을 개발할 수 있으며, 교과 학습의 기본이 되는 학습능력을 신장해 나갈 수 있다. 창의적 학습능력은 문제해결, 효과적 의사소통, 기술의 이용, 협동, 창의적 적용 등과 관련되어 21세기 정보사회의 주요한 학습 덕목이라 생각된다. 이러한 능력은 성공적인 학습능력을 위해서 뿐만 아니라 성공적인 직업과 사회생활을 위해서도 꼭 필요한 능력이다. 이러한 능력은 교육과 독서를 통해서 습득될 수 있는데, 독서는 단시일 내에 끝낼 수 없으며, 장시간에 걸쳐 지도와 훈련을 통해 습득되는 기술적인 면이 크다는 것이다.

독서 교육은 크게 두 단계로 나누어볼 수 있다. 초등학교 때부터 책읽기에 대한 관심을 불러일으켜 아이들을 책읽기의 즐거움으로 끌어들이는 기초적인 단계, 그리고 그렇게 책읽기의 방법과 기술을 배운 학생들에게 학년이 올라감에 따라 책읽기의 방향을 제시해주는 체계적인 독서 단계로 나눌 수 있다. 실제로 초등학교 과정에서 읽기의 방법을 습득하면 상급학교로 올라감에 따라 배운대로 필요한 책을 선별해서 독서를 하면 되는 것이다. 이때에 교사, 학부모, 독서지도사들은 아동들 개인에 맞는 적절한 도서를 선정해 주는 역할을 할 수 있어야 한다. 그러나 이 과정에서 개인차를 보이는 경우가 있으며, 이러한 경우에는 독서 능력을 진단하고 좀더 치밀하고 세심한 계획을 가지고 교정 독서 지도를 실행하여야 한다.

'급변하고 어려운 시대에서 우울증에 걸리지 않으려면 책을 붙잡아야 한다.' 독서의 중요성을 잘 표현하고 있는 말이다. 이제 어른들이 책읽기를 솔선수범하여 우리들의 미래인 청소년들에게 독서의 힘을 키워주자. 또한 어렸을 때부터 아이들이 도서관을 드나들게 만들자. 그리하여 성인이 되어서도 안락한 도서관을 기억하게 하자. 천장이 높고 넓고 여유가 있으며, 응접실 같은 온화한 분위기의 열람실이 있고, 큼직한 소파에 앉아서 책을 읽는 풍경의 도서관. 지우개가 달린 노란 연필을 손가락에 끼고 친절하게 답해주는 사서가 있는 도서관을 만들자. 아무리 첨단기기로 꾸며져 있다 할지라도 안락한 열람실을 만들어야 한다. 도서관을 그 동네에서 가장 안락한 분위기에서 책을 읽을 수 있는 매력 있는 장소로 만들어 보자. 그곳에서 우리 아이들이 조용히 책장 넘기는 소리를 들어보자. 좋은 책을 골라 독서에 빠져 밤새워 책을 읽어낼 수 있도록 지구력을 키워주고 나아가 밤새워 공부하면서 볼펜 한 자루가 다 닳도록 써보게 하자. 논술을 잘하기 위해서는 종합적 사고력을 키워야 한다. 종합적 사고력을 키우기 위해서는 좋은 책을 많이 읽고 생각하는 힘을 키워야하기 때문에 이러한 훈련이 필요한 것이다.

이 책은 책읽기를 통하여 독서의 힘을 키워 학습 능력을 높이려는 목적으로 쓰여졌다. 책의 구성을 살펴보면, 우선 독서 지도의 이론적인 부분으로 올바른 독서 교육에 대하여, 읽기 지도 연구, 과정 중심 독서 지도를 다루고 있다. 그리고 독서 지도의 실제적인 부분으로 독서 자료에 대한 이해, 독서 활동 계획 수립, 그림책, 책 읽어주는 방법, 아동들의 발달 단계에 따른 독서 지도 방법과 읽을 책 목록을 제시하고 있다.

유아에서부터 초등 저학년까지는 책을 가까이하고 좋아하게 하는 과정이 필요하다. 자녀의 생일날이나 다른 기념할 만한 날에 다른 선물과 함께 좋은 책도 선물하면 어떨까? 초등 중학년까지는 독서 지도를 통하여 좋은 책을 많이 읽게 하여 논술을 위한 기초 체력을 키워 주어야 한다. 좋은 책은 아이들이 좋아하고 믿을 만한 출판사에서 나온 여러 번 읽을 만한 수준에 맞는 책이라고 할 수 있다. 일기를 짧게라도 매일매일 꾸준히 써서 그날의 느낀 점 나누기, 책을 읽고 감동 받은 점 기록하기, 생각하고 부모와 의견나누기, 기존의 아이디어에서 하나를 더하거나 빼기, 스스로 '왜' 라는 질문을 통해 문제제기 해보기 등이 기초능력을 키우는 활동이라고 할 수 있다. 논술이란 단순히 글쓰기 수준에서 나아가 문제와 의문점을 발견하고 이를 쓰는 것이라고 할 수 있다. 결국 논술은 독서, 토론, 글쓰기의 통합적 교육이라고 할 수 있다.

이 책을 펴내면서 독서 지도안 작성과 내용 토의를 위해 많은 시간을 할애해 준 조영숙 선생님, 이선옥 선생님, 한국 독서 클리닉 연구회 연구원들과 중학생 연구팀, 김연중 선생님 그리고 이 책을 출판해주신 엄호열 회장님께 깊은 감사를 드린다.

끝으로 이 책이 교사, 학부모, 독서지도사에게 아이들 지도에 활용할 수 있는 기초 단계 독서 교육과 논술 교육의 친절한 지침서가 되기를 바란다.

_ 2005년 9월 충남대 연구실에서 저자

Contents

올바른 독서 교육에 대하여

1장

　독서의 목적은 재미와 즐거움을 얻고, 지식과 정보를 얻으며, 교양과 인격형성을 위한 것이라고 한다. 독서를 통하여 학생들은 새로운 지식과 정보를 습득하고, 시간을 보내고, 마음의 위로와 평안을 얻으며, 학과 공부에 도움을 얻으며, 교양함양과 인격형성을 도모할 수 있다. 학생들의 독서 장애 요인을 조사한 바에 의하면 독서가 싫고 습관이 되지 않았다고 응답한 경우가 학교공부/학원 등으로 시간이 부족하다는 응답보다 약간 높게 나타났다.

　러스킨은 '인생은 매우 짧고, 조용한 시간은 적다. 우리는 가치 없는 책을 읽는 데 시간을 낭비해서는 안 된다.' 라고 하였다. 그러므로 부모와 교사 그리고 독서지도사들은 매일매일 쏟아져 나오는 수많은 책 중에서 좋은 책을 선정할 수 있어야 한다. 그 다음에는 선정한 책들을 대상으로 제대로 읽는 방법을 가르쳐야 하는 것이다. 올바른 독서 지도는 좋은 책을 선정하여 다양한 방법의 읽기 기술을 가르치는 것이다.

01   독서란 무엇이며
왜 읽어야 하나

독서의 개념

국어과의 읽기 지도는 크게 독해 지도와 독서 지도로 나누어진다. 국어과에서는 조화를 이루며 충실한 읽기 능력을 개발하기 위하여 독해 지도와 독서 지도를 하고 있다. 학자에 따라서는 '읽기'란 말 대신 '독서'라는 용어를 사용하기도 한다. 이 때에 독서라는 용어는 흔히 생각하는 교과 이외의 다른 책을 읽는다는 취미와 교양을 위한 협의의 독서가 아니라 읽기, 즉 '문자로 기록된 글을 읽는 모든 활동'을 말한다. 한편, 미국에서의 독서 연구는 곧 독해 과정에 대한 연구라고 보아도 될 정도로 연구자들의 관심과 노력이 독해에 집중돼 있다. 독서란 문자 그대로 '문자로 씌어진 글을 읽는 것'이라고 할 수 있다.

독서는 복잡한 정신 작용으로, 독자의 독서 능력이나 배경지식, 독서 목적, 상황에 따라 독서의 결과는 다르게 나타나고 있다. 독서의 기능에는 정보제공의 기능, 지적능력의 개발 기능, 바람직한 정서와 가치관의 함양 기능, 사회적 유대감과 결속력의 강화 기능 등이 있으며, 독서의 방법은 크게 정독과 속독 등으로 나눌 수 있다. 따라서 독서 능력을 증진시키기 위해서는 체계적인 책읽기 연습이 필요하며, 글 전체의 의미를 파악하기 위해서는 창의적이고 논리적인 사고 과정을 거쳐야 한다.

충실한 독서 활동을 통한 독서 교육의 결과는 논술로 이어지게 된다. 독서 교육의 본질은 책을 읽는 것이다. 장기간 지속적으로 좋은 책을 읽게 되면 학생들의 독서량도 증가하고 독서 수준도 높아지며 읽고 생각하고 쓸 수 있는 종합적 사고 능력인 독서 능력도 향상될 수 있다.

　우리나라는 9월을 독서의 달로 정하여 공공도서관을 중심으로 한 달 동안 독서와 관련된 각종 행사가 이루어지고 있다. 하지만 한 달은 너무 길어서 오히려 관심이 희석될 수도 있다. 2월 14일은 성 밸런타인데이라고 하여 연인에게 초콜릿을 선물하느라고 며칠씩 상점마다 장사진을 이루고 있다. 이제 9월 중에 하루를 독서의 날로 정해보는 것은 어떨까? 그 날은 가족 모두 한 권의 책을 읽고 책을 선물하는 것이다. 그 날은 책방에 장사진이 쳐지는 것이다. 그 날은 무역의 날에 수출탑상을 받듯이 책을 많이 읽은 개인과 가족에게 상패를 주고 메달도 주는 것이다.

　독서의 기능과 효과를 인정한다면 적절한 시기에 가정과 학교 및 사회기관에서 독서가 습관이 될 수 있도록 지도해야 한다. 즉 독서 기술을 아동의 발달단계에 따라 단계적이고 체계적으로 습득할 수 있도록 가르쳐야 한다. 좋은 독서 습관을 갖게 하려면, 책을 가까이 하게 되며, 부모들은 독서 분위기를 조성해주고, 독서의 즐거움을 맛보게 해야 한다. 어릴 때부터 다양하게 독서를 하여 독서량을 많이 쌓아온 독자는 기존의 독서 경험을 바탕으로 일상생활 속의 이런 저런 사건이나 기억에서 자신의 모습을 보게 된다. 남의 일에서 자기의 일을 볼 수 있는 것, 이것이 곧 상상력의 본체라고 할 수 있다. 책을 많이 읽은 사람들일수록 상상력이 풍부하며, 이 상상력을 바탕으로 '아, 이러한 고통을 당하고 있는 사람이 나만이 아니구나!' 라는 인식을 얻게 되고, 이것이 정신적 치유작용을 일으켜 인생의 활력소로 작용한다는 것이다. 2005년 연초에 군복무 중에 있는 사병이 자살하여 군에 비상이 걸렸다고 한다. 가슴 아픈 일이다. 독서를 통하여 인생의 활력을 얻을 수 있었더라면 하는 아쉬움이 남는다. 필자는 일찍이 병영 내 독서실 운영과 독서 지도 활성화 및 독서 치료의 필요성을 논문을 통해서 강조한 바 있다.

　부모들이 책 읽기에 대하여 잘못 생각하고 있는 부분이 있다. 그것은 자녀들의 학년이 올라감에 따라서 독서력도 저절로 향상되는 줄 알고 있다는 것이다. 과거에는 청소년들의 여가활동 중에서 독서가 중요하게 자리 잡고 있었지만 현대에 들어오면서 책 읽기는 여러 가지 요인으로 자연히 멀어지게 되었다. 따라서 책 읽기가 자연스럽게 터득되지 못하였고, 이로 인하여 학년이 올라가도 그에 맞는 독서력을 갖추지 못하게 되었다. 따라서 학부모들은 자녀가 고학년이 되어 학습력이 현저하게 떨어질 때에야 독서력이 떨어져 있고 그러한 연유로 학력이 저하되었다는 것을 통감하게 된다. 이렇듯 독서의 힘이라고 할 수 있는 듣기, 말하기, 읽기, 쓰기의 과정은 상호보완적이면서 통합된 지식습득 능력이라고 할 수 있다. 이제 독서의 날을 제정하여 독서 생활화 붐을 이루어보자.

02 | 단계별 독서 지도

독서 능력은 독자의 자연적 성숙과 교육에 따라 발달한다. 발달단계별 독서 지도는 알맞은 때에 알맞은 독자에게 알맞은 책을 읽게 한다는 독서 지도의 원리를 바탕으로 학생들의 독서 능력을 향상시키고 효과를 높이기 위한 방법이다. 단계별 독서 지도의 방법에는 발달단계에 따른 독서 지도 방법, 독서 능력 단계별 독서 지도, 독서 행위에 따른 과정 중심의 독서 지도 방법 등이 있다. 발달단계에 따른 독서 지도는 대개 유아 전기, 유아 후기, 아동 전기, 아동 중기, 아동 후기, 청소년기 등으로 나누어 발달 특성과 독서 단계를 연관지어서 발달단계별로 독서 지도를 하는 것이다. 학자에 따라 독서 맹아기, 독서 입문기, 기초 기능기, 기초 독해기, 고급 독해기, 독서 전략기, 독립 독서기로 나누기도 한다.

독서 능력 단계별 독서 지도는 독서의 준비단계, 문장의 이해단계인 해독단계, 글을 이해하는 독해단계, 감상단계, 독서전략의 적용단계로 나누어 읽기 지도를 하는 것을 말한다. 대개의 경우 독서에 대한 흥미는 독서 능력의 발달단계에 따라 진행된다고 한다. 즉 독자의 흥미와 능력의 발달단계에 따라 독서를 하게 되면 독서를 통한 다양한 간접경험을 통하여 올바른 가치관 형성과 바람직한 인성발달을 이루게 되는 것이다(김현애, 2005).

책을 읽는다는 것은 의미를 구성하는 과정이기 때문에 과정 중심의 독서 지도는 읽기 전과 읽는 동안, 그리고 읽은 후에도 독서 지도를 해준다면 더 효과적이라는 것이다. 즉 글을 읽은 후에 학생들이 무엇을 얻고 느끼게 되었는지와 같은 결과에 초점을 두기보다는 글을 읽는 과정에 주안점을 두고 책을 읽기 전, 읽기를 하는 동안, 읽고 난 후의 모든 수업과정에 따라 적절한 독서 지도를 하는 것이다. 과정중심의 독서 지도에 대해서는 2장에서 자세히 다루고자 한다.

독서 능력의 발달 단계

독서 능력은 책을 읽을 수 있는 능력이며 독서 능력은 학습 능력과 깊은 관계가 있다. 천경록이 제시하는 독서 능력의 발달단계는 다음과 같다.

❶ 독서 맹아기(유치원까지)

글을 읽는 이전 단계로 음성언어를 사용하는 단계이며, 아동이 태어나서 유치원을 다닐 때까지의 시기라고 할 수 있다. 아동의 직접적인 경험과 부모로부터 듣는 이야기, 텔레비전에서 보는 어린이프로그램, 그림책 등은 이 단계의 언어발달의 주요 원동력이 된다. 이 시기의 독서 발달에서 부모의 역할은 매우 중요하다.

❷ 독서 입문기(초등 1~2 학년)

이 시기는 음성언어에서 문자언어로 나아가는 단계이다. 아동은 이 시기에 글자를 배우며, 단어를 소리 내어 읽을 수 있는 단계다. 독서 학습 시기에 해당하며 이 단계에서 배우는 독서 학습은 나중에 다른 교과 학습의 기초가 된다.

❸ 기초 기능기(초등 3~4 학년)

독서의 기초 기능을 익히는 시기로서 해독 과정에서 독해로 나아가는 기간이다. 아동은 긴 문장을 의미 중심으로 끊어 읽기 시작한다. 글을 유창하게 소리 내 읽을 수 있어야 하며, 음독에서 묵독으로 넘어가는 과도기라고 할 수 있다. 이 시기는 학습 독서가 시작되는 시점이라고 할 수 있으며, 의미 중심의 글 읽기를 시작하는 단계다.

❹ 기초 독해기(초등 5~6 학년)

초급의 사고 기능을 익히는 독해 단계이다. 해독보다 독해에 더 큰 비중을 두고 글을 읽게 되며 묵독이 강조된다. 이 단계에서는 사실과 의견을 구별하기, 정보를 축약하기, 생략된 정보를 축약하기, 이어질 내용 예측하기, 비유적 표현의 의미 이해하기, 표현의 적절성 판단하기 등과 같은 기초 독해기능을 기르는 단계다.

❺ 고급 독해기

주로 중학교 1~2학년 시기로서 사고기능을 발휘하는 시기다. 글의 구조 파악하기, 글의 일관성 평가하기, 추론하기, 읽은 내용의 신뢰성과 타당성 판단하기 등 작자의 관점, 태도, 글의 동기 등에 대해 비판적 시각으로 글을 읽게 된다.

❻ 독서 전략기

중학교 3학년과 고등학교 1학년 시기이다. 독해기능을 구체적인 독서 목적에 맞추어 자기의 독서 상황을 점검하고 조정하면서 전략적으로 독서를 한다.

독서는 독자와 작자가 글이라는 매개체를 통해 의사소통하고 서로 의미를 타협하고 중재하는 과정이라는 것을 깨닫는 시기다.

❼ 독립 독서기

고등학교 하반기부터 대학생과 사회인 시기에 해당하며 능숙한 독서 단계이다. 독자가 각자의 교양 학문이나 직업의 필요에 따라 전문적인 상황에 필요한 책과 글을 선택해서 자발적으로 읽는 시기다. 이전까지의 시기가 남의 도움을 받아 책을 읽었던 시기였다면 이 시기는 독립된 독자로 책을 읽는 단계다.

독서 능력의 발달과 함께 검토해야 할 것은 독서발달의 속도와 지연의 문제다.

독서 능력의 속진을 보이는 아동들에게도 적절한 교육적 배려를 해야하겠지만 더욱 문제가되는 것은 독서 발달의 부진을 보이는 학생들이다. 독서가 다른 교과학습의 도구가 된다는 점에서 정상적 독서 발달에 못지않게 독서부진아들에 대한 교육적 배려가 독서 교육에서 필요하다. 독서 발달의 부진을 보이는 학생을 위해 교정 독서(Corrective reading)와 치료 독서(Remedial reading)의 개념을 도입할 필요가 있다.

> **독서학습(learning to read)** 언어사용(말하기, 듣기 읽기, 쓰기)능력 그 자체를 공부함.
> 유치원부터 초등학교 2~3학년까지 이루어짐.
> **학습독서(reading to learn)** 언어 사용을 통해 다른 내용의 학습을 도모함.
> 초등학교 3학년 이상에서 많이 이루어짐.

독서 흥미의 발달 단계

독서 흥미의 발달을 사람의 성장 과정에 맞추어 단계별로 크게 구분해 보면 대체로 다음과 같은 발전과정을 겪게 된다. 아이들이 학교 가기 시작할 때부터 학교에 갔다 오면 숙제를 먼저 끝내고 놀도록 습관을 들여야 하듯이 독서 교육에 있어서도 초기 독서 습관 들이기가 매우 중요하다. 부모는 어릴 때부터 독서 흥미와 욕구를 자극해서라도 독서 습관이 생활화될 수 있도록 도와주어야 한다. 아동의 독서 흥미 성향은 다음과 같이 나눌 수 있으며 대부분의 아동들은 이러한 발전과정을 거치게 된다(김효정 등 저, 1997).

❶ 초현실적 반복 이야기기(2~6세)

어린이가 마주하는 환경을 그대로 모방하는 결정적 시기이고, 생활의 규범, 예의, 지식 태도를 익히는 시기이다. 따라서 단어가 반복되는 자장 이야기를 되풀이해서 듣기를 좋아한다. 단편적으로 동·식물과 무생물을 의인화한 이야기도 즐긴다. (그림책, 초현실적 이야기)

❷ 옛날 이야기기(4~6세)

4세 전후는 첫 번째 반항기로 대체로 모든 행동과 표현을 양극단으로 나타내는 자기 중심적인 시기로, 아직까지는 현실적인 색채를 띠지 않고 자기중심적인 세계관 속에서 상상생활을 영위해가는 시기이다. 이야기의 시작과 끝이 조화되고 명확한 가치판단으로 전개되는 이야기를 즐긴다. (그림(Grimm) 동화류)

❸ 우화기(6~8세)

흥미의 대상이 아직 주변 생활환경과 자기중심적인 심성을 벗어나지 못하지만 조금 현실적인 색채를 띠고 있다. 생활 규범을 무조건 수용하는 시기로 선악·진위·정의 등 도덕성이 명백하고 그 갈등을 즐기나 아직 타인의 도덕율에 의존하는 타율 도덕 시대이다. (이솝우화, 옛날 이야기 등)

❹ 동화기(8~10세)

과도기(過渡期)라 부르기도 한다. 이 시기에는 자기중심적인 심성을 벗어나 자신과 타인의 구별을 깨닫기 시작하므로 그간 성인에게 전면적으로 의존해왔던 태도가 자주적인 태도로 이양되고 현실 사회로 눈을 돌려가기 시작한다. 주인공의 행동에 공감하거나 비판하는 반면 자주적 판단에 의거하여 사생활이 시작되는 단계이다. (생활동화, 신화, 전설 등)

❺ 이야기기(10~12세)

이 시기는 성인으로의 적응보다는 친구간의 적응이 발달 과정의 중심이므로 우정이나 사회적 책임을 중시하고 집단적 행동이나 자치 활동에 관심을 높인다. 모험, 탐험을 즐기며 현실 세계에서 시야가 넓어지고 그 속에서 인간 관계의 의미를 추구한다. (공상 이야기, 소년 소녀 이야기, 모험, 탐정, 과학, 발명 이야기 등)

❻ 전기기(12~14세)

사춘기 시기로 생리적 변화가 일어나기 때문에 수치심이나 혐오감을 가진다든지 고독에 빠지기 쉽다. 외적인 관계 형성으로 내적인 심리를 추구하게 되므로 사실과 진실을 구별하고 이성에 대한 올바른 이해를 갖게 하는 데 주의를 기울여야 한다. (전기, 소년 소녀 문학, 대중문학 등)

❼ 문학기(14세~)

사회적 관심이 강하고 현실 사회에 참여하기를 바란다. 자아에 대한 긍정과 외부의 압력에 대한 부정을 나타내려 하지만 성인들이 그것을 허용하지 않으므로 비판적, 반항적인 태도를 가지게 되고, 이 반항을 합리화하여 자아를 안정시키려한다. 따라서 정서적 동요를 스스로 조정하고 현실 생활의 어려움을 극복하는 마음의 바른 자세와 이성에 대한 충분한 이해 등을 통해 잘 적응할 수 있는 지도를 받아야 한다. (대중문학, 역사 이야기, 고전문학 등)

❽ 사색기(17세~)

자아의 내면을 감정적으로 다루는 청년 전기에 비하여 청년 후기로 올라가면서 감정적 논리에 치우치지 않고 객관적인 지성에 입각하려는 태도가 고정되는 시기이다. 기존 지식에도 의심을 가져보고 철학적 사색적 입장에서 원리를 규명하고 비판한다. 이러한 의식에서 자신의 이상을 추구하고 자신의 의견을 전개한다. 사상적 배경이 있는 문학, 정신적 안착을 구하는 종교적인 것 또는 장래의 진로를 정하기 위하여 전문서적도 관심을 기울여 읽는다. (대중문학, 순수문학, 종교서 등)

독서 능력 단계별 독서 지도

독서 능력 단계별 독서 지도의 내용은 다음과 같다(김현애, 2005).

❶ 독서의 준비 단계
  ① 글자 지각
  ② 음소 인식
  ③ 동기 유발

❷ 해독 단계(문장의 이해 단계)
  ① 어휘 지도
  ② 어구 나누기
  ③ 문맥 읽기
  ④ 대용어 이해하기
  ⑤ 비유 언어 이해하기

❸ 독해 단계(글의 이해 단계)
  ① 배경 지식 활성화하기

② 독서 속도 조절하기
③ 구조 이해하기
④ 주요 항목 추출하기
⑤ 중심 생각 찾기
⑥ 추론하며 읽기
⑦ 비판하며 읽기
⑧ 평가하며 읽기

❹ 감상 단계
① 느끼며 읽기
② 상상하며 읽기
③ 추리하며 읽기
④ 평가하며 읽기
⑤ 창조하며 읽기
⑥ 문제를 해결하며 읽기

❺ 독서 전략의 적용 단계
① 독해 과정 점검하기
② 독서의 목적과 전략
③ 독서 전략의 적용

03 | 옛사람들의 독서

신라시대에는 그 사람의 독서 범위와 수준을 고려하여 인재를 등용하는 독서삼품과를 설치하여 관리를 등용함에 있어 독서를 중요시하였으며, 고구려에서는 고등교육기관인 태학을 두어 경학 등의 책을 강독하게 하였다. 고려시대에는 인쇄술의 발달과 함께 많은 서적들이 발행되었다. 그러나 이 시대까지의 독서는 아직 귀족, 관료, 승려 등 당시의 지배계층에 한정되었고, 일반인에게까지는 보편화되지 못하였다. 우리나라에서 독서 문화가 본격적으로 발전한 것은 성리학이 들어오고, 이들 성리학적 이념으로 무장한 신흥 사대부 계층이 성장해간 고려 말과 조선 초에 이르러서였다고 할 수 있다. 이 사대부들은 박지원이 '독서를 하면 사(士)요, 정치에 종사하면 대부(大夫)이다' 라고 지적한 바와 같이 평소에는 유가경전과 시문, 사서를 읽으며 교양을 쌓다가 기회가 닿으면 정치 일선에서 활동하는 인물이었다. 그래서 이들 선비 계층의 주업은 독서라고 할 수 있으며, 독서를 통해 그들의 덕행과 학식을 쌓았던 것이다. 이와 같이 우리나라의 독서 문화는 유학과 밀접한 관련을 가지고 발전하였다. 독서는 선비의 의무이자 특권이었다. 선비가 책을 읽는 것은 도(道)에 다가가는 궁리의 제일이었으며, 감각적인 즐거움이나 사사로운 이익을 목적으로 해서는 안되었다. 적어도 이념적으로는 설혹 선비가 책을 통해 즐거움을 얻는다 해도, 그것은 쾌락 자체를 위해서가 아니라 조화로운 인격의 완성을 위한 것이어야 했다. 저잣거리의 소설 따위를 읽고 그 즐거움에 탐닉하는 것은 독서의 범주에 들지 못하는 것으로 인식되었다.

조선시대는 성리학 및 실학의 발전으로 성균관 및 사학 등을 설립하여 인재양성에 힘썼다. 당시 독서를 국가적 제도로 봤을 때 왕실의 독서와 문신들의 독서로 나누어볼 수 있다. 왕과 세자가 독서할 수 있는 곳으로 경연과 서연을 마련하여 날마다 행해졌다. 문신들의 독서는 주로 가정이나 사찰에서 이루어졌다.

어릴 때부터 유난히 독서를 좋아했던 세종대왕의 독서법은 이른바 '백독백습(百讀百習)'으로 100번 읽고 100번 쓰는 것이었다. 아버지 태종이 주는 책이면 『사서삼경』을 비롯해서 어떤 책이든 밤을 새워가며 읽으면서 한 번 읽고, 한 번 쓸 때마다 '바를 정(正)' 자를 표시하였다. 그래서 태종이 시험삼아 물어보는 것에 대해 항상 능숙하게 답변을 해서 놀라게 했다.

이와 같이 세종은 독서에 많은 관심을 가지고 이를 실천함으로써 문신들에게도 권장하여 국가의 필요한 인재를 양성하게 된 것이다. 결국 세종은 학술기관으로 집현전을 설립(세종2년, 1420)하고 과거에 급제하여 관리가 된 선비를 선발하여 글을 읽게 하였으며, 그 후 이들에게 휴가를 주어 집에서나 사찰에서 독서에 전념할 수 있도록 하였다. 이를 사가독서(賜暇讀書)라고 한다. 이처럼 조선시대에는 일반 관리들은 휴가를 얻어 독서당에서 독서를 할 수 있었다. 당시 남호 독서당, 서호 독서당, 동호 독서당 등 독서당이 마포 용산 등 한강변에 위치했는데 이는 독서환경을 중요시한 것으로 보인다. 현재 동호대교에 독서당이 남아있다(남태우, 김중권, 2004, 75-79).

서당은 사립의 초등교육기관으로 설립에 필요한 기본 재산이나 법적인 인가를 요하는 것이 아니었으므로 존폐가 자유로웠으며, 필요에 따라 뜻있는 사람이면 누구나 서당을 유지, 경영할 수 있었다. 서당의 종류는 일반적으로 다음과 같이 크게 네 가지로 구분할 수 있다.

① 사숙 또는 독서당의 유형이다. 대개 문벌가나 유력가가 그들의 자제교육을 위하여 훈장을 초빙하고 교육경비를 부담하는 형태이다.
② 동계서당(洞契書堂)의 유형이다. 양반 계층이나 유력 자산가의 문중에서 학계(學界)또는 학전(學田)을 조직, 경영하면서 마을에다 서당을 짓고, 그들의 자제들을 교육시키는 문중서당이다.
③ 훈장의 자영서당(自營書堂)의 유형이다. 훈장 자신이 집에서 생계유지나 소일을 위하여 개설한 서당이다.
④ 문중연립서당(門中聯立書堂)의 유형이다. 이는 문중(동계)서당의 확대 형으로서 지체가 비슷한 마을끼리 그 향촌사회에서 덕망과 학식이 뛰어난 스승을 모시고 각 마을의 청년 자제를 선택하여 교육시키는 고급서당이다.

서당교육의 내용은 강독(講讀)·제술(製述)·습자(習字)의 세 가지로 이루어진다. 강독은 처음에『천자문』으로부터 시작하여 기초적인 동몽교재(童蒙敎材)인『동몽선습(童蒙先習)』 『통감(統監)』『소학(小學』 및 사서(사서) 삼경(三經)과 부교재격인『사기(史記)』『당송문(唐宋文)』『당률(當律)』로 올라가나 대개는『통감』 정도에서 그쳤다. 서당에 따라서 더 높은 수준의 책을 읽기도 하였다. 강독의 교재는 조선시대 중엽 이후로 우리나라의 독자적인 동몽교재의 개발과 보급이 이루어지면서 서당에서 교육용으로 사용되기도 하였다.

제술은 일반적으로 오언절구(五言絶句)·칠언절구(七言絶句)·사율(四律)·십팔구시(十八句詩)·작문 등을 가르쳤다. 그러나 벽촌의 서당에는 전혀 제술이 없는 곳도 있었다.

습자는 처음에 해서(楷書)를 많이 연습시켜 어느 정도 익숙해지면 행서 초서를 익히게 하는 단계로 습자케 하였다.

이러한 과정을 거쳐 서당교육은 19세기 말 근대적 교육의 전개와 더불어 커다란 변화를 맞이하였고, 오늘날에는 하계방학 등을 이용하여 서당이라는 이름으로 한문강좌 등을 개설하는 간이 강습소와 같은 형태를 이따금 볼 수 있을 따름이다(남태우, 김중권, 2004, 321-329).

선비가 학문을 배우는 것 또한 경전이라 할 만한 일련의 책들로 구성된 독서 과정을 차근차근 밟아 읽어가는 것이었다. 독서의 순서는 먼저『소학』으로서 근본을 배양하고, 다음에『태학』및『근사록』으로 그 규모를 정하며, 다음에『논어』,『맹자』,『중용』, 오경(五經)을 읽고 그 사이에『사기』및 선현의 성리서를 읽는 식으로 정해져 있는 것이 통례였으며, 당연히 성인의 책이 아닌 것은 읽지 말며 무익한 문장은 보지 말아야 했다(남태우, 김중권, 2004).

현대인의 독서 행태는 여기 저기 들춰가며 읽고, 요약본도 여유 있게 읽을 시간 없이 지내면서 독서를 말하고 있지는 않은지 의심이 간다. 꼭 그런 이유라고는 할 수 없지만 현대인들은 장편소설보다는 짧은 글이나 시를 좋아한다고 한다. 사람들은 드라마도 여러 가지를 보면서 자기가 좋아하는 사람들이 나올 때만 돌려 보다보니 정작 드라마가 다 끝나도록 내용 파악이 안되는 것이다. 그래서 '채널 고정! 곧 돌아와' 라며 광고를 하는 것 같다. 대조적으로 무슨 폐인 하면서 잠도 안 자고 몇 번씩 보면서 몰두하는 집단도 있다. 우리 선조들의 평범한 독서 목록과 독서법이 그리워진다. 시간적 여유가 생기면, 현대의 초등학생이 꼭 읽어야 할 도서목록과 그 순서를 정해보고 싶다.

04 | 독서의 방법

일반적으로 독서의 방법에는 정독, 다독, 속독, 통독, 음독, 묵독, 발췌독 등이 있다.

❶ 정독

정독은 자세한 부분까지 주의하여 빠진 곳이 없도록 깊이 생각하고 따지면서 읽는 방법이다. 즉 한 권의 책을 읽더라도 차근차근 주의 깊게 읽는 방법으로 시험공부를 할 때 교과서의 중요한 부분에 줄을 쳐가면서 글의 내용과 뜻을 익히면서 읽는 것을 예로 들 수 있다. 정독은 대체로 학습에 필요한 독서 방법으로 한 분야의 교과내용을 자세히 살피고 깊이 이해하는 데 필요한 독서법이라고 할 수 있다.

❷ 다독

다독은 여러 종류의 책을 많이 읽는 독서법으로, 정독과 대비되는 것이며, 지나치면 남독과 난독으로 역효과를 낼 수도 있다. 초등학교 고학년이 되면 지식욕이 왕성하여 여러 종류의 책을 닥치는 대로 많이 읽게 된다. 이 때에 여러 가지 책을 두루 읽으면 많은 교양과 지식을 쌓을 수 있다. 어렸을 때는 기억력이 좋으므로 어린 시절에 좋은 책을 많이 읽어 두면 평생 살아가는 데 큰 힘이 된다.

❸ 속독

속독은 책을 빨리 읽는 방법으로 짧은 기간 내에 많은 분량의 책을 읽는 독서 방법이다. 요즈음 학생들의 읽기 부담이 늘어나면서 학부모들 사이에 속독법에 대한 관심이 높아지고 있다. 장편으로 된 동화나 소설, 명작 같은 책은 하나의 이야기로 엮어졌으므로 전체적으로 줄거리의 흐름을 파악하면서 읽는 것이 필요하다. 따라서 속독 지도는 글의 중심 내용과 세부 내용의 관계를 가능한 한 빠른 속도로 파악하면서 전체 내용을 이해하는 능력을 길러주는데 목표를 두고 있다.

속독을 잘하기 위해 훈련이 필요한데 몇 개 단어를 한 눈에, 또는 한 줄의 글이나 몇 개 줄

을 한 눈에 읽는 등의 단계적 훈련이 흔히 이용되지만 가장 좋은 훈련은 책을 많이 읽는 것
이라 할 수 있다.

❹ 통독

통독은 책을 처음부터 끝까지 차례대로 차근차근 빠짐없이 읽어가며 그 내용을 자세히 기
억하는 독서로, 동화나 소설 그리고 위인전 읽기에 알맞은 방법이다.

❺ 음독

음독은 소리를 내어 읽는 방법으로, 다른 사람이 알아듣도록 읽어야 하거나, 문자나 말을
확인하며 읽는 방법이다. 동요, 동시집, 우화집, 구연동화집, 웅변 · 연설문집 같은 종류의 책
은 소리를 내어 읽는 것이 보다 효과적이다. 음독 기술은 저학년일수록 신속하나 고학년으로
올라가 독서 능력이 능숙하게 되면, 별다른 의미가 없다.

❻ 묵독

묵독은 소리를 내지 않고 눈으로만 읽는 독서이다. 내용을 생각하며 마음속으로 읽을 수 있
고, 주위 사람에게 방해가 되지 않을 뿐만 아니라 읽는 속도가 빠른 효과적인 독서 방법이다.

❼ 발췌독

'적독' 이라고도 불리는 발췌독은 한 권의 책 가운데서 꼭 필요한 부분만 찾아 골라 읽는 방
법으로, 사전류나 참고서 등에서 필요한 부분만을 찾아 읽기에 적합한 방법이다.

05 | 학년별 독서 지도 전략

독서력 또는 독서능력(reading ability)이란 슈버트(D.G. Schubert)가 "쓰여지거나 인쇄된 기호(symbol)에 대한 신속, 정확한 해석이다"라고 정의한 것처럼 쓰여지거나 인쇄된 것의 의미를 신속 정확하게 읽는 능력을 말한다. 개개인의 독서 능력이란 읽기 학력과 지능이 서로 어우러져 이루어 놓은 것이라고 할 수 있다(손정표, 2003).

이스라엘에서는 저녁마다 어머니가 자녀를 앞혀 놓고 책을 읽어준다고 한다. 10여 년 전부터 우리나라에서도 독서교육의 중요성이 부각되고 있다. 우리도 글을 읽기 시작할 때부터 꾸준히 아이들에게 책을 읽히고 이야기를 나누어보자. 이제는 조급증에 시달리지 말고, 눈앞의 성과에 급급하지 말고 좋은 책을 골라서 독서 지도 전략을 세워서 읽기 지도를 해보자.

다음은 국립중앙도서관의 학년별 독서 지도 전략을 정리하여 소개하고자 한다(박종용, 2004).

❶ 1단계 – 준비단계 지도 전략(유치원 수준)

① 특징

- 독서맹아기이다.
- 글을 읽는 이전 단계로 음성 언어를 사용하는 단계이다. 아동의 직접적인 경험, 부모로부터 듣게 되는 동화 비디오, 텔레비전에서 보게 되는 어린이 프로그램, 그림책 등은 이 단계의 언어 발달의 주요 원동력이 된다.
- 하향식 모형(종합적, 통합적 접근)으로 지도한다.

② 가르칠 때 주의할 점

- 음성언어로서의 단어와 문자언어로서의 단어를 연결시킬 때 이미 알고 있는 친숙한 교재를 사용한다.
- 문맥 속에서 어떤 단어나 철자들을 인식할 수 있다. 그러나 여전히 이야기에 대한 기억, 그림, 단서, 문맥에 대한 사전지식 그리고 개인적인 경험에 많이 의존한다.

③ 독서 지도 전략

● 여러 가지 읽을거리를 통해 다양한 문학적 경험을 하도록 한다.
  - 쉽게 기억할 수 있는 자연적인 언어를 포함하고 있는 책을 선정한다.
  - 테이프가 있는 책을 이용해서 책과 함께 다른 매체를 활용한다.
  - 하루 중 여러 가지 맥락 속에서 여러 유형의 교재를 계속해서 읽도록 한다.
    (예: 편지나 우편엽서, 메시지, 목록, 그림 밑에 있는 제목 등)
● 매일 아동이 보는 앞에서 읽고 쓰는 것을 계속한다.
● 읽고 난 후에 아동의 이해를 넓히고 깊게 할 수 있는 관련 활동들을 계획한다.
  - 어떤 식으로든 관련된 이야기를 선택해서 읽게 한다.
  - 어떤 이야기의 일부를 읽어주고 다음에 무슨 일이 일어날 것인지를 생각해서 그림을 그리게 한다.
  - 자신의 책을 선택해서 독립적으로 읽을 수 있도록 한다.
  - 책 읽는 즐거움을 알고 기쁨, 놀라움, 불안을 표현하게 한다.
  - 개인적인 경험과 이야기를 관련시킬 수 있도록 지도한다.
● 읽기 전, 읽는 동안 그리고 읽고 나서 이야기를 시킨다.
  - 예측과 확인의 기초가 되는 단서가 풍부한 책을 선정한다.
  - 본문이 없는 그림책을 주고 이야기를 꾸며보게 한다.
  - 아동에게 매일 그림을 그리고 글을 쓰게 한다. 그림과 글, 좋아하는 이야기에 대해서 말해 보게 한다.

❷ 2단계 – 초기 지도 전략(초등 1~2학년)

① 특징
● 독서 입문기이다.
● 음성언어에서 문자언어로 나아가는 단계이다.
● 말뿐만 아니라 글로도 의사소통 할 수 있다는 것을 깨닫는 시기이다.
● 단어를 소리 내어 읽을 수 있는 단계이다.
● 독서에서는 음독 활동이 중요하다.
● 그림과 글자를 구분하고 글자가 그림보다 추상적인 실체라는 사실, 글자는 소리와 일정한 관계를 맺고 있다는 사실, 기초 어휘에 대한 발음과 해독, 단어 · 구절 · 문장을 정확하게 끊어 읽는 방법 등을 익힌다.
● 상향식 모형(분석적 · 부분적 접근, 작은 단위의 문자에서 문장으로 봄)에 의해 지도

한다.

② 가르칠 때 주의할 점
● 글을 명확하게 읽는 것에 초점을 두면서 천천히 심사숙고하면서 읽도록 한다.
● 인쇄된 글의 내용이 일정하다는 것을 알게 되면서 확신할 수 없는 단어들을 열심히 소리 내려고 하는 등 철자와 소리에 대해 보다 많은 관심을 가지게 된다.
● 여전히 의미를 파악할 때 그림이 유용하지만, 아동들이 스스로 고쳐 읽게 되면서 교재 자체에 더 많이 의존하게 된다.

③ 독서 지도 전략
● 책을 매일 함께 읽으면서 시작한다.
● 개인적으로 읽을 책을 선정할 수 있는 기회를 준다.
● 서로의 질문에 대해 대답하게 하고, 특정한 책을 왜 좋아하는지 그리고 왜 싫어하는지에 관해서 아동들이 말하게 한다.
● 다른 교재와 비교하게 한다. 즉 동일한 저자, 형식, 인물, 문체 등 비슷한 점과 다른 점을 설명하거나 비교하게 한다.
● 책을 읽고 글을 쓰는 목적으로 요리 활동을 이용한다. 아동은 요리책을 보고 시키는대로 수행을 하고 그 경험에 대해서 글을 적도록 한다.
● 독서가 학교생활의 중요한 부분이 되고 있는지 점검한다.
● 어떤 주제에 관해서 아동이 읽고 있는 모든 것을 찾아내게 하고 논픽션 교재를 읽기 전에 그들이 알고 싶어 하는 것의 목록을 만들게 한다.
● 배우고 가르치는 상황을 증진시키기 위해서 견학이나 소풍을 계획하면서 아동들을 다음 활동에 참여시킨다.(계획 세우기, 편지 쓰기 등)
　　– 어떤 이야기의 중심생각과 그것을 뒷받침하는 정보 찾아내기
　　– 인물의 특성 찾아내기

❸ 3단계 – 과도기 지도전략(초등 3~4학년)

① 특징
● 기초 기능기이다.
● 해독에서 독해로 나아가는 기간이다.
● 긴 문장을 의미 중심으로 끊어 읽기 시작한다.
● 음독에서 묵독으로 넘어가는 과도기이다.

- 상향식 모형을 주로 하고 하향식 모형을 보조적으로 도입한다.
- 묵독이 중심이 되는 의미 중심의 글 읽기를 시작하는 단계이다.

② 가르칠 때 주의할 점
- 의미를 위해 여러 가지 독서전략을 통합하기 시작한다.
- 자신의 수준에 맞는 적절한 교재를 유창하게 읽도록 한다.
- 많은 단어들을 인식하며 단어 체제를 통합하는 능력이 증가된 것을 볼 수 있다.
- 토론하는 것이 중요하다. 제시되고 있는 내용이 어떤 세계관을 가지고 있으며 그것의 영향은 무엇인지 생각하게 함으로써 어린이들이 교재에서 한 발 물러서서 비판적인 독자가 되도록 도와준다.

③ 독서 지도 전략
- 여러 목적으로 독서를 할 수 있는 기회를 준다.
  - 비판적 읽기, 정보를 찾고 질문하기, 편견과 고정관념을 찾기 위해 신문을 사용한다.
  - 수수께끼와 퍼즐을 활용한다.
- 매일 독립적으로 독서를 할 수 있는 기회를 준다.
- 하루 중 적절한 시간에 아무 것도 하지 않고 책 읽는 계획을 세운다.
- 조용히 생각하는 독서의 필요성을 알게 한다.
- 아동들이 선택할 수 있는 책이나 잡지를 살펴본다.
- 모든 교과 영역에 걸쳐 독서를 하고 있는지 살펴본다.
  - 특정한 단어와 의미를 연결하기 위해 빈칸 메우기 활동을 한다.
  - 어떤 주제에 대해 생각하고 책읽기.
  - 목차를 검토하고 예측하기.
  - 책의 주제를 자신의 경험과 관련지어 생각하기.
  - 이야기에 대한 회상을 글로 적어서 완성하기.
  - 모둠으로 교재의 일부를 요약하기.

❹ 4단계 – 자립기 지도전략(초등 5~6학년)

① 특징
- 기초 독해기이다.
- 해독보다 독해에 더욱 큰 비중을 두고 글을 읽게 되며 묵독이 강조된다.
- 사실과 의견을 구별하기, 정보를 추론하기, 생략된 정보를 추론하기, 판단하기 등과 같

은 기초 독해기능을 기르는 단계이다.

- 하향식 모형과 상향식 모형을 적절히 활용한다.

② 가르칠 때 주의할 점

- 의미를 알기 위해 여러 전략들을 통합하여 지도한다.
- 다양한 교재에서 의미를 구성하는 방법을 알고 이해하는 전략들을 통합하고, 여러 교과목에 걸쳐 개별화된 독서 프로그램이 필요하다.

③ 독서 지도 전략

- 통일성 있는 광범위한 독서 프로그램을 계획한다. 학급의 독서 프로그램은 가장 필요한 책들을 아동들이 찾을 수 있도록 도와주는 체계적인 절차를 포함해야 한다.
- 아동들에게 자신과의 대화로써 그리고 교사와의 대화로써 독서일지를 쓰게 한다.
- 아동들이 교재에 대해 심사숙고하고 비판적으로 반응하도록 도와준다.
  - 책을 광고하기 위한 포스터 만들어 보기.
  - 시 쓰기.
  - 인물 중 한 사람에 대해 상상해서 자서전 적기.
  - 왜 그 책을 좋아하는지 저자에게 편지쓰기.
  - 다른 책에서 비슷한 문제에 직면하고 있는 인물 비교하기.
- 중심생각을 갖도록 도와주는 방법에는 무엇이 있는가 알도록 한다.
  - 뒤섞여 있는 문장들의 순서 맞추기.
  - 중심 생각을 찾아내기 위해 신문기사 훑어 읽기.
  - 제목과 중심생각 사이의 관련성에 대해 논의하기.
  - 어떤 단락에 대한 적절한 제목 선택하기.
  - 교재에서 주요 단어와 구절 찾아내기.
  - 현재의 토픽과 관련되는 단문에서 시작해 아동들에게 주요 단어나 구절을 찾아내거나 밑줄 긋기.

애들러의 독서 수준

애들러(M.J. Adler)와 도렌(C. van Doren)은 독서의 수준을 초급독서, 점검독서, 분석독서, 신토피칼 독서 등 4단계로 나누어 제시하면서 독서 수준 향상의 필요성을 지적하고 있다(Adler 등 저, 1972). 애들러가 주장하는 독서수준에 따른 읽기는 다음과 같다.

❶ 독서의 제 1수준인 초급 독서(elementary reading)

읽기와 쓰기를 잘 못하는 어린이가 초보의 읽기, 쓰기 기술을 습득하기 위한 독서단계이다. 이 단계에서는 기초적인 단어의 이해로부터 문맥을 파악하고 의미를 이해하면서 주제를 알게 되어 한 권으로서의 책을 체험하는 단계이다.

❷ 독서의 제 2수준인 점검 독서(inspectional reading)

이 수준은 골라 읽기를 통하여 책에 대한 예비적 지식을 갖추는 단계이다. 주어진 시간 안에 그 책의 내용, 종류 등과 같은 책의 내용을 파악하는데 주안점을 둔다. 표제나 서문을 살펴보면서 이 책은 무엇에 대하여 쓴 것인가를 알아본다. 또한 목차를 살펴보면서 어떤 종류의 책인지 알아보고 색인과 커버에 있는 선전 문구를 살펴본다. 몇 개의 장을 잘 읽어보고, 군데군데 띄엄띄엄 읽어보면서 책의 내용을 이해하게 되는 단계이다.

❸ 독서의 제 3수준인 분석 독서(analytical reading)

책을 분야별로 분류하여 우선 그 구조와 전체적인 통일성을 파악하여 저자의 의도가 무엇인지를 알아내는 단계이다. 이 단계부터 복잡하고 계통적인 독서활동으로 책에 대한 깊은 이해와 함께 철저한 읽기, 완전한 읽기를 하게 된다. 점검 독서가 시간의 제약이 있는 경우에 할 수 있는 완벽한 독서법이라고 한다면, 분석 독서는 시간의 제약이 없는 경우에 할 수 있는 완벽한 독서법이다. 분석적으로 읽는다는 것은 책을 잘 읽고 소화하는 것을 말하며, 정보나 오락을 위한 독서에는 분석독서가 필요하지 않다.

❹ 독서의 제 4수준인 신토피칼 독서(syntopical reading)

신토피칼 독서는 독서의 최종 목표라고 할 수 있다. 비교독서법이라고 할 수 있으며 가장 복잡하고 조직적인 독서법이다. 책 한 권뿐이 아니라 한 주제에 관한 여러 권의 책을 서로 연관지어서 읽는 것을 의미하는 최고 수준의 독서 단계이다.

06 | 독서 수준과 진단

독서 수준이란 학생들의 독서 능력을 학년 수준으로 평가하는 것을 말한다. 즉 해당 학년 수준(교과서, 배우며 생각하며, 기탄국어 등)에서 문장을 선정하여 이야기 글이나 설명문을 사용하여 어휘력, 독해력, 문제해결 능력 등을 살펴 볼 수 있다. 또한 부모와의 상담에서 학생의 건강, 가족관계, 전반적인 생활, 시간활용, 학습 독서 등을 살펴본다. 독서환경검사와 독서능력검사 등을 실시하여 전반적인 독서 수준을 가늠할 수 있다(한복희, 2004. www.readingclinic.info). 검사 결과에 따라 다음과 같이 독서 수준을 나눌 수 있다.

독서 수준의 종류

❶ 독립적 독서 수준(independent reading level)

누구의 도움도 받지 않고 혼자 읽을 수 있는 독서 수준을 말한다. 읽는 글에 나오는 단어도 90~95% 이상을 알고 있고, 독해 능력도 아무 부담 없이 읽어낼 수 있는 수준이다. 이 수준의 학생의 경우 단어는 찾아 읽지 않을뿐더러 생각하는 능력도 같은 수준이서 아무 부담 없이 잘 읽을 수 있다. 예를 들어 지도 가능한 독서(instructional reading level)가 5학년인 학생이라면 4학년 수준은 혼자 읽을 수 있는 능력이라고 본다. 그러나 이 학생이 항상 이 수준에 머무르고 있다면 너무 쉬워 공부에 흥미를 갖지 못할 수도 있다.

❷ 지도 가능 독서 수준(instructional reading level)

가끔 선생님이나 사전의 도움을 받기는 하지만 크게 부담을 느끼지 않는 수준을 말한다. 단어는 80~90% 정도를 알고, 읽기 능력이 부담되는 것은 아니지만 가끔 도움도 필요하다. 예를 들면 5학년 학생이 5학년 수준의 지도 가능한 수준(instructional reading level)에 있으면 그 학생은 자기 수준에 이상적으로 맞는다고 본다. 이런 경우는 학생이 읽기에 도전도 받고, 공부도 하려고 든다. 학생의 입장에서는 학습 가능한 읽기 수준이지만 선생님의 입장에서는 지도 가능한 읽기 수준이다.

❸ 읽기 곤란 수준(frustrational reading level)

읽기 좌절 수준으로서 누구의 도움을 받더라도 책의 수준이 너무 높아서 읽는 데 크게 부담을 느끼는 수준이다. 단어는 80% 미만으로만 알고 있다. 읽기에 부담을 느껴 설명을 해줘도 잘 못 알아듣는다. 예를 들면 5학년 학생의 수준이 3학년 정도밖에는 안 되는데 이 학생에게 5학년 수준 이상의 독서 자료를 준다면 책읽기를 싫어할 뿐만 아니라 공부에 자신을 잃게 되어 결국은 공부하기를 싫어하게 된다. 이 수준에 오래 머무르게 될수록 공부하려는 태도, 동기 유발 등이 저하되어 점점 공부하기가 어려워진다.

❹ 잠재적 읽기 수준(Potential Reading level)

학생이 잠재적으로는 능력을 가지고 있는데 아직 그 잠재력이 개발되지 않은 상태를 말한다. 예를 들어 5학년 학생의 독서 능력을 측정해 봤더니 3학년 수준 밖에 되지 않았는데 그 학생의 잠재적 독서 수준을 측정했을 때 5학년 정도였다면 2년이라는 능력이 아직 발달되지 않은 것이다.

여기에서 '공부를 못하는 학생'과 '공부를 안 하는 학생'의 차이가 현저히 날 수 있다. 즉, 위의 예에서 5학년 학생의 읽기 수준이 3학년인데 이 잠재 능력도 3학년 정도라면, 이 학생은 공부를 못하는 학생에 속한다. 그러나 비록 읽기 능력이 3학년이라도 잠재 능력은 5학년 수준이라면 이런 학생은 공부를 안 해서 못하는 것이지 능력이 없어서 못하는 것은 아니다. 이렇게 '안 하는 학생'과 '못하는 학생'은 현저하게 다르다.

독서 수준을 테스트하는 법

먼저 예문으로 나와 있는 문장을 처음부터 끝까지 소리 내어 읽게 한다. 예문을 읽는 동안에 어휘력을 테스트해 보고, 예문을 다 읽고 나면 독해력을 테스트하면 된다. 채점은 어휘력에서는 틀리게 읽은 낱말을, 독해력에서는 틀린 문제의 수효를 세는 식으로 한다. 초등학교부터는 독해력과 어휘력을 한꺼번에 비교하여 전반적인 독서수준을 가늠해야 한다. 예문은 교과서를 참고하면 좋다.

학년별 독서수준 검사에 관한 자세한 자료는 필자의 홈페이지(www.readingclinic.info)를 참고하기 바란다.

읽기부진아(독서부진아)

　학습과정에서 듣기, 말하기, 읽기, 쓰기를 위해서는 체계적인 훈련과정이 필요하다. 그중에서 특히 읽기 능력은 가장 중요하다고 할 수 있다. 읽기부진은 독서부진이라고 할 수 있으며, 독서부진은 학습 부진의 요인이 될 수 있으며, 학업 부진의 요인은 신체적 요인, 인지적 요인, 정의적 요인, 환경적 요인, 교육적 요인으로 나눌 수 있다(이선옥, 2002). 따라서 독서부진아의 경우 정상적인 지능을 가진 아동이 신체, 인지, 정서, 환경 및 교육적 요인으로 해당학년의 읽기 수준에 못 미치는 것을 말한다. 읽기 부진아의 전형적인 문제점은 다음과 같다(김동일, 2000).

　　○ 기억력이 부족하기 때문에 지시 사항을 따라 갈 수가 없다.
　　○ 방금 읽은 것이나 참여한 것들에 대한 질문에 대답을 하지 못한다.
　　○ 적절한 언어 표현력이 부족하다.
　　○ 언어가 유창하지 못하다.
　　○ 자신감이 부족하다.
　　○ 학습 습관이 적절하지 못하다.
　　○ 요약 능력이 부족하다.
　　○ 주의력 범위가 좁다.
　　○ 흥미있는 제재의 영역이 제한되어 있다.
　　○ 읽고 쓰는데 흥미가 부족하다는 것이다.

읽기 능력 개발

2장

　독서 교육은 크게 두 단계로 나누어 볼 수 있다. 유아 때부터 그림책 읽기에 대한 관심을 불러일으키고 아이들을 책 읽기의 즐거움으로 끌어들이는 기초적인 단계, 그리고 그렇게 책 읽기의 방법과 기술을 배운 학생들에게 학년이 올라감에 따라 책 읽기의 방향을 제시해주는 체계적인 독서 단계로 나눌 수 있다. 실제로 초등학교 과정에서 읽기의 방법과 기술을 습득하면 상급학교로 올라감에 따라 배운 대로 필요한 책을 선별해서 독서를 하면 되는 것이다. 그러나 이 과정에서 개인차를 보이는 경우가 있으며, 이러한 경우에는 독서 능력을 진단하고 좀 더 치밀하고 세심한 계획을 가지고 독서지도를 실행하여야 한다.

　완전한 읽기 능력을 습득하려면 다음의 읽기 3단계 과정을 거쳐야 한다. 제 1단계는 유아기에 시작하여 초등학교 3학년 무렵까지 해당되는 '읽기 준비 단계'이다. 제 2단계는 초등학교 1학년에서 시작하여 6학년까지 해당되는 '독해의 단계'이다. 제 3단계는 초등학교 4학년 무렵부터 시작하여 중·고등학교에 해당되는 '감상의 단계'이다. 이 장에서는 이 3단계 과정의 읽기에 대해 설명하고자 한다.

01 | 읽기 준비의 단계

읽기를 위한 준비의 단계에는 '읽기 준비도'와 '소리 내어 읽기'를 들 수 있다. 읽기 준비도에는 문화적, 환경적, 심리적, 신체상의 각 분야에서 준비가 잘 되어 있는 상태를 말하며, 소리 내어 읽기는 글자 판독 능력을 확인하며 흥미를 갖게 하는 효과가 있다. 그러나 소리 내어 읽기가 발전하면 속으로 읽기나 어휘력이 발달하게 된다.

읽기 준비도

강의를 듣거나 텔레비전을 볼 때에는 가만히 앉아만 있어도 되지만, 책을 읽는다는 것은 인간 두뇌의 능동적인 사고 과정이기 때문에, 독서는 읽는 사람의 능동적인 참여가 없는 한 무의미한 행동이 되고 만다. 따라서 책을 앞에 놓고 능동적인 두뇌 활동을 하지 않으면, 눈은 글자를 쫓아 흑백의 활자를 읽을 뿐 내용이 머리와 가슴에 전달되지 못하고 느낄 수 없게 되는 것이다. 따라서 성숙한 독자란 곧 읽기 준비도가 성숙된 상태를 말하며, 능동적인 독서 활동은 곧 독서를 할 수 있는 준비가 되어 있는 것을 말한다. 우리는 유아 때부터 책 읽기를 가르쳐서 성숙한 독자로 키워야 할 의무가 있는 것이다. 능동적인 독서 활동을 배우지 못한 사람들은 성인이 되어서도 책장을 읽어 넘기기만 하며, 많은 책을 읽지만 가슴에 와 닿는 느낌은 없는 것이다.

읽기 준비가 되어 있는지 안 되어 있는지 등 읽기 준비의 상태는 읽기 능력 발달에 중요한 요인이 된다. 독서 준비가 되어 있지 않은 상태에서 억지로 읽기를 가르치게 되면 어린이는 싫증을 내게 된다. 어린이가 일단 독서를 싫어하게 되면 독서를 멀리하게 되고 학교에서뿐 아니라, 어른이 되어서도 독서를 하지 않게 된다. 한 줄을 읽더라도 느낌이 있는 독서를 가르쳐야 한다. 우리 아이들에게 지성과 함께 풍부한 감성을 키워주자. 책을 읽기만 하는 것이 아니라 읽은 책들이 읽은 사람 각자의 삶에 보탬이 되는 독서의 기술을 가르쳐야 한다.

　문화적 준비도란 어린이가 살고 있는 시대나 사회가 책 읽기에 어떤 영향력을 행사하고 있느냐하는 문제에서부터 어린이의 가정과 친구들이 독서를 어떻게 생각하는지를 포함한다.

　환경적 준비도란 책을 읽을 때, 주변 환경의 온도, 소음도, 조명, 책과의 거리 등을 포함한다. 책장에 꽂힌 많은 책들, 몸에 맞는 책상, 안락한 의자, 알맞은 밝기의 조명등과 함께 언제나 책 읽기에 적합한 환경을 만들어주면 사람은 책을 읽고 싶은 충동을 느끼게 된다.

　어린이의 경우에는 15분 가량, 어른은 1시간 가량을 읽고난 후에 짧은 휴식이 필요하다. 그러나 독서의 리듬을 타게 되면 시간은 마음대로 조정이 될 수 있다. 이것은 좋은 책을 읽기 위해 밤을 새워본 적이 있는 사람이라면 이해할 수 있을 것이다. 그러나 책 읽기를 무리하게 강행하면 독서 흥미를 반감시키는 결과를 가져올 수도 있다.

　책 읽기 시간의 흥미있는 기준을 든다면, 초등학교 1학년은 10분 동안 앉아서 책 읽기, 2학년은 20분 동안 앉아서 책읽기 등으로 올라가 6학년이 되면 60분 동안 앉아서 책을 읽을 수 있고, 중학교 3학년이 되면 90분 동안 앉아있을 수 있다면 그 아이는 학습의 기본을 몸으로 습득하고 있는 것으로 생각된다. 이는 스스로 공부하는 분위기를 만드는 환경적 요인이 매우 중요함을 이야기하는 것이다. 라스베가스의 카지노에는 산소 공급을 충분히 하여 머리가 항상 상쾌할 수 있도록 하고 음식 등 쾌적한 환경에서 계속 오락을 해도 기분 좋게 하는 특별한 환기 시스템이 있다고 한다. 우리 자녀들에게 가장 안락한 환경에서 책을 읽도록 도와주자. 이것은 비싼 책상이나 스탠드를 마련해주라는 것이 아니라 집 안 어디건 편안한 자기만의 공간을 마련해주라는 의미이다. 어머니들도 부엌 한구석이든 어디든지 책 한 권 펼쳐놓을 공간을 마련하여 자연스럽게 책 읽는 모습을 보여주는 것도 좋다.

　심리적 준비도란 읽은 책에 대한 흥미와 호기심의 정도를 의미한다. 즉, 어떤 책을 손에 들고 빨리 읽고 싶어진다면 심리적 준비도는 성숙되었다고 말할 수 있다. 손에는 책을 들고 있지만 마음은 다른데 있다면 독서가 제대로 되지 않을 것이다. 책 자체에 대한 흥미를 불러일으킬 수 있는 심리적 준비를 위한 방법을 몇 가지 소개하고자 한다. 이 방법은 교사가 준비하여 학생을 도와주면서 학생이 스스로 흥미를 갖도록 유도해도 좋다.

> **심리적 준비를 위한 방법**
>
> ○ 책의 표지, 제목을 보면서 내용을 상상해본다.
> ○ 목차를 보면서 먼저 상상한 내용과 비교해본다.
> ○ 책장을 넘기면서 삽화를 통해 책의 내용과 결과를 상상해본다.
> ○ 저자의 머리말이나 작가의 생애를 알아본다.

신체상의 준비도란 독자의 건강 상태를 의미한다. 독서를 하기 위해서는 건강한 신체를 유지하는 것이 중요하다. 건강한 신체에 건강한 정신이 깃든다고 하지 않는가.

소리 내어 읽기

소리 내어 읽기란 문자 자각의 단계에 있는 독자가 거치게 되는 초기 독서의 한 형태이다. 책 읽기의 초기 과정은 대체로 단어를 파악하는 문자 자각의 단계와 그 단어가 어떤 의미를 가지는가에 대한 의미 이해의 단계로 나누어진다.

초기 독서단계는 단어를 소리 내어 발음하면서 단어의 의미를 파악하는 단계로부터 시작된다. 즉 독자는 문자 기호를 알고 문자를 소리 내어 읽을 수 있으며, 자신이 발음한 문자가 어떤 의미를 지니는지를 알고 종합적으로 문자의 의미를 이해한다.

독서 활동은 발음을 하는 음독으로부터 시작하기 때문에 발음을 정확하게 하지 못하는 어린이는 대체로 독해 능력이 낮으며, 발음에 문제가 생기면 의미 인식에도 문제가 생기게 된다. 소리 내어 읽기는 부모나 교사에게 아이의 글자 판독 능력을 확인시켜줄 뿐만 아니라 아이 자신에게도 자신의 판독 능력을 확인시켜준다. 또한 자신의 목소리를 통해 발음된 자신의 목소리를 들으면 즐거움을 느끼게 된다. 요컨대, 소리 내어 읽기는 두 가지 점에서 어린이의 독서 준비도를 높여준다. 하나는 문자 판독을 정확히 할 수 있는 초기 독서 능력을 향상시켜주고, 다른 하나는 어린이가 문자를 읽고 글의 내용에 몰입할 수 있게 도와주는 역할을 할 수 있다.

소리 내어 읽기란 독서 흥미 유발에 효과가 크지만 다같이 읽는 것은 때로 무의미할 수도 있다. 대부분 학교(초등학교 저학년)에서 선생님의 '시작' 아래 수 십 명이 동시에 책을 읽었던 경험이 있을 것이다. 지금도 가끔 보는 초등학교 저학년 교실에서의 다같이 읽는 것은 몇 가지 점에서 문제가 있다.

첫째는 글자를 아는 아이와 모르는 아이가 함께 읽어나가는 것은 두 부류의 아이들에게 다 도움이 안 된다는 것이다. 글자를 아는 아이는 지적 즐거움을 느낄 수 없고, 모르는 아이는 모르는 채 읽어나가니까 학습이 되지 않는다. 둘째는 여럿이 함께 읽어나가는 데는 모두가 한 목소리로 박자를 맞추어 읽어야 하기 때문에 일정한 억양(intonation)이 생기게 된다. 그래서 다같이 읽는 것을 오래 한 아이들에게는 이상한 억양이 생기게 되어 혼자 읽을 때에도 함께 읽을 때와 같은 억양이 나오게 된다. 텔레비전에 출현하여 이야기하는 어린이들 중에 상당수가 비슷한 억양으로 말하는 것을 볼 수 있는데, 이것은 다같이 읽는 데서 오는 피해라고 할 수 있다.

소리 내어 읽기를 지도할 때의 가장 중요한 점은 말하듯이 하는 것이며, 이 때에 자기가 읽은 것을 녹음해 두었다가 다시 들려주는 것도 효과적이다.

○ 책을 읽는 소리를 녹음하고 다시 들려주어, 자신의 발음 상태, 목소리의 강약, 목소리의 어울림 등에 주의를 기울이게 한다.
○ 어린 동생에게 그림책을 읽어주게 한 다음, 칭찬을 해주면 더욱 자주 책을 읽어주게 된다.
○ 남에게·책을 읽어주는 것은 또 다른 즐거움이 된다. 만약에 가족이나 친척들이 장기간 병원에 입원하게 될 경우, 옆 병상에 방해가 되지 않는다면, 동화책이나 옛이야기를 읽어주게 하는 것도 좋은 방법이다.

속으로 읽기

글자 판독의 단계가 끝나면 아이들은 자연히 소리 내어 읽기보다는 눈으로 읽게 된다. 소리 내어 읽기가 글자 단위의 읽기라면, 눈으로 읽기는 문장 단위의 읽기와 의미 위주의 읽기로 발전하게 되는 것이다. 속으로 읽기는 많은 장점이 있다.

첫째, 눈으로 읽기는 독서의 속도를 높여준다. 독서를 할 때 눈동자의 응시점은 문자가 배열되어 있는 행을 따라서 연속적으로 옮겨진다. 이러한 이동은 문자에서 잠시 정지하기도 하고 문자를 건너뛰는 비약을 번갈아가며 한다. 눈동자가 정지했을 때 문자의 자각이 이루어지며, 문자의 자각은 문자가 한 자 한 자씩 파악되는 것이 아니라, 응시할 때에 시야에 들어오는 문자군(文字群)을 동시에 파악한다.

초보자의 경우에는 정지 시간도 많고 정지 횟수도 많아 전체의 독서 시간이 길지만, 숙련된 사람의 경우에는 보통 1행에 2, 3회 정도만 정지하므로, 독서 시간이 짧아진다. 초등학생 때에 속으로 읽기를 충분히 연습하지 않은 어린이는 성장해서도 비능률적인 안구 운동을 하게 되어 독서의 속도가 빠르지 못하게 된다. 그러므로 효과적인 독서 생활을 하기 위해서는 독서 초기부터 속으로 읽기의 충분한 연습이 필요하다.

둘째, 눈으로 읽기는 생각하며 읽기이다. 읽기는 읽으면서 추측하는 일종의 언어적 추측 게임이다. 그리고 자신의 추측이 맞았는지를 순간순간 확인하고 판단한다. 이 추측이 맞으면 희열을 느끼게 되고, 그렇지 못할 때에는 실망하면서 다음 장면을 추측하게 된다. 이런 행동을 계속 해나갈 때 아이는 독서의 즐거움을 느끼게 된다. 또한 자신의 추측이 자주 맞게 되면 속도가 빨라지게 되고, 반대로 빗나가는 횟수가 많으면 독서 속도가 느려지게 된다.

사람의 어휘력은 환경의 지배를 받는다. 성별의 차이, 문화의 차이, 부모 직업의 차이에 따라 개인의 어휘력은 영향력을 받는다. 어휘력을 기르는 실제적인 방법을 소개하고자 한다.

어휘력을 기르기 위해서는 첫째, 폭넓은 독서를 해야 한다. 일반적으로 독서가 어휘 증가에 결정적인 역할을 한다는 것은 널리 알려져 있는 사실이다.

둘째, 많은 사람들과 대화를 하게 한다. 아무리 많은 어휘를 가지고 있다 해도, 그 어휘들을 사용하지 못하면 자신의 것이 되지 못한다. 사람들과 반복적으로 사용함으로써 새로 배운 어휘들이 기억되고 습관화되어 자기 것이 된다. 대화를 통하여 다른 사람이 쓰는 어휘를 배우는 장점이 있다. 실제로 어른과의 대화, 다른 사람과의 대화에서 다른 계통 사람의 어휘를 알게 되면 세상에 대한 이해의 폭이 넓어진다.

셋째, 무엇이건 말로 지시를 하게 되면 듣고 행동하는 어린이의 어휘력이 높아진다.

넷째, 산책하면서 대화하는 것이다. 대화를 통해서 어린이의 어휘력을 테스트하기도 하고 잘못 알고 있는 어휘를 정정해줄 수도 있다.

다섯째, 어린이의 불완전한 문장을 완전한 문장으로 교정해준다.

여섯째, 말놀이 게임을 하는 것이다.

일곱째, 국어사전, 백과사전을 이용하게 한다.

아리스토텔레스는 제자들과 산책하면서 학문을 연마하였다. 그래서 그들을 소요학파라고 부르기도 한다. 부모들은 자녀들과 함께 식탁에 앉아서, 동네 한 바퀴 돌면서, 어디에서든지 부모형제와 나누는 대화는 어휘력을 키우는 좋은 방법이다. 우리말을 다 익힌 후에 식탁에서, 쉬는 시간에, 자기 전에 들려주는 외국어 테이프는 듣기 능력과 함께 어휘력을 늘리는데 매우 효과적이라고 한다.

02 | 독해의 단계

독해는 훈련을 받으면 향상되는 일종의 기능이다. 독해력 훈련을 받은 사람은 독해력 훈련을 받지 않은 사람보다 책을 읽고 이해하는 능력이 높게 나타난다. 그러므로 독해력은 학력과 비례하지 않는다고 할 수 있다.

독해의 기능은 독서 생활만을 좌우하는 것이 아니라, 학교 교육의 전반에 영향을 미친다. 일반적으로 독해력의 높고 낮음은 학교 성적의 높고 낮음과 비례하여 나타난다. 일반적으로 독해력이 높으면 수업 시간에 교사의 설명을 잘 이해하고, 교과서를 읽고 머리 속에 지식을 효과적으로 저장할 수도 있어서 각종 시험에서 높은 점수를 받게 된다. 그러나 독해력이 낮을 경우에는 교사의 설명이나 교과서의 내용을 숙지하지 못하게 된다.

독자는 모든 책을 똑같은 방법으로 읽지는 않는다. 교과서를 읽을 때, 만화책을 읽을 때, 신문을 읽을 때, 참고서를 읽을 때, 시를 읽을 때, 동화책을 읽을 때마다 각각 읽는 법이 다르다. 우리들은 무의식적으로 또는 의식적으로, 독서 재료와 목적에 따라 방법을 달리해가며 읽는다. 독해단계의 읽기 방법을 소개하면 다음과 같다.

줄거리 읽기

독해의 초보단계인 줄거리 읽기는 글의 흐름을 따라 그 줄거리의 대강을 파악하며 읽는 독해의 한 방법으로, 줄거리 읽기란 책의 중요한 내용을 시간적 순서에 따라 재배치하는 읽기의 독특한 방법이다.

작가가 길고 긴 글 속에 숨겨 놓은 줄거리를 찾아 완성했을 때, 독자는 작가가 작품을 완성한 후에 느끼는 창조의 기쁨과 유사한 기쁨을 느끼게 된다. 이 창조의 기쁨이 독서에 대한 흥미를 지속시키고 유발한다. 이 기쁨은 두꺼운 책을 끝까지 읽어 나갈 수 있는 인내력을 키우기도 하고, 앞으로 다른 책을 더 읽어야겠다는 동기를 부여하게 된다.

요점 읽기

줄거리 읽기가 내용 그대로의 줄거리를 순서대로 재배치하는 방법이라면, 요점 읽기는 독자 스스로 중요한 부분을 골라 읽는 방법이다. 따라서 요점 읽기는 긴 글을 보다 정확하게 읽기 위한 독해의 한 방법이다. 줄거리가 눈에 보이는 사건의 나열이라면, 요점은 눈에 안 보이는, 얼마쯤은 숨어 있는 어떤 생각이나 의도일 수도 있다.

요점 읽기 능력이 부족하면 오랜 시간 글을 읽어도 글 속에 있는 내용이 머리 속에 정리되지 않는다. 요점 고르는 능력이 부족한 사람은 읽은 글을 이야기해보라고 하면 중요하지 않은 부분을 중요한 부분과 동일하게 말하고, 중요하지 않은 부분을 장황하게 이야기하기도 한다.

놀지도 않고 책상에 오래 앉아 공부만 하는데도 성적이 좋지 않은 아이들의 경우는 대개 이 요점 읽기 능력이 부족한 것이 아닌지 의심해보아야 한다.

훑어 읽기

활자화된 읽기 자료의 양이 많아짐에 따라 이제 훑어 읽기는 어른은 물론 어린이에게도 필수적인 독해의 한 방법이 되었다. 훑어 읽기는 목적에 따라 대략적으로 무슨 내용인가를 찾아내는 단순한 훑어 읽기와 찾고자 하는 어떤 정보를 얻어 내기 위한 목표가 있는 훑어 읽기로 나눌 수 있다. 이미 가지고 있는 정보와 새로운 정보를 섞어 새로운 지식 체계를 만드는 훑어 읽기는 독자의 지식 체계를 넓혀 준다. 훑어 읽기는 초등학교 1학년에서 성인에 이르기까지 누구나 가지고 있어야 할 독해 능력이라고 할 수 있다.

요약하기

요약하기는 종합적 사고력을 활용해야 하는데, 종합적 사고력이란 나열되거나 대립되어 있는 사물의 개념을 통일시켜 하나의 의미로 정립시키는 능력을 말한다. 종합적 사고력이 발달한 사람은 한 권의 책을 한 단어로, 한 줄로, 한 문장으로 요약할 수 있다.

분석하며 읽기

○ 글의 개요(outline)를 알아본다.

○ 글의 짜임을 알아본다.
○ 글의 구성(plot)을 알아본다.
○ 저자의 의도를 알아본다.

기타 읽기

관계 읽기 / 구조화하기 / 문맥 읽기 / 빨리 읽기

03 | 감상의 단계

　책의 내용을 있는 그대로 받아들이기보다는 스스로 생각하면서 능동적으로 의미를 창조하려는 독자는 스스로 책 속에 문자화되어 있지 않은 내용을 찾아내고 유추하고 상상하며 텍스트를 꾸민다. 그래서 작가가 써놓은 글에서 한 차원 높은 상태의 글을 만들 수 있다. 이러한 과정을 능동적인 독서, 창조적인 독서, 입체적인 독서, 혹은 미적 독서라고도 한다.

　독해력이 높은 아이들은 1학년에도 감상적인 독서를 할 수 있고, 독해력이 낮은 아이들은 3학년이 되어도 감상의 단계에 들어서지를 못한다. 그러므로 감상력은 나이나 학년보다는 개개인의 독서 능력과 더 밀접한 관계가 있다고 생각할 수 있다.

　감상력은 첫째로 작품에 따라 다르게 나타난다. 감동적인 작품을 감상할 때는 높은 감상력이 발휘되지만, 감동이 없는 작품을 읽을 때는 감상력이 저조해진다. 그러므로 어린이의 감상력을 높이기 위해서는 감동적인 작품을 선택해야 한다.

　둘째로 감상력은 언어로 표현할 때 더욱 높아진다. 작품을 읽고 말로 표현하든지 글로 표현하는 일은 감상력을 더욱 증가시키는 계기가 된다. 표현하는 행동은 자기의 감상력을 객관화시키는 과정이며, 이 때 독자는 비로소 자신의 감상력의 실체를 만나게 된다. 따라서 감상은 표현되어야 한다.

　셋째로 감상은 개인적인 활동이어서 누가 가르쳐줄 수도 배울 수도 없다. 독서 감상은 누가 대신할 수도 없고, 맞았다 틀렸다 식으로 평가할 수도 없는 것으로 개인적이며 개성적인 작업이라고 할 수 있다.

　감상단계의 읽기는 ① 느끼며 읽기, ② 상상하며 읽기, ③ 추리하며 읽기, ④ 비판하며 읽기, ⑤ 창의적으로 읽기, ⑥ 문제 해결하며 읽기를 반복하면서 감상력을 키울 수 있다. 한 줄의 문장을 읽고 마음에 떠오르는 것이 있다면 그것이 감상의 대상이 될 수 있으며, 그러한 떠오르는 생각을 중심으로 감상문을 작성할 수 있는 것이다.

04 | 독서 메모

사카토 켄지는 메모의 기술을 언제 어디서든 메모하고, 주위 사람들을 관찰하고, 기호와 암호를 활용하며, 중요사항은 한 눈에 띄게 하며, 메모하는 시간을 따로 마련하여 메모하며, 메모를 데이터베이스로 구축하고, 메모를 재활용하는 등 7가지로 압축하고 있다. 또한 독서 할 때의 메모 방법으로 떠오른 생각은 책의 여백에 적고, 책에 메모지를 끼우고 읽으면 좋다고 하였다(사카토 켄지. 2003). 이러한 방법들을 활용하여 독서의 메모 기술로 활용할 수 있다.

번뜩이며 생각나는 것을 그때그때 종이에 적어놓고 읽은 것을 기록하는 습관을 가지고 있다는 것은 새로운 지식과 가치를 창조해 내는 21세기의 생존 전략과 맞아 떨어지는 것이다. 읽은 것을 최대로 활용할 수 있는 능력을 키우는 것은 시간이 한정되어 있는 학생들에게는 매우 중요하다. 책을 읽을 때 똑같은 단락을 반복해서 읽거나, 책을 덮자마자 읽은 내용을 잊어버린다거나, 책 읽는 시간이 지루하다고 여겨진다면 더욱이 독서 메모의 기술을 익혀야 한다. 좀더 적극적인 책 읽기와 읽은 것을 기억하기 위한 몇 가지 방법이 있다. 즉 책의 여백에 글쓰기, 색 펜으로 중요한 정보에 표시하기, 요약하기, 독서일지 작성하기 등이 그것이다 (Stanley, 1999).

❶ 책의 여백에 글을 쓴다.

읽고 있는 책의 여백에 글을 쓰거나 포스트-잇을 사용하여 자신의 질문이나 소견을 적어둔다. 이렇게 하게 되면 읽기 진도는 나가게 되어 있고, 나중에 다시 읽을 때 중요한 부분이 한 눈에 들어오므로 도움이 된다.

❷ 중요한 포인트나 정보를 강조하기 위해 노란색이나 붉은 펜을 사용한다.

색 펜으로 요점을 표시해 놓으면, 책을 다시 읽거나 책의 내용을 검토할 경우에 주요한 정보에 쉽게 접근할 수 있다. 여기에서 문제는 요점을 강조해야지 모든 것을 강조하는 것은 아무 것도 강조하지 않은 것과 같다는 것이다. 교사들이 중요한 곳에 밑줄 쫙~ 긋고 라고 강의하는데 이것은 매우 적절한 메모의 한 방법이다.

❸ **각 장이 끝나면 멈추어서 요약을 한다.**

많은 정보를 그대로 읽고 소화할 수 있는 방법이 있다면, 그것은 각 장 사이에 멈추어서 요약해 놓는 것이다. 요약은 독자로 하여금 주의 집중한 상태를 계속 유지하게 하며, 이해하지 못한 것은 요약할 수 없기 때문에, 읽은 것을 잊지 않고 있는지 확인해 줌과 동시에, 검토 자료로 활용할 수 있다.

❹ **독서일지를 쓴다.**

가능하면 작은 수첩을 활용하여 독서일지를 작성한다. 지금 읽고 있는 책에 대한 나의 생각을 적고 질문을 나열하고 질문에 대한 답을 찾아본다. 인상 깊은 구절이나 나의 감정이나 읽고 있는 것에 대한 느낌을 적어 놓는다. 언제 어디서나 생각나는 대로 적어보고 독서 계획과 함께 그 날, 그 달의 계획을 세울 수 있다.

독해 이론 관련 용어

❶ 스키마 이론

스키마는 기억 속에 저장되어 있는 경험의 총체이며, 모든 배경 지식이다. 스키마 이론은 언어의 표현이나 이해 과정에 대한 지식 이론으로 어떤 글이라도 독자가 그 글에 의미를 부여하지 않는 한 무의미한 언어 기호의 집합체에 불과하다는 것이다. 왜냐하면, 스키마가 다르면 글의 의미가 달라질 수 있기 때문이다.

그리고 스키마는 독자가 가지고 있는 명제적 지식 및 방법적 지식을 모두 포괄하는 광범위한 지식을 의미하는 것이다. 그러므로 특정 화제와 관계된 스키마는 읽기 과정 및 결과의 양적, 질적인 측면에 있어서 매우 큰 영향을 미친다. 왜냐하면 스키마가 다르면 글의 의미가 달라질 수 있으며 특정한 글의 내용에 대한 스키마를 많이 갖고 있다면 그 특정한 내용의 글을 더 쉽게 이해할 수 있게 되기 때문이다. 글에 나타난 정보가 독자의 스키마와 일치할 때 이해가 잘 되고, 글을 이해하는 데에 적합한 스키마가 부족하거나 관련 스키마에 접근하는 데 실패하면 의미 구성이 잘 이루어지지 않을 수 있다. 따라서 교사는 학습자가 이미 가지고 있는 사전 지식 중에서 적절하게 관련이 있는 사전 지식을 활용하도록 도와주고, 사전 지식을 가지지 못한 경우에는 이를 형성하도록 배경 지식을 활성화시켜야 한다. 왜냐하면 학생들은 글을 읽기 전이나 읽은 도중에도 계속적으로 글과 배경 지식을 관련시키며 읽기 때문이다. 독자의 배경 지식을 활성화하는 방법에는 여러 가지가 있겠으나 그 대표적인 것으로 예측하기, 미리보기, 질문하기 등을 들 수 있다(이선옥, 2004).

❷ 사고 중심 읽기 활동 (Directed Reading-Thinking Activity)

사고 중심 읽기 활동(Directed Reading-Thinking Activity)은 글을 읽는 과정에서 독자의 '사고 활동'을 촉진하는 읽기 전략이다. 글을 본격적으로 읽기 전에 내용을 예측·추론하고 토론을 통하여 학생들 스스로 글을 읽는 목적을 설정한다. 글을 읽어가면서 자신들의 예측과 추론이 맞는지를 확인하고, 읽은 것에 대해서 자신의 관점에서 해석할 것을 촉진하는 읽기 활동이다. 읽기를 마친 후에는 자신의 전략 수행에 대한 점검과 독후활동까지 포괄하는 읽기 지도 모형으로 독해의 절차와 방법을 자연스럽게 배우면서 내용을 보다 잘 이해할 수 있는 과정 중심의 읽기 전략이라고 할 수 있다. 이러한 사고중심 읽기 활동 전략으로 자기 주도적인 읽기 학습을 하게 된다면, 읽기 능력뿐 아니라 학업 성취도의 향상도 가져올 수 있다(김연중, 2004).

❸ 독서 과정별 독서 활동 모형

☐ **독서 전 활동**

① 정보의 예견
- 글의 외형적 특징이나 예비적 정보에 대한 조사
- 글의 조직 형태에 대한 조사   ● 내용의 초점에 대한 조사

② 기존 지식의 활성화
- 관련 내용 및 어휘의 회상   ● 관련 정보의 범주 및 조직 형태에 대한 회상

③ 독서 목적의 결정 및 관심 영역의 구체화
- 질문의 형성   ● 내용 및 조직 형태에 대한 예언

☐ **독서 과정에서의 활동**

① 예언의 확인
- 새로운 아이디어의 적절한 수용   ● 판단의 유보

② 아이디어의 명료화
- 핵심 어휘에 대한 주의 집중
- 새로운 질문의 생성   ● 아이디어에 대한 평가

③ 글의 각 단위별 의미의 구성
- 중요한 아이디어의 선정   ● 아이디어들의 연결 및 조직

☐ **독서 후 활동**

① 글 전체의 정보에 대한 의미의 구성
- 정보의 범주화 및 통합
- 핵심 아이디어들 및 그 아이디어들 사이의 연결 관계 요약

② 독서 목적에 대한 성취 정도 평가
- 예견의 정확성 여부 확인   ● 내용 이해 결과에 있어서의 부족한 점 식별
- 부족한 점의 보충을 위한 다시 읽기

③ 독서 결과의 정착 및 적용
- 새로운 상황에의 적용
- 비슷한 유형의 독서 자료를 이용한 반복 연습(박영목 등 저, 2001).

3장

과정 중심의
읽기 지도와 분석 독서

독서 교육의 핵심은 읽기 능력을 키우는 것이다. 읽기 능력을 확장시키기 위한 읽기 지도 방법은 학생들의 배경지식의 활성화, 학생들의 읽기 활동 안내, 학생 중심의 능동적인 읽기 활동 강화, 원전에서 수집한 개념적 지식의 강화, 읽기 과정에서 사고활동의 강화, 다양한 주제에 대한 탐구활동 지도 등이 읽기의 핵심적인 활동이 되어야 할 것이다. 독서 교육의 기초이론에는 구성주의적 읽기 지도, 스키마 활성 지도, 과정중심 읽기 지도, 초인지 전략 지도 등이 있다.

최근의 독서 지도의 경향은 결과중심 접근보다는 과정중심 접근을 더 중요시하고 있다. 글의 중심 생각이 '무엇' 이라는 결과보다는 내용을 이해해가는 과정을 중시함으로써 이 과정을 터득하면 글을 읽은 독자들이 스스로 내용을 분석하고 이해할 수 있는 능력을 갖게 된다는 것이다. 독해의 과정은 여러 가지 방식으로 분석될 수 있다는 것을 2장에서 설명하였다. 이 장에서는 특히 보편적인 읽기에서 활용할 수 있는 독해 전략으로서 과정중심의 독서 지도의 실제를 다루며, 읽기 전 지도로서 활용될 수 있는 분석 독서에 대하여 설명하고 실제적인 독서 지도 교안을 작성하였다.

01 | 읽기 전의 독서 지도

 책을 읽기 전의 활동으로는 독서 흥미 및 동기 유발과 배경지식 활성화를 들 수 있다. 따라서 이 때에는 학생의 발달과정에 맞는 읽을거리를 선별하여 읽게 하며, 독서의 방법을 습득할 수 있도록 돕는 것이다. 학생들은 이와 같은 읽기 전 활동을 통하여 주도적으로 독서를 하고, 목적을 가지고 독서를 하게 하며, 읽을 자료를 찾는 즐거움을 맛보게 되며, 능동적이고 적극적으로 독서를 하도록 하는 효과가 있다.

 김승환(2003)은 독서 자료 분석제공이 독서 활동에 미치는 영향 연구를 통하여 독서 후 활동을 활성화하기 위하여 과제도서에 대한 분석식 독서 자료를 작성, 제공하여 이들 자료가 대표적인 독서 후 활동이라고 할 수 있는 독서 감상문 쓰기, 독서 발표, 독서 토론, 독서 감상 만화 그리기 4개 분야에 어떠한 영향을 미쳤는지를 조사하였다. 연구 결과 독서 감상문 쓰기가 가장 도움이 컸으며, 다음으로 독서 토론 활동 분야, 다음으로 독서 발표 분야에서도 좋은 반응을 보였다. 그러나 독서 감상(만화) 그리기 분야는 크게 도움이 되지 않은 것으로 나타났다. 활발한 독후 활동지도를 위하여 분석식 독서 자료의 작성을 통해 책을 읽기 시작하는 학생들의 흥미와 관심을 불러일으켜 책을 끝까지 읽도록 하여 감상의 수준까지 데리고 갈 수 있다면 활용해볼 만한 작업이라고 생각한다. 실증적인 연구 결과에 의하면 텍스트의 내용에 대한 배경지식을 가진 학생이 그렇지 못한 학생보다 텍스트에 제시된 정보를 이해하고 기억하는 정도가 우월하다는 것이 밝혀진 바 있다. 또한, 독서 지도의 과정에서 독서 자료의 내용과 연관하여 학생들이 이미 보유하고 있는 기존지식을 활성화해줄 필요가 있다는 점도 강조되고 있다.

02 | 분석 독서 자료의 작성

분석 독서 자료의 내용

분석 독서는 독자가 어떤 책을 읽으려고 할 때, 그 책을 읽기 전에 그 책에 대한 정보를 미리 제공해주는 방법이다. 독자들은 이러한 자료를 읽고나서 독서를 한다면, 그 책에 대해 좀 더 이해하기 쉽고, 적극적으로 독서하는 태도를 기르게 되도록 작성된 자료를 말한다. 일반적인 독서 지도에서나 캠프에 참여하게 될 때 미리 과제도서나 읽을 책에 대한 분석식 독서 자료를 작성, 배포하여 학생들이 이 자료를 읽고 나서 책을 읽도록 지도하는 것이다. 이렇게 지도한다면 독서 중에나 독서 후 활동도 활발하게 이루어 질 것으로 판단되어 분석 독서 자료의 작성사례를 싣고자 한다. 분석 독서의 방법은 다음에 제시한 내용을 작성해 보는 것이다(김승환, 2003).

먼저 읽은 책의 목록을 작성하기 위하여 책이름, 저작사항(저자, 원저자, 역자, 삽화가 등), 출판사항(출판사, 출판연도 등)을 적는다.

① 저자, 역자, 삽화가에 대하여 조사한다.
② 본 도서가 발행된 뒤 신문 서평 등 세상에 떠도는 이야기들을 알아본다.
③ 본 도서를 읽고나서 왜 베스트셀러가 되었다고 생각되는지, 그리고 이 책을 추천한다면 그 이유는 무엇인지 적어본다.
④ 본 도서의 내용과 주제가 비슷하거나 수준이 비슷한 책들을 찾아본다.
⑤ 본 도서를 통하여 정보능력과 관찰력을 기르고 종합하는 힘을 기르기 위해 읽으면서 다음과 같은 내용들을 작성해본다.
　－ 본 도서를 읽을 때 생각하면서 찾아 읽어야 할 내용이나 사건에 대한 문제 8가지 작성해보기
　－ 본 도서를 읽은 후 토의나 토론해야 할 문제 5가지 작성해보기
　－ 독자가 본 도서에 대하여 꼭 정리해야 할 문제 3가지 작성해보기

⑥ 본 도서에 대한 자신의 의견 작성해보기

자신이 읽은 책을 앞의 내용과 같이 분석 독서의 방법으로 작성하다보면 책을 정독하게 되고 이해력과 논술력도 향상될 것이다.

분석 독서 자료 작성의 실제

사금파리 한 조각

린다 수 박 지음 · 이상희 옮김 · 김세현 그림 / 서울문화사 / 2002

1. 저자에 대한 조사 연구

린다 수 박은 미국 일리노이주에서 태어나고 자랐으며 스탠포드 대학교 영문학과를 졸업했다. 부모님은 이민 1세대 한국인이다. 어려서부터 부모의 도움으로 독서를 하는데 익숙했던 그녀는 자연스럽게 문학의 길로 들어설 수 있었다. 4살 때부터 시를 쓰기 시작하고 책 읽기를 좋아했던 그녀는 9살 때는 어린이 잡지에 시가 당선되기도 했다.

그녀는 대학에서 문학을 전공하고 홍보, 광고, 언론 등 다양한 분야에서 글 쓰는 직업을 가졌으며, 음식 칼럼니스트로 활동해 음식 저널리스트상을 받을 정도로 음식에 조예가 깊었다.

린다 수 박은 첫 작품 17세기 한국 양반 가문의 12세 소녀 이야기인 『널뛰는 소녀』에서부터 그녀의 아버지가 직접 삽화를 그린 『연싸움』, 그녀의 문학 세계에 정점을 이룬 『사금파리 한 조각』, 2차 대전 한국을 배경으로 한 『내 이름이 교코였을 때』까지 앞으로도 한국을 배경으로 한국적인 정서가 가득 담긴 소설을 쓸 계획이라고 한다. 『사금파리 한 조각』은 2002년 미국 도서관협회 뉴베리상 아동문학분야 최우수 작품상을 받기도 한 작품이다.

2. 본 도서가 발행된 뒤 세상에 떠도는 이야기들

린다 수 박은 부모 모두 한국계 미국인이지만, 그녀는 한국말을 하지 못한다. 1950년대 미국으로 건너간 부모는 이민 1세대로서 느끼는 언어 장벽을 자식에게 겪게 하고 싶지 않아 영어 사용만을 고집해왔기 때문이라고 했다. 영어로 쓰여졌으면서도 어쩌면 이토록 12세기 우리나라를 손에 잡힐 듯 생생하게 그렸을까 싶은 책이다. 우리말과 글로 우리 문화를 익혀온 우리들보다 저자는 "한국적인 것"을 더 잘 재현하고 있다(동아일보).

재미교포 2세인 저자는 이 책으로 올해 미국 최고의 아동문학상인 뉴베리상을 받았다. 미국에서 태어나 우리말을 배우지 못한 저자가 우리 역사와 문화를 뒤늦게 공부한 뒤 이같은 책을 썼다는 것이 놀라울 뿐이다(반디북 서평).

올해 1월 재미동포 2세 린다 수 박(42)이 안데르센상과 더불어 세계 최고의 아동문학상으로 평가받는 뉴베리상을 수상했다는 희소식이 미국으로부터 날아왔다. 그녀의 수상 소식이 무엇보다 값진 이유는 그 작품 내용이 한국인에게서도 잊혀져가고 있는 한국의 예술과 장인(匠人) 정신을 소재로 했다는 데 있었다(한국일보).

우리들을 더욱 놀라게 한 것은 수상작품이 한국의 도자기와 장인정신을 다룬 동화라는 사실이었다. 뉴베리상 선정위원단은 "한국의 소년 도공 이야기가 미국의 어린이들에게 꿈과 용기와 인내의 정신을 감명 깊게 전해줄 것"이라며 극찬을 보냈다(세계일보).

권위있는 서평지 퍼블리셔스 위클리가 이 책에 대해 "한국인들의 인내와 장인정신이 눈 앞에 있는 듯 생생하게 펼쳐진다"는 서평을 실었을 정도다(매일경제).

미국에서 태어난 저자는 아일랜드계 미국인과 결혼해 낳은 두 아이들에게 엄마의 조국에 대한 이야기를 들려주기 위해 동화를 썼다고 한다. 그의 말을 빌리자면 "12살 때 딱 한 번 한국을 다녀갔기에 한국에 대해서는 단편적인 지식밖에 없었지요. 내 아이들에게 한국에 대해 많은 걸 들려줄 능력이 없다는 걸 알았습니다. 그래서 한국의 역사와 문화에 대한 글을 읽기 시작했고 한국을 배경으로 한 이야기를 쓰기 시작했습니다." 그가 동양인 최초로 뉴베리상을 수상하기까지에는 책 읽기를 많이 시킨 아버지의 힘이 컸다고 한다(국민일보).

3. 본 도서를 읽고 나서 왜 베스트셀러가 되었다고 생각되는지, 그리고 이 책을 추천한다면 그 이유는 무엇인지 적어본다.

12세기 한국을 배경으로 하고 섬세한 문체로 쓰여진 이 동화는 인내심과 장인 정신에 바치는 감동적인 선물이다. 한국의 장인들이 불후의 명작을 만들기 위해 자신의 삶을 바치던 모습은 물론, 주인공 목이의 정신적 성장과정이 생생하게 눈앞에 펼쳐진다.

미국인들에게는 낯선 12세기 고려시대, 고려청자를 소재로 전개되는 이 이야기는 이래서 상을 받았구나 할 만큼 탄탄한 구성으로 빈틈이 없다. 이야기의 중심 줄기는 크게 두 가지이다. 첫번째는 한국 문화이다. 저자는 영문 자료의 부족함에도 불구하고 꼼꼼이 연구하고 문학적 상상력을 가미하여 한국인도 소홀하기 쉬운 한국 문화, 고려청자의 세계를 훌륭히 묘사해냈다. 청자를 만들기 위한 도공들의 장인정신과 눈앞에 생생하게 구체화시킨 청자의 아름다움은 세계인에게 감동을 선사하기에 부족함이 없다.

두 번째는 한 소년의 성장기이다. 저자 자신이 두 아이의 엄마로서 아이에게 들려주고 싶은 삶의 지혜를 이야기 속에 모두 녹여낸 듯하다. 목이라는 한 소년이 이룰 수 없을 것 같은 꿈을 지니고 최선을 다해 하나 하나 배우며 자라나 마침내 성취해내는 과정은 이 책의 독자에게 책을 통해서만 얻을 수 있는 삶의 지혜를 가르쳐준다. 또한 세계 어린이가 배운 한국인의 미덕인 용기와 인내, 예의는 이제 한국 어린이에게 그 아름다운 영향력을 끼칠 것이다.

한국에서는 『사금파리 한 조각』으로 번역되어 2003년 1월까지 꾸준히 주간 베스트셀러 5위권 안을 맴돌았다. 현재는 초 · 중학교 필독도서로 선정되어 있기도 하다. 이렇게 이 작품이 한국에서도 호평을 받고 있는 이유는 작가 린다 수 박이 한국인 2세라는 점과 우리 전통문화를 다루고 있는 작품이라는 점에서이다. 이 작품은 12세기 한국의 고려시대를 배경으로 도자기 예술의 아름다움과 도공들의 치열한 장인정신을 주제로 하고 있다. 미국에서 태어나서 자란 재미교포 작가가 한국의 장인들이 명작을 만들기 위해 자신의 삶을 바치는 모습과 주인공 목이의 정신적 성장과정을 생생하게 잘 묘사했다는 점에서 호평을 받아 베스트셀러가 되지 않았나 싶다.

린다 수 박은 목이라는 소년을 통해 가족의 의미와 자신의 일을 하는 조그마한 일상의 순간에도 만족하는 모습을 전달하고 싶었다고 말했다.

목이가 도자기가 깨어졌음에도 절대 포기하지 않고 사금파리를 가지고 서울에 간 부분에 작가의 의도가 담겨져 있다. 얼핏 보면 사금파리는 하찮은 사기 조각에 불과하지만 목이는 이 사금파리 하나에도 소중한 가치를 부여해 결국에는 좋은 결과를 낳아서 상감청자 주문을 받게 된다.

또한 목이는 따뜻한 마음으로 가족에 대한 소중함도 알려준다. 두루미 아저씨와 목이는 진짜 가족은 아니지만 다리 밑에서 만나 서로 가족처럼 아껴주고 챙겨주며 살아가는데, 요즘 자기중심적인 학생들에게 자극을 줄 것이다. 그리고 인내심과 책임감이 부족한 학생들은 목이의 성장과정을 통해 자기 자신에 대해 책임을 지는 법과 용기와 인내, 삶의 지혜를 배우게 될 것이다. 이렇게 어린이들과 청소년들에게 배울 점을 많이 제공해주고 있어 이 책을 추천한다.

4. 본 도서와 내용 및 주제가 비슷하거나 수준이 비슷한 책들

퍼시의 마법 운동화 / 울프 스타르크

퍼시의 따뜻한 마음과 재치 그리고 용기가 목이의 성격과 비슷하다.

연어 / 안도현

연어와 목이는 목표하는 바는 다르지만 끝까지 포기하지 않고 자신이 이루고자 하는 것을 이루는 모습에서 인내심이 강한 것을 볼 수 있다.

갈매기의 꿈 / 리처드 바크

어려운 역경을 이겨내고 꿈을 이룬 조나단과 목이는 같다고 볼 수 있다.

평생 독을 빚고 가마에 구우며 삶을 마감한 송 영감의 정신과 목이가 상감청자를 완
성하기까지의 장인정신이 한국의 전통문화를 다루었다는 면에서 주제가 같다.

5. 본 도서를 통하여 정보 능력과 관찰력을 키우고 종합하는 힘을 기르기 위해 읽으면서 다음과
같은 내용을 작성해본다.

본 도서를 읽을 때 생각하면서 찾아 읽어야 할 내용이나 사건에 대한 문제들
○ 목이와 두루미 아저씨의 이름에 얽힌 사연은?
○ 목이가 민 영감 집에서 일하게 된 계기는?
○ 민 영감의 성격과 작업성향은?
○ 상감청자를 만드는 데 거치는 기술 과정은?
○ '사금파리 한 조각' 의 의미는?
○ 목이가 청자를 가지고 서울로 가는 도중 생긴 사건은?
○ 두루미 아저씨의 목이가 없는 동안의 삶은?
○ 이 글의 시대적 배경과 목이가 어렵게 해낸 업적은?

본 도서를 읽은 후 토의나 토론해야 할 문제들
○ 청자 만드는 과정을 알아보고 책 속에서 목이가 배운 상감청자 만드는 과정과 비교해보자.
○ 이 책에서 작가는 목이를 통해 가족의 의미를 생각해보고자 했다고 작품의도를 밝혔다.
가족이란 무엇이며 가족의 의미는 무엇인가에 대해 토의해보기로 하자.
○ 이 책에서는 하찮은 사금파리 한 조각에 소중한 가치를 담았다고 했다. 우리 주변에 있
는 존재들에 대한 가치들을 이야기해보고, 소중한 가치를 느끼는 것에는 무엇이 있는지
토의해보도록 하자.
○ 목이와 같이 장인정신을 가지고 자신의 일에 몰두하거나 타인에게서 장인정신을 본 경
험들을 이야기해보자.
○ 이 책에서 민 영감이 상감청자를 만드는 과정을 토대로 진정한 예술이란 무엇인지 토의
해보자.

본 도서에 대하여 더 정리해야 할 문제들
○ 자신의 꿈을 적어보고 그 꿈을 이루기 위한 계획을 세워보자.
○ 고려청자에 대해 백과사전이나 지식검색을 통해 더 알아보자.
○ 목이가 사는 동네인 줄포에서 고려의 서울인 송도까지의 지도를 찾아보고 목이가 겪은

사건을 표시하면서 지리 공부를 해보자.

본 도서에 대한 의견

이 작품에서는 사금파리 조각 같은 작은 것에도 소중한 가치가 있다는 것을 암시해주며 더불어 장인의 길도 제시해주고 있다. 장인의 길은 인내심이 바탕이 되어야 하고, 세밀함과 치밀한 눈썰미가 있어야만이 갈 수 있는 길이라고 명시해주고 있다.

본문 내용을 보면 인내심이 없는 사람은 가마니에서 떨어뜨린 쌀을 주울 마음의 여유도 없고, 가마니 또한 세밀하게 짜지 못해 쌀을 흘리게 되는 것이라고 했다. 여기서 쌀은 생계를 의미하기도 한다. 이 줄포 마을은 도자기 마을로 도공이 되어야만이 생계를 유지해나갈 수 있다. 그러나 도공이 되려면 인내심이 있어야 한다. 가마니를 세밀하게 짜지도 못하고, 쌀알을 하나씩 주울 수 있는 인내심이 없으면 계속 쌀을 흘릴 수밖에 없는 상황인 것이다. 그러므로 인내심이 곧 장인의 길인 것이다.

린다 수 박은 쌀가마니를 메고 가는 나그네의 입을 통해 한국인의 장인정신을 역설했고, 그 외의 도자기 빚는 세밀한 과정을 통해 장인정신을 그려내어 많은 생각을 하게 했고 구성도 탄탄했다. 그리고 인물들의 따뜻한 마음씨가 마음을 포근하게 해주어 참 좋았다.

03 │ 읽는 중의 독서 지도

책을 읽는 동안에는 계속적으로 자신의 읽기 과정을 점검하고 집중해서 읽는다. 읽는 중의 독서 지도에는 구체적으로 적절한 질문을 제기하여 계속적으로 글에 관심을 가지게 하는 일, 글의 일정한 부분에 대해 함께 이야기를 나누는 일, 자기가 예측한 것을 확인하는 일, 계속적으로 글의 내용과 관련된 것을 떠올리게 하는 활동을 할 수 있다. 고학년이나 중학생의 경우에는 관련 자료의 탐색이나 정보의 재조직 활동을 시도해볼 수 있다.

교사 안내 중심의 독서 지도를 위해 학생들의 능력, 흥미, 배경지식, 읽기 자료의 주제와 난이도, 읽기의 목적 등을 고려하여 독서 계획을 세운 후에 읽기 전, 읽기 중, 읽기 후 활동의 내용과 방법을 정해야 한다. 읽는 과정에서는 묵독하기, 학생들에게 읽어주기, 교사의 안내에 따른 읽기, 낭독하기, 변형된 읽기 자료 읽기 등의 다양한 활동 등을 할 수 있다. 앞서 제시한 여러 가지 유형의 읽기 활동을 하는 과정에서 질문에 대한 답을 찾도록 한다.

04 | 읽은 후의 독서 지도

책을 다 읽은 후에는 읽은 것을 좀더 깊이 이해하고 감상할 수 있는 기회를 주는 것이 중요하다. 독서 후의 지도는 어휘력 기르기, 이해력 기르기, 분석력 기르기, 상상력과 창의력 기르기, 표현 능력 기르기, 종합 구성력 기르기 등으로 학습 목표를 설정하고 다양한 독후 활동으로 읽은 내용의 적용 및 활용을 도울 수 있다. 읽은 후의 활동은 다음 내용을 포함하여 준비한다. 교사들은 이 내용들 중 읽을 자료와 적합한 방법을 택하여 활용할 수 있다.

○ 이해 결과를 점검하기 위한 질문 활동을 한다.
○ 이해한 내용을 서로 나누어 토의 활동을 한다.
○ 이해 결과의 확인을 위하여 작문 활동을 한다.
○ 읽기 자료의 내용과 연관하여 극화하기, 시각화하기 등의 활동을 한다.
○ 현장체험, 기록탐사, 영화관람 등의 활동을 한다.

구체적으로 할 수 있는 방법을 제시해보면 다양한 읽기 기록표를 만들어 자신이 읽은 것을 정리해두게 하는 일, 마인드맵 등의 개념을 활용하여 읽은 글의 내용을 시각화해보게 하는 일, 글의 구조를 파악하게 하는 일, 결말을 다르게 맺어보게 하는 일, 서사적인 글일 경우에는 이야기의 주인공에게 편지를 쓰게 하기, 다른 장르로 바꾸어보게 하기 등 여러 활동들을 시도해볼 수 있다. 왜냐하면 독서 지도 자체는 매우 창의적인 작업이기 때문이다.

읽은 후에는 언어학습목표에 맞는 다양한 활동과 통합 교육 차원에서 활동, 그리고 과정중심의 글쓰기가 될 수 있는 읽기와 쓰기의 통합교육을 한다. 따라서 효과적인 읽기 지도는 결과보다도 읽기 과정을 중요시해야 한다. 읽기는 독자가 의미를 구성해나가는 '과정'이라는 점을 생각할 때, 교사는 이 과정에 적절하게 개입해서 학생들 나름대로의 읽는 방법과 전략을 터득하도록 도와줄 필요가 있다. 독서 후의 활동 지도에 대해서는 6장에서 자세히 다루고 있다.

05 | 문학 작품 중심의 독서 지도 모형

창의적 학습능력 신장을 위한 효과적인 독서 지도 모형개발연구팀에 의해 개발된 문학작품 중심의 독서 지도 모형은 다음과 같다(박영목 외. 2001). 이 모형에 따라 문학작품의 읽기 지도를 읽기 전 활동, 읽기 중 활동, 읽기 후 활동으로 나누어 살펴보면 다음과 같다.

읽기 전 활동

❶ 활동의 목적
- 배경 지식 조성
- 배경 지식 활성화
- 정서 유발
- 등장인물과의 일체감 형성
- 읽기의 구체적 목적 설정
- 호기심 자극
- 읽고 싶은 동기 유발

❷ 활동의 방법
- 예측 안내하기(Anticipation Guide)

  글을 읽는 동안 접하게 될 논점이나 개념에 대해 생각하거나 나름대로의 입장을 갖도록 한다.
- 앙케트 / 질문 표 활용하기

  특정 주제에 대해 학생들이 갖고 있는 신념이나 견해, 배경지식과 사전경험 등을 알아본다.
- 대조표 활용하기

  서로 반대되는 개념을 정리해보면서 특정 상황을 명확히 이해하고 정교화시킬 수 있게 한다.
- 의미 지도 활용하기

범주화된 정보를 시각적으로 정리해보는 활동으로서 배경 지식을 조성하고 활성화하는 데 유용하다.

○ KWL표 활용하기

학생들이 글을 읽기 전에 특정 화제에 대해 이미 알고 있는 것, 알고 싶은 것, 알아낸 것이 무엇인지 확인할 수 있도록 간단한 틀을 제공해준다.

[KWL표의 예]

K(알고 있는 것)	W(알고 싶은 것)	L(학습한 것)

읽기 중 활동

❶ 활동의 목적

○ 독해 촉진

○ 주의 집중

○ 텍스트에 대한 반응 격려

○ 언어 사용에 대해 주의 환기

○ 개인적 반응의 활성화

❷ 활동의 방법

○ 문학 작품 도식 활용하기

중요하거나 흥미 있는 정보를 파악하고 조직하는 것을 도움으로써 독해를 향상시킨다. 배경이나 인물 등 텍스트 요소에 학생들의 주의를 집중시키고, 언어에 대해 주의를 환기시키며, 개인적 반응을 살펴보는 데 쓰일 수 있다.

○ 인물 도식 활용하기

특별히 인물과 그들의 관계를 분석하는 데 쓰인다. '인물망'도 인물을 분석하는 데 쓰일 수 있다.

○ 인물 망 활용하기

인물의 특성을 뒷받침하는 특정 행동을 기록하는 것이 요구된다는 점에서 '인물 지도'와 다르다.

○ 작품에 대한 반응 기록하기

작품에 대한 개인적인 반응을 활성화시킨다.

○ 감정 기록 도식 활용하기

각 사건에 대한 등장인물들의 감정이나 생각, 그리고 독자의 생각을 기록함으로써 작품 감상을 돕는다.

○ 비교/대조표 활용하기

등장인물들의 행동을 비교하거나 대조해봄으로써 작품 감상을 원활히 하게 한다.

읽기 후 활동

❶ 활동의 목적

○ 반성적 사고 촉진
○ 분석과 종합 능력 개발
○ 개인적인 반응 촉진 및 책에 담긴 아이디어, 주제, 주요 쟁점들 사이의 관련성을 파악
○ 이해의 확장
○ 정보의 조직 능력 개발

❷ 활동의 방법

○ 대립 척도 표 활용하기

학생들이 등장인물이나 특정 개념에 대해 사고할 수 있는 틀을 제공한다. 이 활동은 인물의 특성에 관한 독자의 판단을 요구하므로 학생들은 인물의 행동을 분석해야 한다.

○ 등장인물 보고 카드 활용하기

등장인물과 그들의 특성에 대해 생각하고 토의할 수 있도록 동기를 유발하는 활동이다.

○ 플롯 조직 표 활용하기

이야기의 구성을 조직하거나 분석하는 시각적인 도구를 이용한 활동이다.

○ 문화 망 활용하기

여러 지역의 문화를 다룬 책의 정보들을 요약하고 조직하기 위한 방법이다.

○ 벤다이어그램 활용하기

두 명이나 그 이상의 인물, 사건, 또는 책들을 비교하거나 등장인물과 독자 자신을 비교할 기회를 준다.

○ 개요 표 활용하기

　같은 저자 또는 같은 주제를 다룬 책을 조사하고자 할 때 유용하다.

○ 등장인물 간 대화하기

　서로 다른 책에 등장하지만 같은 행동을 하는 인물의 입장에서 책상에 둘러앉아 학생들이 서로 의견을 나누는 활동이다.

06 | 과정 중심
읽기 학습 지도의 계획

효과적인 독서 지도를 하기 위해서는 여러 가지 방법을 활용하여 학생에게 적합한 지도계획을 수립하여 지도를 해야 한다. 다음은 과정 중심 읽기 학습 지도 계획안의 예다.

과정 중심 읽기 학습 지도 계획안

책	원숭이 꽃신 / 정휘창 /오늘 (초등 3, 4학년)			
학습 목표	− 예측과 추론을 하며 읽을 수 있다. − 중심 생각을 파악할 수 있다. − 읽은 후의 생각을 정리할 수 있다.			

학습 단계		교수 · 학습 활동	유의점	학생 활동	소요 시간
읽기 전 지도	1단계 2단계	* 안내, 제시 − 내용 개관하기 − 설명하기 : 독해를 위한 설명(추론, 예측 등) − 준비시키기(배경지식 활성화)	집중	자료를 보고 응답	15분
읽기 중 지도	3단계 4단계	* 단계적 연습, 지도 연습 − 시범 보이기(첫 번째 단락으로) − 발문에 맞춰 진행 − 필요에 따라 힌트와 설명, 시범(피드백)	단서 있는 추론	발문에 대답 질문	30분
읽기 후 지도	5단계	* 독립적 연습(다음 차시에 연계하여 연습) − 원숭이와 오소리의 입장이 되어 역할극 − 읽은 후의 느낌을 나와 연관하여 글쓰기 (원숭이와 오소리는 사람일 수도 나라(국가)일 수도 있다. ⇒ 우화 설명)	감정 이입 유도	역할극 독후감 쓰기	15분

읽기 전 지도

교사는 학생들이 책을 읽기 전에 적절한 때에 학생에게 독해 전략을 직접 가르쳐야 한다. 이것은 최소한 세 단계를 포함하는데, ① 특정 읽기 과정을 설명하기, ② 그 과정을 시범 보이기 ③ 교사가 시범을 보여 학생들에게 따르게 하기 등이다.

❶ 설명하기

글을 읽는 동안, 이미 알고 있던 배경지식과 이 글이 어떻게 관련이 되는지 생각하게 한다. 능숙한 독자는 자신이 알고 있는 다른 것에 대해 생각한다. 이것은 새로운 정보를 기억하거나 이해하는 데 도움을 주며, 사회과학과 관련된 책을 읽을 때에 특히 중요하다.

필자가 글을 쓸 때는 흔히 스스로 알아낼 수 있으리라 생각되는 정보를 제시하지 않으므로, 학생들로 하여금 필자가 직접적으로 언급하지 않은 것에 대해서 그 상황을 능동적으로 추론하도록 해야 한다. 이것은 소설을 읽을 때 특히 중요하다.

❷ 시범 보이기

지금까지 교사가 설명한 것은 매우 추상적인 것이다. 많은 학생들은 교사가 설명한 것을 잘 이해하지 못할 것이다. 교사가 설명을 분명하게 하는 최선의 방법은 학생들에게 과정을 시범 보이는 것이다. 시범 보이기는 다음과 같이 한다.

① 예를 들어, 첫 번째 문단을 묵독하게 하자(학생들 읽는다).

"자! 내가 알래스카의 기후에 대한 이 문단을 읽었을 때, 나는 이 기후가 작년 여기에서 눈이 내렸을 때와 비슷하다고 생각했어. 필자가 '혹독하게' 춥다고 말할 때, 그가 말하는 추위의 정도가 따끔따끔하게 만드는 이곳의 1월과 비슷하다는 것을 생각했어."

②"한 예를 보여주지(추론이 필요해질 때까지 교사가 이야기의 첫머리를 읽는다). 자! '그녀가 커피를 젓고 있다'는 것을 읽었을 때, 나는 그녀가 아마도 찻숟가락으로 그랬을 거라고 추측했어. 나는 또 그녀가 휘젓고 있을 때 집어넣은 것이 설탕일 것이고, 그녀는 지금 커피 마시는 것에 대해 말하고 있는 거라고 추론했지. 이것은 다음 문장을 읽는 데 도움이 돼…."

교사는 실제의 텍스트를 사용하고, 그 문제에 맞는 절차를 사용함으로써 그가 어떻게 이해하는지를 보여준다. 시범 보이기가 언제 필요한가는 교사 스스로 판단해야 한다.

❸ 질문하기

질문하기 단계는 교사가 시범을 보인 기능에 대하여 질문을 하고, 또 학생이 교사의 시범을 보고서 궁금한 것을 질문하는 단계이다. 교사는 자기가 설명하고 시범 보인 언어 기능을 학생이 이해하기를 바랄 것이다. 이를 위해 교사는 학생에게 몇 개의 안내형 연습을 제시한다.

학생들이 사용하는 그 절차에 관해 말하도록 요구하는 이러한 질문들을 절차 질문(process question)이라고 하는데, 이는 이해의 '방법'에 초점을 두고 있다. 여기에서는 흔히 "어떻게 알았지?", "어디서 찾았지?", "어떻게 찾아낼 수 있었지?" 등과 같은 질문이 사용된다.

"책을 읽는다는 것은 글을 쓰신 작가와 이야기를 나누는 것이다. 그러나 저자와 직접 만나서 이야기를 나누는 것이 아니므로, 상대방의 뜻을 잘 파악하기 위해 우리는 제목을 보고 무슨 이야기를 할 것인지 예측해봐야 한다. 또 목차를 보면서 이야기의 전개를 미리 예상해보아야 한다. 읽는 중간 중간에도 머릿속으로 다음에는 무슨 일이 벌어질까를 예상해보아야 한다. 내 예상이 맞았는지를 점검하면서 계속 읽어나간다. 저자는 읽는 사람이 알아낼 수 있는 것은 직접적으로 말하지 않는다. 그러므로 책을 읽을 때는 저자가 글로 써놓지 않은 것도 우리는 생각하면서 읽어야 저자가 말하는 깊은 뜻을 잘 알 수 있다. 그리고 이 글은 나에게 무슨 이야기를 하고 있는 건지, 내가 주인공이었다면 어떻게 했을지, 기분은 어땠을지 등을 스스로에게 물어보면서 읽는다. 그렇게 할 때 그 글이 진짜 내 마음의 양식이 되고 내 생활에 적용이 되면서 내가 건전하게 잘 자랄 수 있게 되는 것이다."

읽기 중 지도

학생들이 실제적으로 글을 읽는 동안에 그들과의 활동은 교사가 가르치고 있는 절차를 즉각적으로 시범 보이는 방법을 제공해야 한다. 교사는 이것을 하는 데 있어, 두 가지 선택(소리 내서 하기 / 소리 없이 하기)을 할 수 있다.

만약, 교사가 학생이나 학생 집단과 구두로 활동하기를 원한다면 교사는 집단 토의를 실시할 수 있다. 학생은 한두 문단의 글을 읽은 다음, 읽은 것을 교사와 토의한다. 교사는 학생에게 읽기 전략을 논의하도록 할 수 있고, 그들이 읽기 전에 필요한 과정들의 사용에 관해 특정한 지도를 할 수 있다.

읽기 중 지도의 또 다른 방법은 학생이 읽는 동안 학습 지침을 완수하게 하는 것이다. 이 지침에 포함된 질문을 활용하여 교사가 이미 설명한, 그리고 유형화한 절차들에 대해 학생들의 관심을 집중시키도록 설계할 수 있다. 예를 들어, 그러한 학습지침은 읽기 과정의 선택된 관점으로 중심 생각들, 요약, 배경 지식 추론 등을 제공하거나 탐색할 수 있다.

❶ 첫 번째 단락을 읽고 먼저 시범을 보임

> 원숭이는 입을 벌리고 연달아 하품을 했습니다. 잣을 싫도록 까먹고 배가 부른 것입니다. 눈시울이 무거워지고 이내 코를 골기 시작했습니다. 원숭이 골에는 먹을 것이 얼마든지 있습니다. 봄이면 겨울 동안 절이 삭은 망개 열매가 있고, 조금 지나면 덩굴딸기가 익어 갑니다. 여름이 되면 머루, 다래에 으름도 있습니다. 가을이 들면서 잣이 영글면 원숭이의 먹이는 더욱 많아집니다.
> 원숭이 골에는 먹을 것이 많다는 소문이 널리 짐승세계에서는 모르는 이가 없습니다.
> "음, 그렇게 해서 고 원숭이 놈의 먹이를 홀딱 뺏는단 말이다."

위의 문장을 읽고…

① 오소리는 과연 어떤 녀석이었을까를 추론

　첫째, 오소리는 꾀가 많았을 것 같다.

　둘째, 이미 어떤 계획을 세워놨음을 알 수 있다.

　셋째, 좋은 녀석(착한 녀석) 같지는 않다.

② 앞으로의 이야기 전개가 어떻게 될까를 예측

　(오소리는 과연 원숭이에게 어떻게 해서 먹이를 빼앗을까?)

　첫째, 폭력으로? → 구체적으로 어떤 폭력?

　둘째, 꼬임으로? → 구체적으로 어떻게 할 것인지를 상상해서 예측

　셋째, 속임수로? → 구체적으로 어떤 속임수일지를 예측

　… 자신의 예측이 맞는지 틀리는지를 점검하면서 읽는다.

❷ 질문하기, 연습하기

　워크지의 질문에 따라서 수업을 진행하면서 질문하고 대답하는 방식으로 함 : 교사가 학생에게, 학생이 교사에게 할 수 있음.

읽기 지도의 한 부분인데, 과거에는 무시되어온 부분이다. 읽기 후 활동은 학습의 목표를 반영해야 하고 읽기 전/중을 통해 수행되는 설명하기, 시범 보이기, 질문하기 등에 이어져야 한다.

독자와 읽기 제재 사이의 의미 있는 상호 작용을 추구하는 활동을 하는 것이 좋다. 쓰기는 학습자에게 효과적인 방법으로 재료와 상호작용 하도록 북돋워주기 때문에 교사는 독후 활동들 중 많은 부분을 쓰기 활동으로 유도하는 것이 좋다.

쓰기 외에도 사고력을 요하는 토의나 상호 작용의 몇 가지 다른 행동 유형이 포함된다.

– 원숭이와 오소리의 입장이 되어 역할극을 한다.
– 읽은 후의 느낌을 나와 연관하여 글로 써본다.
  (원숭이와 오소리는 사람일 수도 나라(국가)일 수도 있다. → 우화 설명)

07 | 과정 중심 읽기 학습 지도의 실제

물방울 독서회 .... 워크지

교재　원숭이 꽃신 / 정휘창 / 오늘

학습 목표　– 예측과 추론을 하며 읽을 수 있다.

　　　　　　– 중심 생각을 파악할 수 있다.

　　　　　　– 읽은 후의 생각을 정리할 수 있다.

생각 열기 .... 배경지식 활성

1. 오소리를 본 적이 있나요? (사진을 보여주면서 이야기 나눔)

　원숭이는 다 알고 있었으나 오소리는 정확히 잘 몰랐음

2. 원숭이 골 같은 산골에 가본 적이 있나요?

　망개 열매, 덩굴딸기, 머루, 다래, 으름, 잣 등등

　– 산골에 대해서는 많이 경험(절반 이상 알고 있었음)

　– 열매들은 잘 몰라서 그림을 보여주고 설명해줌

3. 원숭이 꽃신이라는 제목을 볼 때, 이 내용은 무엇일 것 같나?(예측)

　– 거의 내용을 알고 있었음(실패)

1. 원숭이가 오소리를 처음 만났을 때, 원숭이는 오소리에 대해 어떤 생각을 했나요?

   – 먹이를 뺏으러 왔다고 생각했어요.

2. 오소리는 맨 처음 원숭이에게 꽃신을 주면서 무엇이라고 말했나요?

   "선물이다. 직접 만든 것이니 앞으로도 주겠다. 자기 발은 야만적으로 생겨서 적합하지 않다. 사이좋게 지내자…"고요.

3. 꽃신의 값은 자꾸만 자꾸만 올라갑니다. 원숭이는 이 문제를 어떻게 해결하려고 했나요?

   – 칡덩굴 껍질과 억새풀 마른 것들을 가지고 신을 만들어보려고 노력했어요. 오소리에게 가르쳐달라고 했어요. 겨울 동안 내내 굴속에서 연구를 했어요.

4. 오소리는 1년에 필요한 꽃신 4개를 주는 대신 원숭이에게 무엇을 요구했나요?

   – 잣 300개를 내고, 날마다 자기 집 청소를 하고, 자기가 개울을 건널 때 업어서 건너달라고요.

1. 오소리가 두 번째 꽃신을 주었을 때, 원숭이의 속마음은 무엇이었나요?

   학생1 : 원숭이는 좋아했고, 고마워했어요.

   교 사 : 무엇을 보고 그렇게 생각했나요?

   학생1 : 푹신한 겨울 꽃신을 신은 원숭이는 너무 고마워서 오소리에게 자신의 성의라며 잣을 10개 줬어요.

   학생2 : 자기를 도와준 오소리의 은혜를 어떻게 갚을까? 굴속에서 잣을 까먹으면서도 생각했어요.

2. 두 번째 꽃신을 원숭이에게 건네주는 오소리의 속마음은 무엇이었나요?

   학생1 : 원숭이 발의 굳은살이 말랑말랑해지기를 기다렸어요.

   교 사 : 왜 원숭이 발이 말랑거려지기를 바라지요?

   학생2 : 선생님은– 참, 맨발로 못 걸어다녀야 꽃신을 달라고 하지요. (한바탕 웃음)

   교 사 : 그렇겠구나. 그럼, 어떻게 그것을 알았나요?

학생1 : 원숭이에게 발 좀 보자고 하면서, 푹신한 겨울 꽃신을 신겼어요.
　　　　속으로 "빨리 빨리 굳은살아 다 없어져라" 하면서 겉으로는 아양을 떨었을 거예요.

3. 오소리와 원숭이의 성격이나 태도를 생각해보고 말해보세요.
　 (오소리는 어떤 녀석인 것 같나요? 원숭이는 어떤 녀석인 것 같나요?)
　 학생 : 오소리는 나빠요. 원숭이는 바보 같아요.
　 교사 : 오소리가 왜 나쁘다고 생각하지? 원숭이는 착하지 않나요?
　 학생 : 오소리는 계속 속임수를 쓰면서 겉으로 아양을 떨잖아요.
　　　　 원숭이는 그것도 모르고 좋다고 받기만 하니까요.
　 교사 : 그래, 그럴까요? 더 살펴봅시다.

4. 원숭이가 도와달라면서 애타는 얼굴로 오소리를 바라볼 때, 오소리는 거만한 태도를 했습니다.
　 왜 원숭이와 오소리의 태도가 이렇게 바뀌었을까요?
　 학생 : 이제 원숭이는 신발 없이는 못 다니게 되었기 때문이에요.
　 (교사와 학생들 간의 활발한 이야기가 오고 감.)

5. 원숭이가 1년 동안 거두어들이는 잣은 모두 몇 개쯤이었을까요?
　 학생1 : 300개요.
　 교 사 : 어떻게 300개라고 생각했지?
　 학생1 : 오소리에게 300개를 줬으니까요.
　 학생2 : 저는 400개 정도는 된다고 생각합니다.
　 교 사 : 왜 그렇게 생각했지?
　 학생2 : 원숭이도 1년 동안 먹고 살아야 하니까요.
　 교 사 : 그래 그럴 것도 같구나. 또 다르게 생각하는 사람은?
　 학생3 : 한 400개에서 480개 정도 될 거예요.
　 교 사 : 무엇을 보고 그렇게 생각했지?
　 학생3 : 잣을 다 거두어도 500개가 안 된다고 원숭이가 그랬거든요.
　　　　　 (다른 학생들도 끄덕끄덕, 동의했음.)
　 교 사 : 그런데, 우리 한번 생각해보자. 원숭이와 오소리가 먹는 양이 많이 차이가 날까? 원숭이
　　　　　 는 100개, 오소리는 300개, 그건 아닐 텐데….

6. 원숭이에게 1년 치 꽃신 4켤레에 잣 500개나 내라고 한 오소리에 대해서 생각해보고 어떻게 생각하는지 말해보세요.

학생1 : 해도 너무 해요.

학생2 : 오소리 놈 진짜 치사해요.

학생3 : 원숭이가 바보 같아서 그래.........

(학생들끼리, 학생들과 교사간 대화가 활발히 진행되었음.)

생각 마무리 .... 창조 단계

1. 오소리가 꽃신의 값을 자꾸자꾸 올릴 때, 여러분이 만약 원숭이라면 어떻게 하겠습니까?

학생1 : 잣을 이용한 약을 개발해서 그 잣을 먹은 오소리를 병이 나게 하겠어요. 그 다음 오소리의 병을 치료하는 약과 꽃신을 맞교환하겠어요.

학생2 : 굳은살이 다시 생기도록 서서히 신발을 벗겠어요. 도저히 안 되겠는 곳에서만 처음에는 신다가 차츰 차츰 맨발로 다니다보면 예전처럼 꽃신을 안 신어도 발이 아프지 않을 거니까요.

학생3 : 신발 만드는 법을 연구하겠어요. 혼자서 안 되니까 연구소를 만들겠어요. 다른 동물들과 같이요.(아이들이 가장 많이 동의했음.)

(폭력을 쓰겠다는 학생도, 차라리 동물원으로 가겠다는 학생도 있었음.)

2. 잣을 300개나 주고, 오소리네 집 청소를 다 해주고, 그리고 나서 오소리를 업고 개울을 건너고 있는 원숭이를 보면서…

교 사 : 만약에 원숭이가 여러분이라면 기분이 어떨 것 같은지 생각해보고 어떻게 이 상황을 해결할 것인가에 대해 이야기해봅시다.

(진지하게 여러 가지 이야기가 오고갔음. 답답한 표정들이었음.)

역할극

계획했던 대로의 역할극을 하지 못하고 약식으로 함.

(남자가 오소리, 여자가 원숭이, 선출된 한 남학생이 해설을 읽으며 진행.)

교사 : 원숭이와 오소리는 사람일 수도 나라(국가)일 수도 있답니다.

(다시 '우화'를 설명하고 자신에게 적용해볼 것을 강조)

예제1 '원숭이 꽃신'을 읽고 느낀 점을 글로 써봅시다.

예제2 나라 간의 관계에서도 이와 같은 경우가 생길 수 있습니다. 그러한 예를 생각하여 적어봅시다.

SQ3R 읽기 지도 모형

4장

SQ3R 모형은 1941년 미국 학자인 로빈슨(Robinson, Francis Pleasant)이 처음으로 소개한 읽기 모형이다. 읽기 수준을 향상시키기 위해 대학생들의 학습 방법으로 고안된 것으로, 대학뿐만 아니라 중·고등학교 단계의 학생들에게도 효과적인 학습 방법으로 적용되고 있다. 혹시 독자들은 좀 이른 것이 아니냐고 반문할지 모르지만 필자는 초등학교 고학년들에게 이 기법을 가르쳐서 활용시킬 수 있는 능력을 키워주고 싶어서 이 장을 할애하여 소개하고자 한다. 궁극적으로 논술 능력은 다양한 분야의 책을 읽은 뒤 부모와의 대화를 통해서 사고력과 표현력을 늘려가는 것이 중요하기 때문이다. 따라서 독서 능력에 맞는 여러 번 읽을 만한 좋은 책을 선정하여 많이 읽고, 많은 대화를 나누는 작업이 필요하며, 이때에 SQ3R 모형의 일부 또는 전부를 활용한다면 읽은 내용을 기억하는 데 도움이 될 것이다.

SQ3R 모형은 글을 읽고 읽은 내용을 나의 것으로 만드는 방법으로, 5 단계로 구성된다. SQ3R은 이 프로그램을 구성하는 다섯 단계인 훑어보기(Survey), 질문하기(Question), 읽기(Read), 외우고 회상하기(Recite), 재검토하고, 평가해보기(Review)의 알파벳 첫 글자를 따서 집약한 것이다. 필자는 어릴 때부터 일상생활 속에서 이 모형을 적용하여 읽고 보고 듣고 생각하였으며, 이러한 기법을 통하여 정리해두는 습관은 지금까지도 많은 정보를 기억하는 원동력이 되었다고 생각한다. 때때로 그 내용보다는 기록해두었다는 것만 생각날 때도 있는데, 기록하던 그 때를 회상하면서 잊었던 내용들이 생각날 때도 있어 그때마다 기록의 중요성을 다시 한번 깨닫는다.

　SQ3R 모형의 이론적 기초는 사람들이 글을 읽으면 그것을 기억하고 있다고 말하기는 어렵다는 것이다. 읽는 동안 다른 생각을 할 수도 있고, 눈으로 활자를 보는 과정에서 소음이나 마음의 갈등으로 인하여 머릿속으로 스키마의 활동이 일어나지 않아서 무슨 내용인지 이해하지 못하는 경우도 있다. 이러한 장애를 해결하기 위해 학생들은 학습 과정에 포함된 여러 가지 독서 기술을 연습할 수 있어야 한다. 이러한 연습과정으로 SQ3R 모형인 미리보기나 읽기, 질문에 대답하기, 읽어보기, 읽은 것을 외우고 회상하기, 재검토하고 평가해보기 등 학생들이 학습 기능을 발달시키기 위한 학습 기술이라고 할 수 있다. 따라서 글을 읽을 수 있는 모든 학생의 학습 단계에서 익혀서 습관화 시켜두면 좋은 방법이다. 이 방법은 글을 읽을 때 학습자가 스스로 읽기의 목적을 정하고 계획을 세워 적극적으로 읽기 활동을 하게 하는 효과가 있다. 학습을 위한 읽기를 할 때는 신중하고 주의깊게 읽어야 하기 때문이다.

01 | 훑어보기(Survey)

훑어보기는 미리보기(preview) 또는 예측하기(predict)라고도 한다. 이것은 글의 제목으로 전체를 짐작하면서 읽거나 글의 전체 내용을 개괄적으로 보는 단계를 말한다. 대개의 독자들이 가판대에서 신문의 큰제목을 훑어보면 그날의 사건, 사고들을 알게 되고 개괄적인 정보에 의거하여 개인적인 관심에 따라 신문을 사보기도 한다. 책방에서도 같은 현상이 일어난다. 제목과 디자인에 눈이 가는 책들을 살펴본 후 관심이 가는 제목의 책을 들고 목차를 보고 서문을 읽어보고, 본문을 훑어본 후에 구입 여부를 결정짓는 것이다. 훑어보기는 이와 같이 한 권의 책을 손에 들고 제목 읽기, 첫 문단이나 서론 읽기, 각 문단의 첫 문장 읽기, 마지막 문단이나 결론 읽기를 통하여 책에 대한 개괄적인 정보를 얻는 방법이다. 이것은 짧은 시간에 필자의 의도와 목적을 파악하고, 무엇을 어떻게 읽어야 할 것인가에 대하여 필요한 정보를 수집하는 좋은 방법이다. 자라나는 청소년들이 사물을 보고 주변에서 일어나는 일들을 판단하고 행동할 때에도 이러한 훑어보기는 매우 중요한 기술이라고 생각되며, 독서의 초기단계를 통하여 터득할 수 있다.

훑어보기는 책 읽기에서와 마찬가지로 인간의 일상생활 속에서도 중요한 기술이다. 학생들은 신학기가 되어 처음 교실에 가서 만난 학생들, 선생님, 학교 분위기를 보면서 앞으로 전개될 일들을 예측할 수 있다. 어느 공연 연출 기획자는 공연이 끝나고 나오는 관객들의 반응을 보면서 그 공연의 성공 여부를 판단한다고 한다.

02 | 질문하기(Question)

질문하기는 읽기 과정에서 학생들이 능동적으로 독서에 참여하여 읽기에 집중할 수 있도록 하는 방법이다. 궁금한 내용을 질문하면서 책 내용 중에서 찾는 것이다. 수능시험에서 언어영역의 문제를 풀어갈 때 질문을 먼저 읽고 지문을 읽을 것인가, 또는 지문을 읽고나서 문제를 살펴볼 것인가 어느 것이 더 좋은 방법일까? 시간이 무한대로 주어진 것은 아니기 때문에 질문을 보고 어떤 문제인지를 감지하고 난후 질문 내용을 숙지하면서 지문을 읽어내려가면서 답을 찾아내는 방법이 좋을 것이다.

구체적인 방법으로 훑어보기를 하면서 질문을 만들어본다. 시험 준비를 할 때 학생이 스스로 문제를 출제해보는 것이다. 선생님이 중요하다고 강조한, 밑줄 쫙 그은 내용을 중심으로 작성해보는 것이다. 시험을 치루고 나서 적중률을 살펴보는 방법은 학생들이 질문지를 만드는 좋은 연습이 될 것이다. 적중률이 높게 나타날 수도 있지만 때로는 엉뚱한 방향으로 전개될 수도 있다. 개인적으로 나는 시험문제를 난이도별로 출제하고 시험을 치룬 후 학생들이 많이 선택한 문제들의 유형을 조사해보는 즐거움을 가지고 있다. 또 다른 방법으로 지문이나 글을 읽으면서 연습장의 왼쪽에는 자신이 출제하고 싶은 문제를 자신의 말로 적고 오른쪽에는 답을 적어보는 것이다. 그리고 자신의 문제를 풀어가면서 답을 비교해보는 것이다. 이러한 방법은 이미 작성된 문제지를 푸는 것보다는 많은 시간이 소요되는 일이다. 그러나 몇 편을 이러한 방법으로 반복해서 작성하다보면 글을 읽고 주제를 파악하는 등 정보를 더 깊이 있게 처리할 수 있는 능력을 키워준다. 무엇보다 가장 좋은 점은 작성해본 모든 내용은 기억하게 된다는 것이다. 가르치기 위해서는 다 알고있어야 하기 때문이다.

그 외에도 제목, 소제목 등을 질문으로 바꿔본다든지, 각 장의 끝이나 소제목 뒤를 이어 질문해보기, 필자의 의도는 무엇인가, 누가, 무엇을, 언제, 어디에서 무엇을 강조하고 있는가, 나는 주제에 관해 무엇을 알고 있는가 등에 관한 질문을 만들어보는 것도 좋은 방법이다.

03 | 읽기(Read)

    읽기는 말 그대로 글을 정독하면서 의미를 파악하는 것이다. 훑어보기와 질문을 만들어보는 과정에서 습득된 정보망에 좀 더 자세한 정보로 채워나가는 과정이다. 구체적인 방법으로는 앞서 만들어본 질문에 대한 해답을 찾는 것이다. 질문에 대한 해답을 찾기 위해 각 문단과 절, 장으로 읽어가면서 핵심어에 줄을 긋는다. 문단 전체에 줄을 긋다보면 정작 문제의 핵심을 찾기 어렵다. 한 단락을 읽고 눈을 감고 읽은 것을 생각해본다. 이 때에 떠오르는 단어나 생각들이 있다면 적어본다. 눈을 뜨고 다시 읽어보면서 아까 떠올랐던 단어나 생각들이 정확한지 확인하면서 다시 읽어본다. 다시 눈을 감고 읽은 것을 생각해보면서 떠오르는 단어나 주요 사항들을 적어본다. 다시 내용을 읽으면서 빠진 내용을 확인해본다. 모르는 단어와 기억하지 못하는 것이 없을 때까지 되풀이하여 읽고나서 완벽하게 기억하게 될 때에 다음 단락으로 넘어간다. 이러한 방법은 특히 영어 문장을 읽을 때 더 효과적인 방법이지만 우리글에도 적용된다.

    영어 독해 능력을 키우는 방법도 간단하다. 처음 한 단락을 읽는다. 눈을 감고 떠오르는 단어를 생각하고 무슨 내용인지를 생각해본다. 눈을 뜨고 생각나는 단어와 이해가 된 내용을 적어본다. 더 이상 적을 것이 없으면 다시 읽는다. 같은 방법으로 두세 번 반복한 후에, 모르는 단어에 표시를 하고 사전을 찾아 단어의 뜻을 적는다. 이제 번역을 시작하고 요약을 한다. 요약은 한 줄에서 한 단어로 압축할 수 있고 몇 줄로 늘일 수 있도록 연습한다. 모르는 단어가 없는데도 번역이 안 된다면 수준에 맞지 않는 글을 읽고 있는 것이다. 번역이 다 되었으면 번역한 내용을 왼쪽에 두고 오른쪽에 영작을 시작한다. 영작이 완벽하게 될 때까지 반복적으로 연습한다. 해당 학년에 맞는 영어교재를 가지고 이렇게 반복한다면 처음에는 시간이 많이 걸리지만 단원으로 나아갈수록 시간은 짧게 걸리고, 지식은 쌓이고, 5단원 정도로 넘어가면 영어가 너무 재미있게 되고, 영어를 잘하게 되는 것이다. 어학은 읽고 쓰고 외우는 것의 반복과정이라고 할 수 있다. 어느 날 영화 자막이 필요 없고 팝송이 들리게 되며, 전화를 할 수 있게 되면 영어의 기초 준비가 완료된 것이고, 이제부터는 많이 읽고 쓰면 되는 것이다.

04 | 되새기기(Recite)

되새기기는 글을 읽으면서 알게 된 것을 외우고 자기 글로 정리해놓는 것이다. 사람들은 글을 읽은 후 만 하루가 지나면 기억한 내용이 반으로 줄어든다고 한다. 외우고 난 후 3일이 지나면 외운 내용의 10여 퍼센트 정도만 남는다는 것이다. 당일치기의 중요성을 일깨워주는 것이다. 그러나 읽은 후 바로 자신의 말로 기록해놓은 것은 2주가 지나도 기억할 수 있다고 한다. 기록의 중요성을 입증하는 것으로 독후 활동의 중요성을 보여주는 것이다.

구체적인 방법으로 한 부분을 읽은 후 읽은 내용을 자신의 말로 정리하고 요약해본다. 독서 지도사들에게 처음 독서 지도를 시작할 때 신문 사설을 읽고 3분 요약 발표를 시키거나 3분 스피치를 하도록 지도한다. 발표를 꺼리는 학생도 있지만 3분간의 발표를 통해서 읽은 것을 이해하고 점차 발표력과 발음, 태도 등이 안정되는 효과를 볼 수 있다.

글 전체를 읽고 자신의 말로 점검한 후에, 밑줄을 긋거나 여백에 표시를 해둔 것들을 중심으로 질문을 만든다. 자신의 말로 점검할 때에는 노트 왼쪽에 기록한 것까지 포함시킨다. 중요한 점을 다시 숙지하기 위해 글이나 노트를 넘겨본다. 노트를 펴서 오른쪽의 답을 가리고, 왼쪽 편에 기록한 질문을 읽고 그 해답을 자신의 말로 정리한다. 해답을 기억하여 자신의 말로 정리하거나 써본다. 자신이 어려워하는 질문을 다루기 위해 카드를 만든다. 기억해야 할 것을 더 잘 기억하기 위해 기억하는 법을 익힌다. 자신이 만든 질문을 연습하기 위해 노트나 플래시 카드 중에서 선택하여 스스로 시험을 보면서 해답을 말로 정리하거나 써본다. 필요하다면 플래시 카드를 더 만든다. 노트에 자신이 알아야 할 것들을 전체 주제와 소주제로 분류해 그 내용을 표로 만들거나 목차로 만들어본다. 목차를 보고 학습지를 만들거나 도표를 만든다. 이것을 가지고 글에 들어 있던 정보를 자신의 말로 정리한다. 이제 필요한 정보를 잘 정리된 형태로 기억하게 되었을 것이므로, 시험을 볼 때 억지로 기억되지 않으면 정기적으로 학습지나 도표를 보면서 다시 점검한다. 이렇게 만들어진 노트를 일곱 번 읽고 되새겨보자. 불가능한 것 같지만 습관을 들이면 못 이룰 것이 없다.

05   다시보기 · 재검토(Review)

　읽은 내용을 다시 확인하는 것으로, 다시보기의 구체적인 방법은 다음과 같다. 글의 각 부분마다 읽기 과정의 2~4단계를 거치고 나면, 글의 개요가 될 부분의 핵심 내용을 순서대로 회상하면서 카드나 기록장에 도표나 목차를 작성한다. 핵심 부분을 회상하지 못하면 그 부분을 다시 읽어야 한다. 몇 시간 후에, 며칠이 지나서, 질문에 대한 해답을 다시 점검하여 읽은 내용을 기억 속에 다시 정리하면서 기억을 오래 유지하도록 한다.

　SQ3R은 글을 읽을 때 학습자가 스스로 읽기 목적을 정하고 체계적 계획을 세워 적극적으로 읽기 활동을 하게 하는 효과가 있다. 이 방법을 사용하면 시험에 대한 두려움이 없어지고, 시험을 볼 때 억지로 기억하기 위해 밤을 새우거나 벼락치기 공부를 하지 않아도 된다. 이 방법은 시험을 볼 때 자신감을 가지고 글의 내용을 학습하고 기억하는 데 도움이 된다. 초등학생들이 활용하기에는 어려운 점도 있지만 고학년들에게는 부분적으로 활용할 수 있으며, 7차 교육과정에 의한 창의적인 사고력 신장을 위해서는 이만한 기초 학습 방법도 없을 것으로 생각된다.

5장

제7차 교육과정과 독서 지도

　7차 교육과정을 기준으로 했을 때 학교 현장에서의 독서지도는 교과 학습, 특별 활동, 재량 활동 등 세 가지 유형으로 이루어질 수 있다. 그리고 교과 학습 과정에서의 독서 지도는 국어 교과를 통하여 주로 이루어지겠지만 사회과, 과학과, 도덕과 등의 소위 내용교과를 통하여 이루어질 수도 있다. 이 장에서는 국어교육과 관련하여 그 동안의 교육과정을 살펴보고 7차 교육과정과 관련하여 독서 지도의 목표와 내용에 대해 설명하고자 한다.

01 특별 활동과 재량 활동을 통한 독서 지도의 활성화

교과 활동을 통한 독서 지도와 함께 특별 활동 및 재량 활동을 통한 독서 지도가 활발하게 이루어져야 한다. 제7차 교육과정의 국민 공통 기본 교육과정에는 연간 재량 활동 시간이 초등학교 68시간(초등학교 1학년 60시간), 중학교 136시간, 고등학교 204시간으로 설정되어 있다. 그리고 재량 활동 중에서 창의적 재량 활동은 '학교의 독특한 교육적 필요, 학생의 요구 등에 따른 범교과 학습과 자기 주도적 학습 능력의 촉진'을 위하여 운영하도록 지침을 제시하고 있다(교육부, 1997). 이와 같은 제7차 교육과정의 편성 운영 지침에 가장 적합한 활동은 독서 활동이다. 재량 활동 시간을 이용한 독서 지도를 위한 하나의 방안은 각 학교의 실정에 맞는 독서 교실을 운영하는 것이다.

독서 교실 운영을 통한 독서 지도는 교과 학습 과정에서의 독서 지도와 그 성격을 달리 해야 할 것이다. 각 교과는 교과 고유의 학습 목표와 학습 내용을 가지고 있다. 국어 교과에서는 독서 능력의 신장이 독서 지도의 주요 목표가 될 수 있으나 다른 교과에서는 독서 활동을 통한 학습 능력의 신장이 독서 지도의 주요 목표가 된다. 창의적 재량 활동 시간을 이용한 독서 지도는 교과 학습을 통한 독서 지도가 갖는 이러한 제약에서 자유로울 수 있다.

독서 활동의 목적은 여러 가지 방식으로 구분할 수 있다. 독서의 목적은 대체로 지식과 정보의 획득, 교양과 인격의 연마, 즐거움의 향유 등으로 분류할 수 있으며 독서 유형과 연계하여 지식과 정보의 획득, 개인적 성취감의 달성, 사회 공동체에의 참여, 직업적 전문성의 추구 등으로 분류되기도 한다. 독서 교실 운영을 통한 독서 지도 과정에서는 이와 같은 여러 가지 목적의 독서 활동을 자유롭게 할 수 있으며, 특히 문학 작품 중심의 독서 지도 활동을 효과적으로 해나갈 수 있다.

문학 작품 중심의 독서 지도 활동은 독서 능력을 효과적이고도 심층적으로 신장

시킴과 아울러 윤리적, 미적, 문화적, 사회적, 정치적 측면에서의 바람직한 가치에 대한 올바른 인식을 심화시킬 수 있다. 학생들이 문학 작품을 통하여 올바른 가치관을 함양할 수 있는 방법은 대단히 많다. 문학 작품을 읽고 거기에 나타난 인간의 본성, 개인적 욕구와 사회적 욕구의 갈등, 다른 시대 다른 장소에서의 삶의 모습 등과 같은 윤리적 문제에 대해 이해하고, 이해의 결과를 바탕으로 토론을 하거나 글을 쓸 수 있다. 문학 작품을 읽고 그 작품에서 파악할 수 있는 작가의 문체, 기지, 어감, 상징, 심상 등과 같은 미적 가치에 대해 이해하고, 그 결과를 발표하거나 글로 쓸 수 있다. 문화적 가치를 드러내는 문학 작품을 읽고, 그 작품 속에 드러난 시대, 사회, 민족 등의 문화적 가치를 이해하고, 이해한 내용을 발표하거나 글을 쓸 수도 있다. 사회적이거나 정치적 문제를 다룬 문학 작품을 읽고, 그 작품 속에 드러나 있는 시민 의식이나 정치의식과 관련되는 사회적 정치적 가치를 이해하고, 이해한 내용을 바탕으로 토론하거나 글을 쓸 수도 있다.

연구에 의하면 초등학교에서는 재량 활동을 통한 독서 지도가 가장 활발하게 이루어지고 있으며, 교과 학습과 특별 활동을 통한 독서 지도가 같은 수준에서 활발하게 이루어지고 있다. 제7차 교육과정이 표방하고 있는 창의적 재량 활동에는 자기 주도 학습 활동과 통합적인 범교과 학습 활동이 포함되어 있다. '주제 탐구 활동, 소집단 공동 연구 활동, 교과의 보충·심화 활동, 특별 활동의 보충·심화 활동'을 내용으로 하고 있는 자기 주도적 학습은 기존의 교사 중심의 일방형 교육에서 교사와 학생들이 상호 반응하는 쌍방형 교육으로의 변화를 요구하게 되었고, 이러한 학습을 위해서는 다양한 독서 활동이 필요하게 되었다. 현재 새롭게 개정되어 시행되고 있는 7차 교육과정은 '열린 교육', '학습자 중심 교육', '과정 중심의 학습', '자기 주도적 학습', '수행평가', '수준별 교육과정' 등의 개념을 강조하고 있다. 결국 7차 교육과정은 창의적 언어 사용 능력과 자기 주도적 학습, 그리고 사고능력의 극대화를 강조한 것이다. 독해이론으로 본 7차 교육과정의 지향점은 '맥락/과정 중심 독해이론 + 독자 중심'이라고 할 수 있다(박영목 외, 2001).

독해 이론 흐름과 7차 교육과정

글/텍스트 중심, 정보처리 중심

① 배경 세계관/이론 : 객관적 실재주의, 기능주의, 인식론

② 독해 이론 : 기능적 독해론

③ 독해 모형 : 상향식 (글자/단어 ⇒ 담화) 모형

독자 중심

① 배경 세계관/이론 : 인지구성주의

② 독해 이론 :　－ 스키마 이론

　　　　　　　－ 상위(초)인지 이론

③ 독해 모형 : 하향식(담화⇒단어) 모형

맥락 중심, 과정 중심

① 배경 세계관/이론 : 맥락주의, 담론, 사회문화주의, 사회구성주의

② 독해 이론 : 전략

③ 독해 모형 : 상호작용 모형

02 | 교육과정의 변화와 추이

서당이란 향촌사회에 생활근거를 둔 사족(士族)과 백성이 주체가 되어 마을 기본단위로 설립한 초·중등 단계의 사설교육기관이다. 서당에 관한 기록은 삼국시대 고구려에 경당이라는 부락 단위의 학교가 있었던 것으로 보아 이것이 통일신라를 거쳐 고려 초기부터 각처에서 성행한 것으로 여겨진다. 고려시대에는 서당이 많았다. 이와 같은 고려의 서당은 그대로 조선시대에 계승되어 더욱 발전된 민중교육기관으로 신교육이 실시될 때까지 존속해온 가장 보편화된 교육기관이었다. 다음은 신교육에서 수행된 읽기 교육 과정의 변천에 대하여 정리한 것이다(천경록, 1996, 김종철, 2003).

근대의 독서 교육 – 국어과(읽기) 교육과정을 중심으로

지금까지 우리 국어교육은 읽기를 중심으로 이루어져 왔다. 그 이유는 한자가 도입된 이후 고구려의 태학, 고려의 국자감, 조선의 성균관 등을 거치면서 한자로 된 성현의 말씀을 읽고 해석하고 외우는 방법의 학풍이 현재까지 미치고 있기 때문이다. 근대교육이 시작되어서도 읽기는 강독(문장 해석력, 이해력 신장)을 중시하고 있다. 이렇게 근대 이후까지 읽기에만 치우쳐 있던 국어 교육은 미군정하의 미국식 기능주의의 영향으로 표현 능력에 대한 이해와 관심이 크게 부각되기 시작하였다.

❶ 근대 초기(1890~1910)

이 시기의 특징으로는 우선 독서 환경의 근대적 변화를 들 수 있다. 대표적인 내분으로 국문의 제정, 국문 매체의 발간, 근대적 학교교육의 시행, 일반 국민이 독서의 주체가 된 것 등이다. 이 시기의 '독서'는 국가의 운명 또는 자주적인 근대 사회의 형성 가능성과 관련한 핵심적인 실천적 행위로 인식되었다. 이렇게 보면 말하기·듣기·쓰기의 기본적인 이해와 표현 활동에서 이 시기는 읽기가 특별한 위상을 점했던 때라고 할 수 있다.

❷ 교수 요목기(1946~1954)

교수 요목은 광복 직후 미 군정청 학무국에서 고지한 것으로, 주요 경향은 다음과 같다. 교육과정에서 읽기를 상대적으로 다른 영역보다 중시하였고, 문학 영역에 해당하는 것은 아직 교육 내용에 들어오지 않았으며 '국문학사'가 교육의 주요 내용으로 자리 잡고 있었다. 읽기의 목표는 국문의 전통으로서 고전적인 글을 읽도록 한 독본 읽기로 나타났다. 학교 급에 따른 목표의 차이는 초등학교 목표와 비교할 수 있었는데 대상이 되는 글과, 읽는 방법 곧 읽기 기능의 위계로 차이를 두려고 했었다. 읽기의 내용은 소리 내어 정확하게 읽는 음독을 강조하였다.

❸ 1차 교육과정기(1954~1963)

1차 교육과정은 교과 중심 교육과정이다. 1차 교육과정기의 읽기 영역은 교수 요목기에 비하여 배열순서가 맨 나중으로 밀렸다. 특기할 점은 문학 작품 읽기가 독립된 영역으로 설정되지는 않았으나 읽기 영역의 주요 제재로 설정되어 있다는 점이다. 읽기의 목표와 학급 급별에 따른 목표의 차이는 초등학교에서는 정의적 읽기 기능과 기초적인 인지의 기능을 중시했고, 중학교에서는 기본적인 인지적 읽기 중심으로 목표를 설정하였다. 고등학교에서는 고급 인지적 기능과 대상이 되는 문학 작품의 종류를 중심으로 목표를 구분한 것과 구별되었다. 다시 말하여 학교 급별에 따른 읽기 목표의 차이를 엿볼 수 있는 시기이다.

❹ 2 차 교육과정기(1963~1973)

2차 교육과정은 경험 중심 교육과정이다. 2차 교육과정기의 국어과 내용은 말하기, 듣기, 읽기, 쓰기의 순서로 배정되어 있었다. 읽기의 목표는 1차 교육과정기의 목표와 같다. 학교 급별 읽기 목표는 초등학교에서는 정의적 목표가 중시되었고, 중학교에서는 기본적 인지적 목표 중심으로 제시되었다. 고등학교에서는 인지적 정의적 목표가 골고루 배열되었다. 읽기 영역의 내용은 기초적인 언어 능력, 언어 사용의 기술, 언어문화의 체험과 창조로 3원적으로 제시하고 있다. 이것은 후에 6차 교육과정기의 내용 배열과 유사한 면이 있다.

❺ 3 차 교육과정기(1973~1981)

3차 교육과정은 학문 중심 교육과정이라고 할 수 있다. 3차 교육과정기의 읽기 영역은 2차 교육과정기와 별 차이가 없었다. 다만 내용의 학년별 배열을 조금씩 달리하는 수준이었다. 학교 급별에 따른 읽기 목표도 별 차이가 없이 진술되어서, 학년간의 내용의 위계가 없다.

❻ 4 차 교육과정기(1981~1987)

　4차 교육과정은 국민정신 교육을 강조하였다. 4차 교육과정기의 읽기 영역의 특징은 읽기 영역이 표현, 이해의 한 부분으로 묶였으며, 그전까지 읽기 영역의 내용이나 제재로 활용되던 문학 영역이 언어와 독립하였다는 점이다. 그리고 읽기 영역만 하더라도 교과 목표와 학년 목표, 그리고 학년별 내용이 비교적 체계적으로 진술되었으나 학년간의 내용의 위계는 별반 차이를 보여주지 못하였다.

　국어(읽기) 교과서에 독서(읽기) 이론을 반영한 것은 4차 교육과정부터라고 할 수 있다.

❼ 5 차 교육과정기(1987~1992)

　5차 교육과정에서는 초등학교 통합교육과정을 제정하였다. 5차 교육과정기에 국어과는 하위 영역을 말하기, 듣기, 읽기, 쓰기, 언어, 문학으로 나누었다. 4차 교육과정기에서 표현 · 이해 영역으로 묶었던 것을 말하기, 듣기, 읽기, 쓰기로 나누었는데 이것은 언어 사용 영역을 강조하기 위한 것으로 판단된다. 읽기의 목표를 의사소통의 기능 중심으로 설정하고 이해 기능을 강조하였다. 학교 급별에 따른 읽기 목표는 진술에 큰 차이가 나지 않았다. 읽기의 내용은 읽기 기능을 중심으로 학년별로 중복되지 않게 진술하였으나, 일정한 중간 단계의 체계를 제시하지 않아 범주를 쉽게 파악할 수 없었다.

❽ 6 차 교육과정기(1992~1997)

　6차 교육과정에서는 편성운영체제를 개선하였다. 6차 교육과정기에 국어과는 말하기 · 듣기 · 읽기 · 쓰기 · 언어 · 문학의 여섯 영역이 안정된 구조를 가지고 구성되었다. 읽기의 목표는 독해 기능 신장 중심으로 설정되었으며, 학교 급별에 따른 차이는 근본적인 해결을 가져오지 못했다. 내용의 진술은 본질, 원리, 실제의 3차원적인 측면이 통합되어 반복 심화되도록 설정되었다.

❾ 7 차 교육과정기(1997~　)

　7차 교육과정은 학생 중심 교육과정이다. 주된 내용으로는 국민 공통 기본 교육과정 구성, 고등학교 선택 중심 교육과정 구성, 수준별 교육과정 도입, 재량활동의 신설 및 확대, 목표(능력)중심의 교육내용 설정, 지역 및 학교의 자율과 재량 확대 등을 들 수 있다.

　국어과 교육과정은 변화 때마다 특별한 경향이 있다. 읽기 영역의 위치는 교육과정 내에서 중요한 위치를 차지하고 있다. 특히 3차 교육과정기까지는 읽기에 문학 영역도 포함되었고 이 시기까지는 문학은 읽기 영역의 제재로 사용되었다. 4차 교육과정기에 오면 문학이 독립하여 나갔으며, 읽기 교육 목표의 변화는 초기에는 정의적 기능을 중시하다가 나중에 올수록 인지적 기능이 강조되고 있다. 이러한 교육과정의 변화는 독서 지도와 밀접한 관련이 있다.

❿ 초 · 중등학교 새 교육과정 개정 배경 및 기본 방향

제7차 교육과정 개정('97. 12. 30.)이후 사회 · 문화적 변화를 반영한 교육내용 및 내용 체계 개편이 필요하게 되어 새로운 교육과정을 개정하게 되었다. 제 7차 교육과정은 2000년부터 시행되어 '09년부터 새 교육과정을 적용할 경우 9년 동안 동일한 교육내용 및 내용 체계를 적용하게 되는 것이다.

새로운 교육과정의 개정 배경은 과학 역사교육 강화 등 국가 · 사회적 요구 사항을 반영하고, 현행교육과정 적용상의 문제점 및 교과 교육내용의 개선과 주5일 수업제의 월 2회 실시에 따른 수업시수 일부 조정의 필요성 등이라고 할 수 있다. 개정되는 교육과정의 기본 방향은 현행 제7차 교육과정의 기본 철학 및 체제를 유지한다는 것이다. 즉 학습자 중심, 단위 학교에서 만들어가는 교육과정의 철학유지, 국민공통기본교육과정 및 선택중심교육과정 등 기본체제를 유지하는 것이다. 구체적으로 새 교육과정의 기본 방향은 단위 학교별 교육과정 편성 · 운영의 자율권 확대, 국가 · 사회적 요구사항의 반영, 고등학교 선택중심 교육과정 개선, 교과별 교육내용의 적정화 추진, 수업일수 일부 조정 등이라고 할 수 있다.

03 | 7차 교육과정의 독서 지도 목표와 내용

　　창의적 학습 능력 신장을 위한 특별 활동과 재량 활동을 통한 독서 지도의 목표는 학교별 특성을 살려 설정하는 것이 바람직할 것이다. 왜냐하면, 특별 활동과 재량 활동을 통한 독서 지도 역시 정보의 획득과 이해 능력의 신장, 문학 작품의 이해와 감상 능력 신장, 비판적 분석과 평가 능력의 신장, 사회적 상호작용 능력의 신장 등을 지향해야 하기 때문이다. 그리고 제7차 국어과 교육과정에 제시된 독서 지도 관련 목표와 내용도 특별 활동과 재량 활동을 통한 독서 지도의 목표와 내용을 설정하는 과정에서 중시할 필요가 있다. 다음은 제7차 국어과 교육과정에 제시된 초등학교 학년별 독서 지도 목표와 내용이다(박영목 외, 2001). 국어 교육과 독서 교육을 담당하고 있는 사람들은 이러한 교육목표에 대하여 잘 알고 있어야 한다.

　　제 7차 교육과정에서 도입하고 있는 수준별 교육과정은 개인 차이를 고려한 일종의 차별화된 교육으로 볼 수 있다. 하지만 학습자의 능력에 따라 차별화되는 교육과정의 수준이 세분화되지 않아서 여전히 개개인의 능력에 대응하는 교육을 제공하기는 어렵다.

　　국어과 교육과정에 제시된 교육목표와 내용은 다음과 같으며 이 큰 틀 안에서 세부 내용들이 제시되었다.

　　　○ 글의 내용을 위한 어휘력 활용하기
　　　○ 글을 정확하고 유창하게 이해하기 위해 읽기 전략 활용하기
　　　○ 광범위한 영역의 읽기 자료를 이해하기
　　　○ 문학 작품의 요소와 의미 전달 기법 이해하기
　　　○ 다양한 문학 작품을 읽고 해석하기

다음은 7차 교육과정에 새롭게 추가된 내용들이다(*한 부분).

초등학교 1학년

❶ 글의 내용 이해를 위한 어휘력 활용하기
　　○ 새로운 단어를 인식하기 위하여 단어 분석기능을 활용하기

　　　* 글자의 짜임 알기

　　　* 글자를 바르게 읽기

　　　* 문장 부호 알기

❷ 글을 정확하고 유창하게 이해하기 위해 읽기 전략 활용하기

　○ 다양한 읽기 전략 활용하기

　　　* 읽기의 필요성 알기

　　　* 글을 읽기 전에 읽기의 목적 설정하기

　　　* 가리키는 말의 내용을 파악하며 읽기

　○ 적절한 읽기 자료를 소리 내어 읽기

　　　* 문장 부호의 쓰임에 유의하여 읽기

　　　* 낱말과 구절을 정확한 발음으로 읽기

　　　* 문장을 정확한 발음과 억양으로 읽기

　　　* 글을 정확하게 소리 내어 읽기

　○ 책읽기에 대한 바른 태도 지니기

　　　* 바른 자세로 책을 읽기

　　　* 책을 즐겨 읽는 습관 지니기

❸ 다양한 문학 작품을 읽고 해석하기

　○ 문학 작품을 읽고 반응하기

　　　* 작품에 나타나는 말의 재미를 느끼기

　　　* 인물의 모습이나 성격 상상하기

　○ 문학 작품과 실제 상황을 연결짓기

　　　* 이어질 내용을 상상해 보기

　○ 문학 작품에 흥미를 가지고 즐겨 읽는 습관을 지니기

　　　* 문학 작품을 즐겨 찾아 읽는 습관 지니기

초등학교 2학년

❶ 글을 정확하고 유창하게 이해하기 위해 읽기 전략 활용하기

　○ 다양한 읽기 전략 활용하기

　　　* 읽기에는 여러 가지 목적이 있음을 알기

* 글을 읽기 전에 읽기의 목적 설정하기

* 가리키는 말의 내용을 파악하며 읽기

○ 주어진 읽기 자료를 소리 내어 읽기

* 낱말과 구절을 정확한 발음으로 읽기

* 문장을 정확한 발음과 억양으로 읽기

* 글의 장면을 떠올리며 소리 내어 읽기

○ 책읽기에 대한 바른 태도 지니기

* 바른 자세로 책을 읽기

❷ 다양한 문학 작품을 읽고 해석하기

○ 문학 작품을 읽고 반응하기

* 작품에 반복적으로 나타나는 말의 재미를 느끼기

* 재미있는 말이나 반복되는 말을 넣어서 글을 쓰기

○ 문학 작품과 실제 상황을 연결짓기

* 이어질 내용을 상상해보기

○ 문학 작품을 즐겨 읽기

* 문학 작품에 흥미를 가지고 즐겨 읽는 습관을 지니기

초등학교 3학년

❶ 글을 정확하고 유창하게 이해하기 위해 읽기 전략 활용하기

○ 다양한 읽기 전략 활용하기

* 내용 이해를 위한 지식과 경험의 중요성 이해하기

* 글을 읽으면서 지식과 경험을 활용하기

* 글의 세부 내용을 확인하며 읽기

* 내용 사이의 연결 관계를 파악하며 읽기

* 글의 분위기를 파악하며 읽기

○ 적절한 읽기 자료를 소리 내어 읽기

* 낱말과 구절을 정확한 발음으로 읽기

* 문장을 정확한 발음과 억양으로 읽기

* 글의 장면을 떠올리며 소리 내어 읽기

○ 책읽기에 대한 바른 태도 지니기

   * 바른 자세로 책을 읽기

❷ **문학 작품의 요소와 의미 전달 기법 이해하기**

○ 문학 작품의 요소 식별하기

   * 문학 작품에는 일상의 세계와 비슷한 상상의 세계가 담겨 있음을 이해하기

   * 사건의 전개 과정 파악하기

❸ **다양한 문학 작품을 읽고 해석하기**

○ 문학 작품을 읽고 반응하기

   * 분위기를 살려 낭독하기

   * 작품에 나오는 인물이 되어 보기

○ 문학 작품과 실제 상황을 연결짓기

   * 이어질 내용을 상상해보기

○ 문학 작품을 즐겨 읽기

   * 문학 작품을 스스로 찾아 읽는 습관 지니기

초등학교 4학년

❶ **글을 정확하고 유창하게 이해하기 위해 읽기 전략 활용하기**

○ 다양한 읽기 전략 활용하기

   * 읽기의 방법 알기

   * 주제를 파악하며 읽기

   * 글에 알맞은 제목 붙이기

○ 책 읽기에 대한 바른 태도 지니기

   * 책을 끝까지 읽는 태도 지니기

❷ **문학 작품의 요소와 의미 전달 기법 이해하기**

○ 문학 작품의 요소 식별하기

   * 작품의 구성 요소 알기

   * 구성 요소를 통하여 주제 파악하기

   * 구성 요소를 창조적으로 재구성하기

* 인물의 삶의 모습 이해하기

* 인물의 사고방식 이해하기

❸ 다양한 문학 작품을 읽고 해석하기

○ 문학 작품을 읽고 반응하기

* 분위기를 살려 낭독하기

* 작품에 나오는 인물이 되어 보기

○ 문학 작품을 즐겨 읽기

* 독서록을 작성하는 태도 지니기

초등학교 5학년

❶ 글을 정확하고 유창하게 이해하기 위해 읽기 전략 활용하기

○ 다양한 읽기 전략 활용하기

* 읽기 상황에 관련되는 요소 알기

* 문맥을 고려하여 낱말의 의미 파악하며 읽기

* 사실과 의견을 표현한 부분을 구별하며 읽기

* 이어질 내용 예측하며 읽기

* 생략된 내용 추론하며 읽기

* 어휘 사용의 적절성 평가하며 읽기

* 비유적 표현의 의미 이해하며 읽기

○ 책읽기에 대한 바른 태도 지니기

* 도서관에서 읽을거리를 찾아 읽는 습관 지니기

❷ 문학 작품의 요소와 의미 전달 기법 이해하기

○ 문학 작품의 요소 식별하기

* 작품 수용이 다양할 수 있음을 알기

* 사건 전개 과정과 인물의 관계 이해하기

* 인상적으로 표현한 부분 찾기

* 인물의 다양한 삶 이해하기

* 작품의 일부분을 창조적으로 바꾸어 쓰기

❸ 다양한 문학 작품을 읽고 해석하기

○ 문학 작품을 즐겨 읽기

* 작품에 대한 생각이나 느낌을 적극적으로 글로 표현하려는 태도 지니기

초등학교 6학년

❶ 글을 정확하고 유창하게 이해하기 위해 읽기 전략 활용하기

○ 다양한 읽기 전략 활용하기

* 읽기가 의미 형성 과정임을 알기

* 다양한 표현의 의미를 알아보며 읽기

* 글을 읽고 전체의 내용을 요약하기

* 주장에 대한 근거의 적절성 판단하며 읽기

* 문제 해결 방안의 적절성 판단하기

* 표현의 적절성 판단하기

○ 책읽기에 대한 바른 태도 지니기

* 다양한 읽을거리를 찾아 읽는 태도 지니기

❷ 문학 작품의 요소와 의미 전달 기법 이해하기

○ 문학 작품의 요소 식별하기

* 사건 전개와 배경의 관계 파악하기

* 여러 가지 감각적 표현을 음미하기

* 작품에 창의적으로 반응하기

* 작품에 반영된 가치나 문화 이해하기

* 작품을 다른 갈래로 표현하기

○ 문학 작품의 유형 식별하기

* 문학의 갈래 알기

❸ 다양한 문학 작품을 읽고 해석하기

○ 문학 작품을 즐겨 읽기

* 가치 있는 작품이나 영상 자료 등을 선별하여 읽는 태도 지니기

현명한 독서 지도 과정

독서 지도 과정은 읽기, 말하기, 듣기, 쓰기의 단계별 지도 전략을 세워서 진행한다.

❶ 제1단계 – 책 읽기에 접근하기

어린이가 어떤 책을 좋아하는지 흥미와 관심분야를 잘 파악하여 책 선정을 해야한다. 이때 선택한 책에 대해서는 책임감있게 끝까지 읽을 수 있는 힘을 불어 넣어주어야 한다. 읽기는 생각하는 과정이므로, 분량을 적절히 정해주어 끝까지 읽어 내도록 할 때 정신집중력이 길러지고, 자신감도 쌓이는 것이다.

❷ 제2단계 – 적극적인 자세로 끝까지 읽기

옛이야기, 그림책 등 수준에 맞는 책을 선택하여 읽기를 지도한다. 교사가 1차로 도서를 선정한 후 어린이가 선택하여 읽게 하며 자신의 선택에 책임감을 부여하도록 한다. 웃는 얼굴로 칭찬과 격려를 하면서 매일매일 책 읽는 습관을 기르기에 주력한다. 동시에 어휘력을 키우기 위하여 10분 정도의 한자를 배우는 시간을 마련하는 것도 좋다.

❸ 제3단계 – 읽는 습관 정착시키기

학생이 책을 읽을 때 읽기의 흐름을 놓치지 않고 어떻게 하면 계속 읽게 할 것인가? 이 단계에서는 책 속에 푹 빠졌다 나오는 반복적인 리듬을 규칙적으로 느끼게 하는 것이 필요하다. 책을 통해 내면의 세계를 들여다보고 주인공과 나를 동일시하는 과정을 반복하게 할 때 자아존중감을 갖게 되는 것이다.

읽기를 습관화하기 위해서는 가정이나 학교생활에서 주어지는 여가시간을 잘 활용하여 읽는 시간을 최대한 활용할 줄 아는 시간관리도 꼭 필요하다. 읽기는 저절로 되는 것이 아니라, 배워야 하는 기술이다. 좋은 책을 많이 읽으면 읽을수록 지성이 발달되고, 더 잘 읽을 수 있게 되며, 더 깊이 읽게 되는 것이다.

❹ 제4단계 – 읽은 후 읽은 것을 정리 정돈하기

마지막 단계에서는 읽은 후의 독후활동을 최소화하여 어린이에게 부담을 전혀 느끼지 않도록 자연스럽게 유도해나가야 한다. '쓰기' 수업으로 들어갔을 때, 읽기를 충실히 해 온 어린이는 자기의 생각을 충분히 정리해놓을 수 있다. 그러나 쓰는 것을 부담스러워하는 어린이에게는 강요하지 말고 교사와 말하기, 듣기 형식으로 주고받으면서 핵심을 파악할 줄 아는 능력을 키워주면 된다.

독서 자료에 대한 이해

6장

　이 장에서는 아동과 청소년의 발달 단계와 흥미 발달에 따라 교육성과 문학성 그리고 보편적인 진리를 담고 있는 책을 중심으로 아동의 연령에 맞게 좋은 출판사의 책을 선택하는 데 도움이 되는 정보와 독서 자료 그리고 독서 교육을 시행하는 구체적인 방법들을 소개하고자 한다.

01 | 어린이 독서 자료

어린이 독서자료는 인쇄자료뿐 아니라 현대 과학기술에 의하여 AV자료, TV, 유선 TV, 비디오, 컴퓨터, 전자식 매체, 나아가 레이저 매체까지로 확대되고 있다. 인쇄된 자료인 책의 내용에 따라 우선 다음과 같이 분류할 수 있다(한윤옥, 1997).

① **그림책**　그림책, 낱말 없는 그림책, 낱말만 있는 그림책, 단순한 문장이 있는 그림책, 그림 이야기책, 명작 그림책 등

② **옛날 이야기**　우화, 민담, 전설, 서사시 등. 민족, 국가, 지역별, 시대별 등

③ **현대(창작)동화**　옛날 이야기식 동화, 순수한 상상 동화, 동물 동화, 의인화 이야기, 유머 이야기, 과학과 환경 이야기

④ **동요·동시**　동요·동시의 전집, 개인의 동시·동요집, 국가별 시대별 등

⑤ **현대 이야기(소설)**　저학년, 중학년, 고학년용으로 분류되고 주제에 따라 동물소설, 스포츠소설, 신비와 모험소설, 과학탐험소설 등

⑥ **역사와 전기**　역사적 전기, 개인적 전기, 문학적 전기, 위인의 어린 시절 이야기 등 (저학년, 중학년, 고학년용)

⑦ **정보를 알리는 책**　주로 학습에 참고 되는 백과사전, 낱말 사전, 전문사전과 자연, 사회, 예술, 역사, 지리, 과학기술, 환경, 공해 등 전문 주제 도서

⑧ **신문과 잡지**　잡다한 내용이 다양하게 실려 있는 어린이용 정기간행물 등

⑨ **만화**　어린이에게 흥미를 제공하는 자료로 최근에는 전문 주제도 만화로 표현, 어린이들이 쉽게 접근하게 한다.

⑩ **전자도서 및 영상매체 자료 등**

02 | 책의 선택

대부분의 공공도서관에는 어린이실이 마련돼 있어 어린이 도서를 따로 배열하고 있다. 대부분의 어린이 도서관들은 교육적인 책들을 미리 선택하여 연령별로 자료를 구비해 놓고 있다. 도서 자료 선택을 위한 방법과 실제는 다음과 같다.

책의 선택 방법

도서 선택은 전체적인 면에서 보아야 할 점과 형식면에서, 내용면에서 살펴보아야 할 점들이 있다.

❶ 전체적인 면

○ 책의 저자와 책표지 확인 : 구체적으로 저자, 편자, 역자, 삽화가 등 저자에 대한 경험, 교육적 배경 등을 알아본다.
○ 출판사, 판권일, 출판일 확인 : 권위 있는 출판사로서 발행일자와 판이 거듭된 횟수를 보고 최신 개정판을 고르는 것이 좋다.
○ 서문, 서언, 책의 목적, 저자의 견해 파악
○ 정보의 구성방법을 내용 목차로 확인
○ 첫 장과 마지막 장을 읽어 내용(정보) 처리방법의 확인
○ 색인 유무 확인

❷ 형식면

○ 제본이 잘 되고 인쇄 상태가 선명하며 지은이의 검인이 있는가?
○ 사전의 경우에는 새 맞춤법으로 제작되었어야 한다.
○ 참고서인 경우 색인의 유무와 기타 부록 유무를 본다.

❸ 내용면

    ○ 교과 학습과 인격 형성에 도움이 되는 책

    ○ 사진이나 삽화가 내용에 알맞게 실려 있는 책

    ○ 이해하기 쉽고 간결한 문장으로 표현된 책

    ○ 읽기 수준에 맞는 책

    ○ 많은 사람이 권하고, 오랫동안 정평이 있는 책 : 문학서는 고전, 과학서는 최근에 발간된 책

    ○ 오래도록 활용할 수 있고, 지식과 교양을 높일 수 있는 책

책 고르기의 실제

대형 서점에 가보면 수많은 서가를 보게 된다. 이 많은 책을 언제 다 볼 수 있을까? 고개를 몇 번 돌리면 다 볼 수야 있겠지만 읽어볼 수는 없다. 관심 주제의 서가로 다가가보아도 그 수가 만만치 않아서 많은 책 중에서 어떤 책을 골라 사야 할지 어려움에 부딪치게 된다. 이럴 경우에는 대체로 다음과 같은 기준을 가지고 책을 고른다면 무난할 것이다.

❶ 내 수준에 맞는 책

책을 펴고 본문을 한두 쪽 읽어 보면 '이런 정도의 책을 내가 읽고 소화할 수 있을까?' 자기 스스로 판단하게 된다. 자신의 수준은 누구보다 자기 자신이 정확하게 알고 있다.

❷ 많은 사람이 권하는 책

좋은 책은 소문이 금세 퍼지고 많은 사람이 읽고 평을 하게 된다. 그러므로 여러 사람이 좋다고 권하는 책은 대체로 읽을 만한 책이라 할 수 있다.

❸ 지은이가 분명하고 알려진 작가의 책

모든 책은 누가 지었는지, 외국 작가의 책일 경우 누가 옮겼는지를 명확히 밝힌 책이라야 한다. 또 처음 들어 보는 작가가 쓴 책보다는 널리 알려진 작가의 책이 안전하다. 요즘에는 좋은 글을 쓰는 작가보다 글을 파는 작가가 많으므로 특히 주의해야 하며, 보다 양심적인 작가의 책을 선택해야 한다.

❹ 권위있는 출판사에서 펴낸 책

출판사의 신용과 권위도 매우 중요하다. 한 권 값에 몇 권씩 파는 책은 결코 좋은 책일 수 없으니 주의해야 하며, 권위 있는 출판사가 정성껏 만든 책을 고른다.

❺ 너무 오래 되지 않은 책

동화책이나 문학 작품의 경우 출판한 시기가 현재와 가까운 책을 고르는 것이 좋다. 5년 전, 10년 전에 출판된 책은 현재의 맞춤법과 다른 경우가 많이 있기 때문이다.

❻ 문장이 쉽고 분량이 알맞은 책

본문 몇 쪽만 읽어보면 문장이 쉬운지 어려운지를 판단할 수 있다.

전문 · 기술용 책이 아닌 경우 문장이 쉬워야 좋은 책이다. 한 문장이 너무 길 게 이어진 것은 좋지 않으며, 성격에 따라 다소 차이는 있지만 활자가 작고 너무 두꺼운 책이나 활자는 큰데 너무 얇은 책도 잘 생각해보아야 한다. 동화집과 동시 · 동요집은 분량면에서 구분해야 한다. 대체로 동화집은 200쪽 내외, 동요 · 동시집은 100쪽 내외의 책이 무난하다.

❼ 활자, 사진, 그림이 선명한 책

글씨나 자료 사진, 본문 사이에 들어 있는 그림들이 조잡하고 선명치 못한 경우가 있는데, 활자, 사진, 그림이 선명한 책이 좋은 책이다.

❽ 책은 낱권으로 구입해 읽어도 좋다.

전집이나 전질로 사야 하는 책도 있지만, 책은 전집, 전질로 사는 것보다 서점에서 자유로이 낱권으로 사 읽도록 하는 것이 좋다. 꼭 필요한 책을 그 때 그 때 골라 사 읽는 습관도 좋은 독서 습관이라고 할 수 있다.

초등학생을 위한 읽기 주제

○ 가치관 형성과 감성 발달을 돕는 책 읽기
○ 인물 이야기
○ 더불어 사는 삶을 위한 책 읽기
○ 이야기 속에서 배우는 역사
○ 친구와 우정의 소중함을 일깨우는 책 읽기
○ 자연을 생각하는 책 읽기
○ 작가별로 읽는 책 읽기
○ 평화와 정의를 실현하기 위한 책 읽기
○ 가족을 생각하는 책 읽기
○ 생명과 죽음의 의미를 깨닫는 책 읽기

○ 옛 이야기와 신화 읽기
○ 자아를 찾아가는 책 읽기(성장 소설)
○ 환상의 세계로 떠나는 책 읽기
○ 예술가의 삶과 예술 작품을 만나는 책 읽기
○ 재미있게 풀어 쓴 과학책 읽기
○ 어린이 글모음 읽기
○ 교양과 지식의 책 읽기
○ 자연스러운 성교육을 위한 책 읽기

03 | 도서관 자료와 독서 치료

독서 치료의 진행 방법

도서관에서는 일반인을 위한 독서 자료를 구입하여 이용하고 있다. 최근에는 즐거운 책 읽기를 위한 독서 지도와 함께 독서에 어려움이 있는 학생과 성인을 위한 진단 지도와 치료 지도를 하고 있는 도서관이 늘어나고 있다.

도서관에서의 독서 치료의 가능성을 여러 가지로 제시한 돌(Doll)은 독서 치료를 '책을 통한 치유'라고 정의하고 있다. 즉 독서 치료는 문제를 안고 있는 독자가 책을 읽고 치유하는 힘을 얻어 정상적인 발달과정을 잘 수행하도록 돕는 것이다. 독서 치료의 실행단계는 통상 다음의 네 단계를 거쳐서 이루어진다. 즉 1) 대상자에 대한 자료의 수집단계, 2) 수집된 자료를 중심으로 대상자의 요구나 문제점을 파악하는 단계, 3) 문제에 맞추어 치료 방침과 목표, 구체적인 방법의 결정 및 치료 계획 등을 수립하는 치료 계획 수립단계, 4) 적합한 독서 자료의 선택 단계와 실제 적용 단계 등이다. 여기에서는 이러한 과정을 간단히 살펴보고 적합한 도서관 자료, 즉 독서 치료에 필요한 독서 자료의 종류와 특징에 대하여 다루고자 한다(한복희, 2004).

❶ 대상자에 대한 자료 수집

독서 치료의 실행 준비 단계로 대상자의 인성과 행동에 관한 폭넓은 정보를 수집하는 단계이다. 치료자는 치료 대상자의 부모, 교사, 사서 등으로부터 필요한 정보를 수집하며, 대상자의 일기 혹은 작품 등은 대상자의 사고형태, 사고과정 및 문제점을 파악하는 데 유익한 자료가 된다. 즉 대상자의 탄생 배경, 성격, 가정환경, 흥미, 학력, 독서 능력, 행동 발달 상황 등에 관한 면밀한 관찰과 조사가 필요하다.

❷ 문제의 확인

수집된 자료를 중심으로 대상자의 요구나 문제점을 파악하는 단계로, 발견된 문제점의 원인에 대하여 겉으로만 드러나는 문제뿐만 아니라 대상자의 내면적인 원인에 대한 것도 충분히 검토해야 한다. 그러기 위해서는 관찰만이 아니라, 심리 검사 및 성격 검사 등을 활용하여 보다 객관적인 치료과제를 정리해놓는다.

❸ 치료 계획 수립

대상자에 대한 문제의 원인을 정확하게 파악하게 되면 그것에 맞추어 치료 방침과 목표, 구체적인 방법의 결정 및 치료 계획 등을 수립한다. 치료 방침이나 구체적인 방법 결정시에 먼저 독서 치료를 적용할 수 있는 성격의 문제인가 아닌가를 결정해야 한다. 모든 문제가 독서 치료를 통하여 해결되는 것이 아니기 때문이다. 다음으로 치료 과정의 어느 단계에서 어느 목표를 설정하여 적용할 것인가를 명백히 해두어야 한다. 그리고 독서 치료를 처음부터 단독으로 행할 것인가, 아니면 다른 치료 방법과 같이 병행할 것인가, 또 어느 정도까지 치료를 행할 것인가, 치료의 방법, 치료 기간은 어느 정도로 잡고 치료 장소는 어디로 할 것인가 등을 종합적으로 파악하여 치료 계획을 수립하여야 한다.

❹ 자료의 선택

적합한 독서 자료의 선택은 독서 치료에 있어서 중요한 과정으로서 독서 치료의 성패를 좌우할 수 있다. 치료의 효과는 대상자와 독서 자료와의 역동적 상호작용의 결과로서 나타나기 때문에 '적자'에게 '적서'를 '적시'에 읽도록 하는 것이 독서 치료 과정에서 가장 중요한 일이다. 읽기를 위해 수집된 자료는 주제별 책 읽기 목록을 작성한다든지 상황목록으로 작성될 수 있다. 한국도서관협회에서 아동을 위한 상황목록, 청소년을 위한 상황 목록이 작성되었고, 최근에 성인을 위한 상황 목록도 발표된 바 있다. 도서관에서 또는 개인적으로 치료 과정을 시행하게 될 때에 이러한 목록을 활용할 수 있다. 김정근 교수는 사실 독서 치료에 있어서 '치료사'는 책이라고 할 수 있고, 독서 행위 자체라고 할 수도 있다고 하였다. 여기에서는 독서 치료와 관련하여 독서 자료에 대하여 간단히 살펴보고자 한다.

독서 자료의 선택

독서치료사는 독자의 상황에 맞는 도서를 잘 연결하여 독자가 책을 읽고 읽은 내용을 글로 써보고 말할 수 있도록 하면서, 결국은 책을 통해 스스로 책을 읽는 과정에서 자신의 문제를 극복하도록 돕는 것이다. 따라서 읽을 자료의 선택은 치료를 위한 도서 선정시 독자가 직면하고 있는 문제 상황과 함께 독자의 관심과 독서 수준도 고려해야 한다. 독자의 독서 수준을 볼 때, 너무 어려운 책은 독서 치료 과정에 오히려 방해가 될 수도 있다. 또한 출판형태와 치료에 픽션을 사용할 것인가 또는 논픽션을 사용할 것인가에 관한 결정도 고려해야 한다.

픽션에는 문학 작품이 포함되며, 논픽션은 대개의 경우 자조 도서(self-helf books)의 형태를 띠게 된다. 치료에 픽션을 사용할 때 대상자는 책에 등장하고 있는 인물과 동일화할 수 있어야 한다. 일부 논픽션 도서도 또한 등장인물이 있을 수도 있다. 따라서 전기적 인물이 있는 픽션이나 논픽션은 동일화, 카타르시스, 통찰의 3단계에 걸친 기본적인 원리과정을 적용할 수 있는 책을 선정하는 것이 좋다. 많은 학자들이 치료 자료를 선택할 때 고려해야 할 점을 제시하였다.

❶ Rubin의 견해

Rubin은 다음과 같이 독서 치료 자료 선택의 주요 원칙을 설명하고 있다.

- ○ 자신이 잘 알고 있는 책을 사용해야 한다.
- ○ 책의 분량을 알고 있어야 한다. 무관한 사항과 상황이 있는 복잡한 책은 피해야 한다.
- ○ 독자의 문제를 고려해야 한다. 따라서 책은 독자가 당면하고 있는 문제에 적용될 수 있어야 한다.
- ○ 독자의 독서 능력을 참고하여 사용될 책을 선정해야 한다. 독자가 글을 읽지 못하거나 독서 장애가 있을 경우, 치료사는 책을 소리 내어 읽거나, 이를 녹음해서 사용해야 한다.
- ○ 독자의 정서적 나이와 실제 나이를 고려하여 책을 선정한다.
- ○ 개인적이고 일반적인 독서 선호는 선택에서 지침이 된다.
- ○ 독자가 나타내고 있는 감정이나 분위기를 표현하는 책을 선택하는 것이 좋다. 이것은 음악치료 기술에서 유래한 것으로 시 치료에서도 공통적으로 사용된다.
- ○ 주어진 임상 문제에 책을 사용할 수 없을 경우, 치료에 시청각 자료를 선정하여 사용할 수 있다.

❷ 사카모토 이치로의 견해

사카모토 이치로의 견해는 임상 치료적 환경에서 도서를 선택할 때에 고려해야 할 사항으로 다음의 네 가지 내용을 제시하고 있다.

- ○ 문제 해결에 필요한 정보를 주는 도서일 것
- ○ 정확한 가치판단의 기준을 제시하는 도서일 것
- ○ 간접적인 방법으로 억압된 요구를 충족시킬 수 있는 도서일 것
- ○ 거북한 감정을 극복할 수 있도록 바람직한 감정 자극을 주는 도서일 것

❸ 베스 돌과 카롤 돌(Beth Doll & Carol Doll)의 견해

베스 돌과 카롤 돌은 독서 치료 단계를 ① 준비 단계, ② 읽힐 자료의 선택 단계, ③ 이해를 돕는 단계, ④ 후속 조치와 평가 단계로 나누어 정리하고 있으며, 두 번째 단계인 자료 선택

단계에서 자료 선택 방법을 다음과 같이 지적하고 있다.

    ○ 대상자의 흥미와 독해력 수준에 맞는 양서를 선택한다.
    ○ 대상자가 지닌 문제의 성격에 적합한 책을 선택한다.
    ○ 대상자가 해결하고자 하는 문제의 해결책이 있는 책이어야 한다.

❹ 하인즈와 하인즈 베리(Hynes & Hynes-Berry)의 견해

하인즈와 하인즈 베리는 독서 치료 자료의 선택 준거를 제시하면서 작품의 질을 주제 차원과 문체 차원으로 나누어 논의를 했다. 주제는 보편적 주제, 감동적인 주제, 이해 가능한 주제가 좋으며, 부정적인 주제는 해롭다고 했다. 문체는 리듬, 심상, 언어, 복잡성으로 나누어 설명하였다.

독서 치료에 활용될 수 있는 자료

도서관 자료는 독자의 요구와 도서관의 장서 개발 정책에 따라서 수집되고 있다. 지금까지는 일반적으로 추천도서목록이나 양서목록, 선정도서목록을 통하여 도서관 자료들이 읽혀지고 활용되었다. 그러나 요즈음 문헌정보학 분야와 도서관을 통하여 활발하게 진행되고 있는 독서 치료에서 활용되는 목록은 독자의 상황에 따른 상황별 목록이라고 할 수 있다. 따라서 상황목록은 책의 내용이 좋고 서지 사항이 어떠한가보다는, 독자들이 그 책을 읽으면서 당면하고 있는 마음의 문제들을 치료의 과정인 동일화 과정, 카타르시스를 동반한 감정적 통찰력을 경험할 수 있는 가를 중요시 여기는 것이다. 아래는 독서 치료에 사용할 수 있는 도서관 자료 즉 독서 자료의 종류를 살펴본 것이다.

❶ 모리스 밴(Morris-Vann)이 나눈 자료의 종류

모리스 밴은 독서 치료에 사용될 수 있는 자료를 5가지로 분류했다.

① 소설

소설 작품들은 좋은 독서 치료 자료이다. 책을 읽는 아이들이나 어른들은 책을 읽으며 책 속에 존재하는 인물들과 동일화하고, 그 인물들이 처한 어려움을 극복해가는 과정을 읽어가면서 주인공에 대한 공감과 더불어 스스로 내적으로는 직관과 자아 이해도를 높여나가게 된다.

② 전기 · 논픽션

실제 이야기를 다루고 있는 책들이 현재 치료중인 독자의 특성과 환경에 맞을 때 그 독자는 고난과 어려움, 심지어 장애를 극복한 그 이야기속의 사람과 자신을 동일화할 수 있다.

③ 자조 도서(self-help books)

많은 성인 독자는 자조 도서가 도움이 된다고 말한다.

④ 동화

동화는 특히 아이들이 어떻게 문제를 푸는가를 스스로 배울 수 있는 방법을 이야기해주는 아이들이 좋아하는 책이다.

⑤ 그림책(picture books)

그림책은 어린아이들을 위해 사용되며, 어린이들은 글자는 거의 없고, 다채로운 그림들로 구성된 그림책을 좋아한다. 그림책은 어린아이들이 개인 치료 상황 또는 집단 치료 상황에서 자기 자신의 이야기를 자연스럽게 표현하도록 도와준다.

이러한 자료를 활용한 치료의 실제에서 무엇보다 먼저 고려해야 할 점은 치료 대상자와의 인간관계를 조성하는 일이며 이를 위해 유아의 경우는 유희 치료, 음악 치료 등을 같이 적용할 수도 있다. 다음으로 고려해야 할 점은 치료 대상자가 자발적으로 독서할 수 있는 동기를 조성하고 독서 의욕을 북돋우는 일이다.

❷ 스탠리가 나눈 자료의 종류

스탠리(Jacqueline D. Stanley)는 독서 치료를 위한 읽을 자료들을 픽션, 논픽션, 자조 도서, 시 등 자료 자체에 대한 소개를 하였다.

1. 픽션 · 소설

훌륭한 소설은 삶에 대한 원형적인 이야기를 개척하고 있다. 소설은 역할 모델을 준다. 즉 어린아이였을 때는 주변의 어른들로부터 삶을 배우고, 어른이 되면 소설 속에서 필요한 삶의 지침을 구할 수 있을 것이다. 잘 짜여진 이야기는 자아감을 잃고 허둥대는 우리들과 같은 사람들에 관해 이야기함으로써 통찰의 시초가 될 수 있다. 소설은 문제를 요약한다. 타인에 관한 읽기는 우리의 삶이 어떻게 펼쳐지는가를 분석하는데 도움이 된다.

치료를 위한 독서에 픽션 작품을 이용하는 이점은 같은 책을 다른 문제를 이야기하는 데 사용할 수 있다는 것이다.

[대중적인 픽션의 유형]

픽션은 독서 치료에 커다란 역할을 하며, 많은 유형이 있으므로 다양한 취향과 관심을 수용할 수 있다. 가장 대중적인 다섯 가지의 특수한 픽션 범주는 다음과 같으며, 각각 독서 치료에 사용될 수 있다.

① 서부 이야기(Westerns)

이 장르는 명예와 남성다움의 문제를 규정하는 데 도움이 된다. 서부 이야기는 엄마가 아이의 죽음을 어떻게 극복하는가에 관한 소설이 여성에게 미치는 것 못지않게 많은 남성들에게 치료 자료가 된다.

② 미스터리(Mysteries)

미스터리 픽션은 독자들이 좋아하는 장르 중 하나로서 세속적인 문제로부터 도피처가 되어주며 분석적인 사고를 돕는다.

③ 역사소설(Historical Novels)

역사소설은 독자로 하여금 어떠한 실수가 저질러졌는지, 다른 상황에서 사람들은 어떻게 반응하는지, 그리고 동일한 문제에 대한 자신들의 반응을 비교할 수 있게 하며, 역사소설은 계몽적일 수 있다. 예를 들면 나폴레옹과의 전쟁 중인 19세기 러시아 사회를 다루고 있는 톨스토이의 『전쟁과 평화』라는 소설의 주요 테마는 전쟁임에도 불구하고, 가족, 관계 그리고 인간 정신의 삶을 긍정하는 속성에 관한 책이라고 할 수 있다.

④ 로맨스 소설(Romance Novel)

독서 치료에서 로맨스 소설은 평범한 세상의 경계를 초월하여 열정적인 판타지의 영역을 탐험할 수 있는 소설 읽기라고 할 수 있다.

⑤ 공상 과학 소설(Science Fiction)

과거와 현재, 그리고 미래에 일어날 수 있는 과학적 가공의 이야기는 우리의 주의를 또 다른 장소와 시간으로 돌림으로써 독서 치료에 효과적일 수 있다. 그리고 흔히 기술을 다루기 때문에 유익하며 지적 자극이 될 수 있다.
예로 조지 오웰의 『1984』가 있다. 이 책은 통제된 미래 사회에서의 인간의 역할을 다루고 있다.

2. 논픽션

픽션과 논픽션의 차이는 무엇인가? 논픽션은 특수한 주제 또는 관련 주제에 대한 연구이다. 독서 치료에서 사용될 수 있는 논픽션의 형태는 다음과 같다.

○ 개인적 수필	○ 영감서
○ 저널(안네 프랑크의 개인적 일기 등)	○ 전기
○ 여행서	○ 자서전
○ 유머 도서	○ 회고록

이들 자료 중에서 특히 전기와 자서전, 또는 회고록에서 찾아야 할 사항으로는 전체 스토리를 이야기하며 주인공의 삶을 완전하게 묘사하고 있는 책을 선택해야 한다는 것이다. 예를 들면 주인공의 삶에 대하여 정직한 초상을 그리기보다는 다른 목적을 위해 불명확하게 쓰인 전기는 피해야 하며, 특히 주인공을 공격하기 위해 마련된 책이나 주인공의 삶에 단정적인 혼란을 주기 위한 책은 독서 치료에서는 효과가 나지 않는다는 것이다.

3. 자조 도서, 독학서

자조 도서는 대부분의 독서 치료 프로그램의 중요한 자료들이다. 대부분의 책들이 독서 치료를 가장 잘 하고 있는 일, 즉, 독자의 문제 해결을 도와 성장과 치료를 촉진하는 일을 조장하도록 특별히 고안되었기 때문이다.

자조 도서는 다양한 형태와 크기로 되어 있다. 그러나 보통 모두 다음의 세 가지 요소를 가지고 있다. 좋은 자조 도서는 이러한 각 요소들과 잘 조화를 이루고 있는 것이다.

① 일반 정보를 담고 있다

대부분의 자조 도서에는 작가가 다루고 있는 문제에 관한 기본적인 정보를 담고 있다. 문제의 근원에 대한 일부 배경과 문제가 어떻게 발전하여 진전되는가에 대한 설명이 담겨 있다. 또한 문제의 원인을 규명하고, 독자가 진단을 내리는 데 도움이 되는 징후들을 나열하고 있다.

② 사례연구

사례연구는 독서 치료에서 관심을 가지고 다루고 있는 상황이나 주제에 대한 예시 또는 일화이다. 사례연구는 책을 의인화하여 책에 있는 문제 해결 전략이 진짜 효과가 있다는 확신을 독자에게 줄 수 있다.

③ 도구와 기법

이는 독자가 읽었던 것을 행동으로 옮기도록 돕는 특수한 전략이 담겨 있다.

4. 시

시는 이미지, 소리, 언어와 감정을 결합된 것으로, 독자로 하여금 세상을 새로운 방식으로 보게 하며, 자신이 느끼고 있는 감정을 관찰하는 또다른 방식이 있음을 알려준다. 시의 위대한 점은 시를 여러 번 읽어서 그 시가 이야기하고자 하는 바를 이해할 수 있게 되면, 이는 계속해서 빛을 내어 타오르고 그 방향을 밝게 비추는 작은 불을 삼킨 것과 같다는 데에 있다.

① 독서 치료에서 시를 사용하는 장점

시는 독자에게 희망과 기대로 격려하여, 그로 하여금 다른 성장과 개발 단계로 이동시킨다. 대부분의 시는 짧기 때문에, 장문을 즐기지 않는 사람 또는 독서할 시간이 제한된 사람들이 좋아한다. 따라서 시를 읽는 것은 긴장을 완화시키고, 다른 독서 유형에서 발견할 수 없는 여유를 갖게 한다.

시는 쉽게 기억할 수 있으며, 시를 암송하는 것은 독자에게 상당한 만족감과 성취감을 줄 수 있다. 또한 시는 다른 많은 문학 형태보다도 더욱 깊이 독자를 감동시킨다.

② 시를 사용하는 방법은 크게 소리 내어 시를 읽고 암송하는 것이다.

독서 치료에 주로 사용되는 자료는 문학 작품이라고 할 수 있는 픽션과 인지적, 정서적, 행동적 변화 전략을 제시하는 논픽션 작품인 자조 도서로 나눌 수 있다. 독서 치료에 픽션을 사용하는 사람은 심리드라마적인 중재를 지지하는 경향이 있으며, 자조 도서를 사용하는 치료사는 일반적으로 인지-행동적 치료 방법에 근거하고 있다. 도서관의 모든 자료가 치료를 위한 독서 자료가 되는 것은 아니다. 독서 치료 자료는 독자의 치료 상황에 적합하고 독서 치료의 원리에 따라 동일화, 카타르시스를 동반한 감정의 정화와 통찰과 통합의 과정으로 진행될 수 있는 자료를 말한다. 따라서 모든 장르의 자료는 독서 치료 자료가 될 수 있다.

지금까지 독서 치료를 위한 자료 선택 기준과 독서 치료에서 사용될 수 있는 자료에 대하여 설명하였다. 독서 치료는 책을 이용하여 문제가 있는 사람들을 도와서 문제해결을 돕는 것이다. 즉 독서 치료는 도서관 자료 중 주로 픽션과 논픽션 자조 도서 등을 대상으로 상황에 따른 문제가 있는 사람들이 책을 읽고 치료 대상자와 작품의 유기적인 상호작용을 통해 이루어지는 동일화, 카타르시스, 통찰의 과정을 통하여 이루어진다. 어떤 의미에서 독서 치료는 책이 만들어진 이후 인간 경험의 일부로 인식되어 왔다. 또한 그동안의 많은 독서 치료 연구를 통하여 책은 사람들의 삶을 변화시키는 치료의 힘이 있다고 입증되고 있다.

이러한 자료에 대한 이해를 바탕으로 적합한 문제유형에 따라 자료를 작성하고 주제별 책 읽기 목록이나 문제 상황에 따른 상황별 목록을 작성하여 독서 치료에 활용할 수 있다. 이미 1999년에 연구자들에 의해 아동과 청소년을 위한 일반적인 상황에서의 책 읽기를 위한 상황별 목록이 작성되었다. 최근에는 독서 치료를 위한 상황별 독서목록 성인편이 발간되었다(한국도서관 협회, 2004). 수많은 도서관 자료들이 일반적인 독서를 위해 장서 목록, 주제별 목록, 양서목록 등 각종 목록으로도 작성되어 활용되듯이, 독서치료를 위한 상황별 목록도 독서 치료에 활용되기를 기대한다.

필자는 충남대학교 평생교육원에서 2004년부터 독서치료사 과정을 개설하여 강의하고 있으며, 수료하는 사람들에게는 독서 치료를 위한 아동과 청소년을 위한 상황 목록을 작성하여 제출하도록 하고 있다(자세한 내용은 홈페이지 www.readingclinic.info를 참고바람).

독서 활동 계획 수립

7장

독서 교육의 궁극적인 목표는 바람직한 인간 형성이다. 독서 교육의 실천목표는 모든 아동·학생에게 정보를 얻고 답을 찾는 커뮤니케이션(보고 듣고 읽고 쓰고 말하여 의사를 소통하는) 기능을 개발하는 데 있다. 그리하여 책과 독서에서의 즐거움과 기쁨을 맛보게 하고 문학의 유산과 현재, 그리고 모든 질문의 답이 되는 자료원으로 문학의 미래를 소개함으로써 어린이에게 정보력, 학습력, 창조력, 잠재력인 '독서의 힘'을 갖게 하는 데 있다.

01 | 월별 · 학기별 · 연간 지도 계획

독서 지도 계획

독서 지도는 어린이의 학습과 생활의 넓은 영역에서 독서 경험과 활동을 통한 체계적 실천 활동을 말한다. 어린이는 구체적 경험을 통해 가장 잘 배우므로 어린이가 듣고 말하고 읽고 쓰는 것을 살필 수 있는 자료를 준비하여 어린이의 참여 활동을 독서 교육 계획에 포함해야 한다.

어린이를 위한 독서 교육을 계획하기 위해서는 1) 어린이에 대한 이해 : 독서 능력의 발달 단계와 독서 흥미 발달단계 등에 대한 이해, 2) 독서 자료에 대한 이해 : 책의 역사와 미래, 출판동향과 우수 출판물, 베스트셀러 등 독서 자료에 대한 이해, 3) 독서 교육의 기초단계구성 : 읽을 사람과 책을 만나게 하는 독서 교육이 이루어지도록 기초단계를 구성하는 독서 지도 계획이 필요하다.

독서 능력은 독자의 자연적 성숙과 교육에 따라 발달하나, 독서 능력의 주요한 요소인 배경 지식은 각자의 인생 경험에 따라 모두 다르므로 엄밀히 말하자면 모든 사람의 독서 능력은 각기 다르다고 할 수 있다. 독서 능력의 발달은 개인차가 많기 때문에, 어떤 단계로 구분한다는 것은 적절치 못한 측면도 있으나 교육 목적에 따라 긍정적인 측면도 많다. 즉, 독서 능력의 개인차도 다른 심리적 특성과 마찬가지로 정상 분포를 이룰 것이기 때문에 정상적인 발달 단계를 보이는 학생을 위한 각 단계별로 독서 발달 특성을 규명하는 작업이 필요하다. 이러한 자료는 학생의 발달 수준에 맞는 적절한 지도 및 평가의 내용을 구성할 수 있으며 교재 개발의 근거로 사용될 수 있다. 또한 발달이 늦은 학생과 빠른 학생에 대한 진단과 지도의 목적으로도 활용할 수 있을 것이다.

독서 지도 계획 수립의 전제 사항

독서 지도 계획을 수립할 때에는 무엇보다도 공통적으로 이해하고 있어야 할 사항과 계획 추진 방향, 계획 수립 시 유의하여야 할 요소들에 대한 명확화와 독서 환경의 정비 등이 전제(前提)되지 않으면 안 된다. 이들과 관련된 유의점들을 좀 더 구체적으로 살펴보면 다음과 같다.

공통적인 이해 사항 및 계획추진 방향

독서 지도의 연간 계획을 수립하려면 먼저 독서 지도의 목표 및 내용의 명확한 설정과 아동·학생들의 독서 실태 및 그들의 발달 단계에 대한 명확한 파악 등 네 가지 사항에 대한 명백한 공통적 이해가 전제되어야 하며, 아울러 특히 다음과 같은 세 가지 점에 유의하여 그 계획 추진 방향이 설정되지 않으면 안 된다.

○ 독서 흥미를 증가시켜 바람직한 독서 습관을 형성하도록 한다.

1993년부터 1995년까지 3회에 걸친 우리나라 국민 독서 실태 조사 결과를 보면, 아동과 학생들의 경우는 해마다 교양서 독서를 멀리하는 경향이 강하게 나타나고 있는데 비해 만화 독서량이나 TV 등 영상 매체 시청은 증가 추이를 나타내고 있다. 이뿐 아니라 아동과 학생들의 생활도 점점 분방해져가고 있고 독서하고자 하는 마음의 여유도 그만큼 줄어져가고 있으며, 독서에 대한 학부모들의 관심도도 극히 낮은 실정에 있음이 한 초등학교 교사의 사례 발표에서도 잘 드러나고 있다. 이러한 때야말로 독서에 흥미를 일으킬 효과적인 지도법을 공부하도록 하여 바람직한 독서 습관을 몸에 지니도록 하는 것이 바람직할 것이다.

○ 낮은 수준의 독서를 높은 수준의 독서로 바꾸어 나가도록 한다.

만화나 주간지 등과 같은 오락 독서도 중요하지만 그러한 흥미 본위의 낮은 독서 수준에 머물지 않고 건전한 독서를 통해 사고하고 자기 자신을 형성시켜 나가도록 독서 활동의 방향을 잡아주어야 할 것이다. 그러기 위해서는 무엇보다도 도서를 재료로 한 계획적인 사고력 지도가 필요하다.

○ 교과 학습에 유용한 독서 활동을 시킨다.

한 권의 책을 읽고 사고하도록 하는 것만이 아니라 일상 교과 수업에 유용한 독서 활동을 시키는 것도 중요하다. 교과서 교재에 의한 학습만으로는 학습자 자신의 주체적인 학습 의욕을 돋우기가 어렵지만 교과 학습에 조사 연구적 읽기 학습 활동을 가미시킴으로써 주체적인 학습 태도를 길러줄 수 있다.

수업계획안

지도계획은 '언제(교육 과정상에서의 위치), 어디서(독서 활동의 장(場)), 무엇을(지도 내용), 어떻게(구체적 지도 방법)'라는 네 가지 요소를 학기에 걸쳐 조직화, 계통화시키는 것이다. 이 중에서 특히 가장 기본적인 3대 요소라 할 수 있는 '언제', '어디서', '무엇을' 할 것인가를 고려하여 지도계획을 작성한다. 가장 활발하게 독서 지도가 이루어지고 있는 초등 2, 3, 4학년을 위한 계획표를 다음과 같이 예시하여 보았다. 이러한 계획 아래 독서지도가 진행되더라도 개개인의 독서 진도에 따라 독서 자료는 가감될 수도 있다.

교과 학습에 따른 일반적인 책 읽기 지도와 함께 상황에 따른 독서 지도와 독서 치료 지도를 계획할 수 있다. 예를 들면, 자존감 향상 프로그램, 가치관 형성 프로그램, 낙관성 향상 프로그램, 자아개념 향상 프로그램, 학교생활과 친구관계 등 특정 상황을 돕는 독서 지도 프로그램을 계획할 수 있다.

2학년 독서 지도 계획안

수 업 계 획 안 (2학년)			
월	일	장르별 주제	학습도서 및 내용
1	11	우리나라 창작동화	똥이 어디로 갔을까? / 이상권 / 창작과비평사
	18		일기 감추는 날 / 황선미 / 웅진닷컴
	20	외국 창작동화	아기 오리들에게 길을 비켜 주세요 / 로버트 머클로스키 / 시공사
	25		눈사람 아저씨 / 레이몬드 브리그스 / 마루벌
	27		새친구가 이사왔어요 / 레아 골드버그 / 중앙M&B
옛 이 야 기			
2	1	제주도 창세신화	마고할미 / 정근 / 보림
	3	중국 옛이야기	배장수와 신선 / 위기철 / 국민서관
	15	조상들의 슬기	재치가 배꼽 잡는 이야기 / 조호상 / 사계절
	17	옛여인들의 지혜	구렁덩덩 신선비 / 김중철 / 웅진닷컴
	22	천재작가의 동화	황소와 도깨비 / 이상 / 다림
	24	세 아들의 모험 이야기	호랑이 잡은 피리 / 강무홍 / 보림
과 학 1			
3	3	땅속 생물들	땅속 생물 이야기 / 오오노 마사오 / 진선출판사
	8/10	메리 호위트의 시	거미와 파리 / 메리 호위트 / 열린어린이
	15/17	코끼리의 특징	코끼리가 최고야 / 허은미 / 웅진닷컴
	22/24	갯벌친구들	갯벌이 좋아요 / 유애로 / 보림
	29/31	물방울, 정수장에 갇히다	신기한 스쿨버스1 / 조애너 콜 / 비룡소

			과 학 2
4	7	파브르 곤충기	똥을 빚는 쇠똥구리 / 고바야시 세이노스케 / 을파소
	12/14		노래 부르는 매미 / 고바야시 세이노스케 / 을파소
	19		무서운 사냥꾼 사마귀 / 고바야시 세이노스케 / 을파소
	21/26		대단한 먹보 딱정벌레 / 고바야시 세이노스케 / 을파소
	28		높이뛰기 선수 메뚜기 / 고바야시 세이노스케 / 을파소
5	3	'성'	이럴 땐 싫다고 말해요 / 마리 프랑스 보트 / 문학동네
	10/12	샤갈	내가 처음 만난 예술가 / 실비 지라르데 / 길벗어린이
	17	프랑스 낭만주의 화가	미술관 여행 / 제임스 메이휴 / 크레용하우스
	19/24	명화 속 재미	명화로 즐기는 게임북 시리즈1 / 루시 미클레스웨이트 / 한국프뢰벨
	26	'소'의 화가	이중섭 / 최석태 / 길벗어린이
	31	바흐, 쇼팽, 헨델…	(세상 모든 음악가의) 음악 이야기 / 유미선 / 꿈소담이
			자 아 정 체 감
6	2	10살 축구소녀	레나는 축구광 / 키르스텐 보예 / 계림북스쿨
	7/9	고조선 건국	단군신화 / 이형구 / 보림
	14	'장애'	내게는 소리를 듣지 못하는 여동생이 있습니다 / J.W. 피터슨 / 중앙출판사
	16/21	외모보다 소중한 것	종이 봉지 공주 / 로버트 문치 / 비룡소
	23	'슬픔'	내가 가장 슬플 때 / 마이클 로젠 / 비룡소
	28/30	엉뚱한 소동	에밀은 사고뭉치 / 아스트리드 린드그렌 / 논장

3학년 독서 지도 계획안

			수 업 계 획 안 (3학년)		
월	**일**	**장르별 주제**	**학습도서 및 내용**		
1	11	우리나라 창작동화	만년샤쓰 / 방정환 / 길벗어린이		
	18		까막눈 삼디기 / 원유순 / 웅진닷컴		
	20	외국 창작동화	화요일의 두꺼비 / 러셀 에릭슨 / 사계절		
	25		행복한 청소부 / 모니카 페트 / 풀빛		
	27		엉뚱이 소피의 못말리는 패션 / 수지 모건스턴 / 비룡소		
			우리 문화 · 세계 문화		
2	1	조상들의 지혜	가슴 뭉클한 옛날 이야기 / 김장성 / 사계절		

	3		천냥짜리 거짓말 / 서정오 / 중앙M&B
	15	말레이시아 문화	캄펑의 개구쟁이 / 라트 / 오월
	17	연변 동화	뽈귀신 아버지 / 김학철 외 / 산하
	22	페루 · 인도 이야기	달을 만지고 싶은 임금님 / 마가렛 마요 / 국민서관
	24	아프리카	아프리카 동화 / 릿따 아자리안, 존 커닝햄 / 서광사

과 학

3	3	'성'	사랑을 나누면 무슨 일이 생길까? / 크리스티안 베르두 / 다섯수레
	8		다람 다람 다람쥐야 / 이상배 / 파랑새어린이
	10	축구공 속의 비밀	창의력을 기르는 놀이과학 시리즈 / 조남주 / 웅진닷컴
	15/17	피부 속 탐험	신기한 스쿨버스10 / 조애너 콜 / 비룡소
	22/24	갯벌의 생태계	갯벌 / 박경태 / 우리교육
	29/31	물의 소중함	물방울의 추억 / 에띤느 드랄라 / 서광사

역사 · 세계사

4	7		더벅머리 소년 빌 게이츠 컴퓨터 황제가 되다 / 홍당무 / 파란자전거
	12		금의 역사 / 메리디스 후퍼 / 주니어김영사
	14		이원수 선생님이 들려주는 해상왕 장보고 / 이원수 / 산하
	19/21		이원수 선생님이 들려주는 이순신 / 이원수 / 산하
	26/28		꺼지지 않는 등불 간디 / 문명식 / 어린이중앙

미술 · 동시(기타)

5	3	'피카소'	동그라미를 사랑한 피카소 / 김미진 / 파랑새어린이
	10/12	'다빈치'	비행기구를 사랑한 다빈치 / 김미진 / 파랑새어린이
	17/19	가난한 이웃을 사랑한 화가	박수근 / 김경연 / 길벗어린이
	24/26	명절의 유래와 놀이	신나는 열두 달 명절 이야기 / 우리누리 / 중앙M&B
	31	이야기식 동시집	신발속에 사는 악어 / 위기철 / 사계절

책은 세상을 향한 열쇠다

6	2	즐거운 책 읽기	똥줌오줌 / 김영주 / 재미마주
	7/9		나머지 학교 / 이가을 / 재미마주
	14		애벌레가 애벌레를 먹어요 / 이상권 / 웅진닷컴
	16/21		공주의 발 / 아녜 드자르트 / 문학과지성사
	23		너 먼저 울지 마 / 안미란 / 사계절
	28/30		초대받은 아이들 / 황선미 / 웅진닷컴

4학년 독서 지도 계획안

월	일	장르별 주제	학습도서 및 내용
			수 업 계 획 안 (4학년)
1	11	우리나라 창작동화	나는 나 / 배봉기 / 한겨레아이들
	18		양파의 왕따일기 / 문선 / 파랑새어린이
	20		아주 특별한 우리 형 / 고정욱 / 대교출판
	25	명작	샬롯의 거미줄 / E.B. 화이트 / 시공주니어
	27	외국 창작동화	클로디아의 비밀 / E.L. 코닉스버그 / 비룡소

고 전

월	일	장르별 주제	학습도서 및 내용
2	1	조상들의 슬기와 지혜	북경 거지 / 고운기 / 창작과비평사
	3		아기장수 우투리 / 서정오 / 보리
	15	명작	폭풍의 언덕 / 에밀리 브론테 / 예림당
	17	러시아 옛이야기	마녀 바바야가 살고 있는 나라 / 세실 테루안느 / 디자인하우스
	22	아프리카 민화	바보마을의 영웅 / 송미루 / 창작과비평사
	24	프랑스 옛이야기	자루 속에 빠진 꼬마 제롬 / 김태정 / 산하

과 학 · 경 제 · 환 경

월	일	장르별 주제	학습도서 및 내용
3	3	세포들의 여행	세포여행 / 프랜 브크월 / 승산
	8/10	위대한 과학자들	과학자와 놀자 / 김성화,권수진 / 창작과비평사
	15/17	나도 경제박사	초등학생들이 가장 궁금해하는 경제 이야기 51 / 송양민, 이찬교 / 을파소
	22/24	생물들의 집 구경	갯벌, 무슨 일이 일어나고 있을까? / 이혜영 / 사계절
	29/31	땅밑 세계로 들어가다	신기한 스쿨버스2 / 조애너 콜 / 비룡소

역 사 · 신 화 · 인 물

월	일	장르별 주제	학습도서 및 내용
4	7	마의태자	마지막 왕자 / 강숙인 / 푸른책들
	12	역사동화	점득이네 / 권정생 / 창작과비평사
	14/19	신화	초등학생을 위한 그리스신화 / 김홍래 / 웅진출판
	21/26	별자리	아주 특별한 별자리 여행 / 두그루 / 꿈동산
	28	인물	거미박사 남궁준 이야기 / 김순한 / 우리교육

음 악 · 미 술

월	일	장르별 주제	학습도서 및 내용
5	3/10		초등학생을 위한 우리나라 미술 여행 - 암각화에서 이중섭까지 / 엄광용 / 산하
	12		장애를 딛고 선 천재화가 김기창 / 심경자 / 나무숲
	17/19		음악은 어디에서 오는 걸까요? / 도미틸드 비에나시스 / 산하

| 24 | 열두 달 풍속 놀이 / 김종대 / 산하 |
| 26/31 | 조선시대 그림여행 / 우문정 / 대교출판 |

읽기는 배워야 하는 학문이다

6	2/7	읽기를 통한 분석독서	아름다운 수탉 / 이상권 / 창작과비평사
	9/14		마당을 나온 암탉 / 황선미 / 사계절
	16/21		자연보호운동의 선구자 존 뮤어 / 조셉 코넬 / 바다어린이
	23		달님은 알지요 / 김향이 / 비룡소
	28		기관차 대여행 1 / 미하엘 엔데 / 길벗어린이
	30		기관차 대여행 2 / 미하엘 엔데 / 길벗어린이

초등 고학년 연간 독서 지도 계획안

수업	날짜	주제	활동 내용	필독도서
1	3/6	나	– 만나서 반가워요 – 나는 누구인가? – 책 읽는 방법	
2	3/27	친구	– 좋은 친구란? – '따돌림(왕따)'	모르는 척 / 길벗어린이 양파의 왕따 일기 / 파랑새 어린이
3	4/3	과학	– 필요한 발명품과 해로운 발명품 – 문명의 이기와 깨끗한 환경 – 주장글쓰기	위대한 발명품이 나를 울려요 / 사계절
4	4/17	자연	– 비디오 감상 / 프레데릭 바크 – 가치관에 대한 토론 – 감상화 그리기	나무를 심은 사람 / 두레 까만 산의 꿈 / 과학어린이
5	5/1	가정	– 가족의 의미 – 입양아 발생요인 – 우리나라 입양문화	꽃바람 / 푸른책들
6	5/15	학교	– 지역사회에서 가족의 역할 – 농촌, 어촌과 도시의 어린이 – 분교, 폐교가 된 학교	까치학교 / 시공주니어 나머지학교 / 재미마주
7	6/5	전쟁	– 독일과 우리나라 – 작가의 메시지 – 작품에 대한 서평	핵전쟁 뒤의 최후의 아이들 / 유진 밥데기 죽데기 / 바오로딸
8	6/19		– 과학기술의 두 얼굴 핵	

			– 일본 히로시마의 핵폭탄	
			– 원자력 발전소(러시아)	
			– 원자력 발전소(우리나라)	
9	7/3	생각과 행복	– 생각 실험	생각을 모으는 사람 / 풀빛
			– 생각의 종류, 모양, 색깔	
			– 부정적인 생각과 긍정적인 생각	
10	7/4		– 행복이란?	행복한 청소부 / 풀빛
			– 행복하면 연상되는 낱말	
			– 의미 지도 그리기	
11	8/7	인물	– 나이지리아에서의 업적	옥수수 박사 김순권 이야기 / 우리교육
			– 옥수수의 쓰임	
			– 우리나라의 식량 위기	
12	8/21		– 최기철 선생님의 삶	물고기 박사 최기철 이야기 / 우리교육
			– 우리나라의 민물고기	
13	9/4	한글	– 한글의 우수성과 한글의 비밀	세종대왕(출판사 관계없음)
			– 한글이 세계적인 글자가 되려면	
14	9/18	추석	– 추석의 의미, 놀이, 음식	신나는 열두 달 명절 이야기 /
			– 우리 집 추석맞이	중앙M&B
15	10/2	인물	– 노예제도	톰 아저씨의 오두막 (출판사 관계없음)
			– 스토 부인의 생애와 작품	
			– 인간의 권리	
16	10/16		– 남북전쟁의 원인	링컨(출판사 관계없음)
			– 링컨과 책(나와 책)	아버지의 남포등 / 소년한길
			– 노예 해방	
17	11/16	환경과 공해	– 유기농법	아름다운 농부 원경선 이야기 / 우리교육
			– 농약공해	차돌이는 환경박사 / 산하
18	11/20		– 환경 호르몬	
			– 식품 공해	
			– 우리 밥상을 찾아서	
19	12/4	인물	– 차이와 차별	마틴 루터 킹 / 창작과비평사
20	2/18	종강	– 기자가 되어봅시다	
			– 2005년 우리나라 10대 뉴스	
			– 2005년 나의 10대 뉴스	

자아개념 향상 독서 치료 프로그램

1주	**너는 특별하단다** / 맥스 류카도 / 고슴도치
	나무 사람인 펀치넬로는 늘 잿빛 점표만 받아 기분이 좋지 않지만 엘리 아저씨를 만나 자신이 특별한 존재임을 알게 된다.
2주	**숨쉬는 항아리** / 장병락 / 보림
	비록 겉모양은 볼품 없지만 꼭 필요한 곳이 있음을 알게 한다.
3주	**강아지 똥** / 권정생 / 길벗
	더럽다고 놀림을 받던 강아지 똥이 민들레의 거름이 되어 주는 과정을 통하여 아무리 하찮은 것도 다 쓸모가 있음을 알려준다.
4주	**나무를 심은 사람** / 장 지오노 / 새터
	한 양치기 노인이 아무도 살지 않는 황무지에 평생 동안 나무를 심어 사람들이 살 수 있는 땅으로 만든 감동적인 이야기.
5주	**짜장 짬뽕 탕수육** / 김영주 / 재미마주
	학교에서 따돌림을 받던 종민이가 짜장 짬뽕 탕수육으로 재치있게 극복하는 이야기.
6주	**새 친구가 이사 왔어요** / 레아 골드버그 / 어린이 중앙
	5층 집의 빈 방에 새로운 이웃이 이사 오기까지의 내용으로 남의 단점을 들추기보다는 장점을 보며, 상대방에게 배려하는 마음을 갖게 한다.
7주	**겨자씨의 꿈** / 조성자 / 현암사
	자신의 꿈을 이루기 위해 현실의 어려움을 참고 견뎌내는 겨자씨를 통하여 희망과 자신감을 갖게 한다.
8주	**여우 씨 이야기** / 요제프 라다 / 비룡소
	꾀 많은 여우가 글을 배우고 자연속에서 사람들과 함께 더불어 살아가면서 산지기가 되기까지의 과정을 그리고 있다.
9주	**마당을 나온 암탉** / 황선미 / 사계절
	알을 품고 싶어 하는 잎싹이라는 양계장의 닭이 자신의 꿈을 이루기 위하여 온갖 고난과 역경을 이겨내는 과정을 그리고 있다.
10주	**난 황금 알을 낳을 거야** / 한나 요한젠 / 문학동네
	닭장 속의 꼬마 닭이 다른 닭의 비웃음에도 불구하고 황금 알을 낳을 거라며 끊임없이 노력하는 과정을 보여주고 있다.

겨자씨의 꿈 / 조성자 / 현암사(2003)

활동목표	자신의 꿈을 이루기 위해 온갖 어려움을 참고 견디며 자신을 비웃던 친구들에게 도움을 주는 겨자씨의 행동을 보고, 인내심, 희망과 자신감을 갖게 한다.
질문	① 겨자씨의 꿈을 읽으면서 무슨 생각이 들었나? ② 시금치, 나팔꽃, 호박씨들은 왜 겨자씨가 벙어리라고 생각했을까? ③ 겨자씨는 놀림을 당하면서도 왜 아무 말을 하지 않았을까? ④ 겨자씨가 다른 씨앗들과 나비와 벌이 비웃어도 참을 수 있었고, 외롭지 않았던 이유는 무엇이었을까? ⑤ 겨자씨를 비웃던 시금치, 나팔꽃이 여름날에 도움을 청했을 때 겨자씨는 어떻게 해주었나? ⑥ 만일 나를 비웃던 친구가 나에게 도움을 청한다면 어떻게 해 주겠나? ⑦ 나에게 겨자씨와 같은 친구가 있다면 어떻게 해주겠나? 독후활동 : 화분에 씨앗 뿌려 키워보기 　　　　　　겨자씨에게 편지 쓰기
평가	먼저 낭독을 하고 겨자씨가 어떻게 생겼는지 식물도감을 찾아보고 이야기를 나누었다. 개별지도를 할 때는 상관없지만 둘 이상의 수업이 이루어질 때 아동들은 참을성이 없고 가만히 있지 못하는 경향이 있다. 아동 B는 대체로 수업과정을 빠르게 진행하지만 산만하고 상대방을 기다려주기 힘들어한다. 반면에 아동 C는 좀 깊이 생각하고 잘 쓰려고 하기 때문에 좀 느린 편이나 글이 짜임새가 있다. 아동 A와 B는 친구가 자신을 비웃어도 겨자씨처럼 도와 줄 수 있으며, 놀리지 않고 좀 더 가까이 지낼 것이라고 하였다. 아동 C는 자신을 놀리는 친구는 도와주지 않겠다고 하였으며, 겨자씨와 같은 친구가 있으면 더 잘해 줄 것이라고 하였다.

02 | 독후 활동 지도 방법

일반적인 독서 지도의 방법

독서 지도는 정보사회에 대비하는 목적에 따라 적절한 영역과 형태에서 적시, 적자, 적서의 원리에 준한 다양하고 다원화된 독서 지도 내용과 방법을 구사할 수 있다. 독서 지도의 내용은 독서 지도의 영역과 유형으로 나눌 수 있으며, 방법도 내용과 연계되어 구성할 수 있다. 실제로 독서 지도 방법은 다음의 내용이 단독으로 또는 복합적으로 활용되고 있다.

- ○ 일대일 개인지도에 의한 지도
- ○ 독서 기록에 의한 지도
- ○ 과제 독서에 의한 지도
- ○ 가정, 학교, 사회기관에 의한 지도
- ○ 독서 상담에 의한 지도
- ○ 독서회나 독서클럽을 통한 지도
- ○ 독서 흥미유발의 지도
- ○ 이야기 들려주기(story telling)에 관한 지도
- ○ 자료 선택에 관한 지도
- ○ 독서 기술에 관한 지도
- ○ 독서 후 활동에 관한 지도
- ○ 책 소개에 관한 지도
- ○ 독서 요법에 관한 지도
- ○ 독서 위생에 관한 지도
- ○ 독서 문제아에 관한 지도

구체적인 지도 방법

독서는 목표가 아니라 과정이며, 아동과 청소년들이 자신의 생각과 느낌을 키우고, 이를 표현하는 기쁨을 누리게 하는 도구여야 한다. 책을 읽고 난 후 독후감 쓰기와 같은 한 가지 활동만을 하는 것이 아니라 여러 가지 활동을 다양하게 해볼 수 있다. 여기에 소개하는 것은 그 중에서 주로 해볼 만한 활동들을 뽑아본 것이다. 책을 읽고 난 후에 다음에 소개하는 독서 후 활동을 적극 활용하여 책을 읽는 아동과 청소년들이 즐거운 독서의 세계에 빠져들도록 해보자.

01 이야기를 나누거나 토론을 해본다.

02 글로 써본다.

❶ 독서 감상문

① 일반적인 형식의 독서 감상문

책의 줄거리와 읽게 된 동기를 쓰고, 새롭게 알게 된 사실이나 느낌과 생각들을 나의 생활과 견주어가며 쓴다.

② 일기로 쓴 독서 감상문

그 날 읽은 책을 글감으로 일기를 쓴다.

③ 시로 쓴 독서 감상문

마음에 강하게 남는 느낌이나 이렇게 됐으면 하는 생각들을 노랫말이나 시로도 나타낼 수 있다. 느낌을 강하게 받을 수 있는 동화나 창작소설, 고전 작품 등을 고려할 수 있다.

④ 편지로 쓴 독서 감상문

독서 감상문을 줄거리 중심으로 쓰는 아이들도 이 방법으로 쓰게 하면 생생한 느낌이 담겨져 있는 글을 쓴다. 주인공에게 하고 싶은 말쓰기, 친구에게 책 소개하듯이 쓰기, 작가에게 쓰기, 엄마에게 이야기해주듯이 쓰기, 선생님에게 쓰기 등 대상을 달리해서 쓸 수 있다. 편지의 짜임을 의식하지 않고 책에서 받은 느낌과 생각을 자연스럽게 쓰도록 한다.

⑤ 주장을 담아 쓴 독서 감상문

책을 읽고 새롭게 깨달았거나 알게 된 내용을 가지고 다른 사람을 설득할 수 있는 글을 쓸 수 있다.

⑥ 설명문으로 쓴 독서 감상문

책에서 알게 된 사실만을 간추려 알기 쉽게 풀이한 것처럼 쓴다.

❷ 작가나 주인공에게 질문하고 대답하기

책에 나와 있는 내용을 중심으로 스스로 문제를 만들어서 작가나 주인공에게 묻고 대답하는 형식으로 글을 써본다. 주로 '인물 이야기'의 책에 적합하다. 그 인물의 생애나 업적에 대해서 스스로 질문을 해놓고, 마치 그 인물이 대답한 것처럼 책에서 찾아 쓰면 된다.

❸ 뒷이야기 상상해서 쓰기

책을 읽고 난 후의 뒷 이야기 뿐만 아니라, 가운데 부분, 끝맺음 부분도 상상해서 쓸 수 있다. 이때 아이와 함께 충분히 이야기를 나눈 뒤에 쓰도록 하면 더 효과적이다. 이야기를 상상해서 쓰기는 아이들에게 머리로 꾸며 쓰는 버릇을 들일 수 있으므로, 줄거리의 완성도가 높은 옛이야기에는 적용하지 않는 것이 좋다.

❹ '만약에 내가 주인공이라면' 하고 상상해서 쓰기

내가 주인공이었다면 그 때 어떻게 행동했을지, 어떤 생각을 했을지를 상상해서 써보도록 한다.

03 그림을 그려본다.

❶ 느낌이나 주제 그리기(독서 감상화)

대표적인 독후 활동으로 책을 읽고 난 후 떠오른 느낌이나 책 속에 담겨 있는 주제를 잘 살려 그리도록 한다. 이때 그림책의 삽화를 그대로 옮겨 그리는 것은 될 수 있는 대로 피해야 한다.

❷ 내용 그리기

먼저 읽은 이야기를 들어보고 중심 내용을 짚어본 뒤에 그리도록 한다.

○ 한 장면 그리기

가장 강하게 받은 인상적인 장면이나 재미있는 장면을 떠올려 그려본다.

○ 여러 장면 그리기

책을 읽고 내용의 단락을 나눠 본 뒤에, 줄거리를 1, 2, 3 … 장면으로 정리해서 그려본다. 옛이야기나 우화, 고전작품처럼 기승전결이 분명한 작품이 좋다.

❸ 주인공의 마음 그리기

인물의 행동이나 성격을 그림으로 표현해보는 것이다. 이 때 주인공의 마음을 내 마음에 견주어 표현할 수 있다면, 좀 더 구체적으로 주인공의 마음을 나타낼 수 있다. 작은 종이에 혼자 할 수도 있고, 여럿이 공동작업으로 할 수도 있다.

❹ 후속 이야기 상상해서 그리기

책의 중간까지만 읽게 하고 뒷이야기를 생각해서 그리거나, 책을 다 읽고 그 다음에 일어날 것 같은 이야기를 상상해서 그려본다. 설명도 한두 줄 붙이도록 한다.

❺ 낙서해보기

이야기의 흐름을 따라 간단한 장면이 나타나도록 낱말과 그림을 이용하여 낙서하듯이 표현하게 함으로써 이야기 줄거리와 구조를 확실히 알 수 있도록 한다. 이런 활동은 사건의 흐름을 잘 이해하고, 나중에 잊어버린 이야기 줄거리를 기억해내는 데 도움이 된다. 창작동화보다는 주로 옛이야기에 적합하다.

04 만들어본다.

❶ 독서카드

책을 읽을 때마다 작은 수첩 모양의 독서 카드에 책이름, 지은이, 주인공, 등장인물, 간단한 느낌들을 적어본다.

❷ 책 나무 키우기

책 나무를 한 그루 세운 후 책 한 권을 읽을 때마다 잎을 달아준다. 잎의 겉에는 책이름, 지은이, 출판사, 안에는 책을 읽은 느낌, 등장인물, 특징들을 적는다.

❸ 책 연대표 만들기

길게 연대표를 만들어 가운데에는 연대를 기록하고 왼쪽에는 우리나라 책을 붙이고 오른쪽에는 다른 나라의 책을 붙인다. 쪽지의 겉에는 책이름과 지은이를, 안에는 자기 생각을 쓴다.

❹ 책 광고판 만들기

권장도서목록, 신문, 신간 안내에 실린 책들을 오려 게시판에 붙인 후 그 밑에 책을 사고 싶은 이유를 쓴다. 한두 권의 책을 선택하여 읽은 후 책 광고 문안이나 비판하는 문안을 게시판 아래쪽에 붙인다.

❺ 책 소개장 보내기

자신이 읽고 감명 받은 책을 다른 사람에게 책을 권하는 이유와 함께 소개장을 써 보낸다. 이렇게 하면 정독하는 습관을 기르게 되고, 좋은 책을 골라 읽는 습관을 갖게 된다.

❻ 책 앨범 만들기

책 한 권을 읽을 때마다 사진을 찍어 간단한 해설과 함께 앨범에 정리한다.

❼ 내 물건 만들기

독서 감상화나 인상적인 장면, 뒷이야기 그리기 한 것들을 가지고 주변에 놓고 쓸 수 있는 물건을 만들어본다. 책갈피나 책받침, 부채, 종이가방, 동화 달력 등을 스스로 만들어봄으로써 책과 더욱 가까워지는 기회를 갖게 된다.

❽ 가족 독서 신문, 인터넷 신문 만들기

가족 신문을 독서 중심으로 편집하여 만든다.

❾ 그림책 만들기

그림책의 크기나 쪽수는 자유롭게 정한다. 기존의 책들을 참고로 맨 겉장은 표지로 꾸미고, 다음 장에 작가 소개, 맨 뒷장엔 다 만들고 난 후의 느낌도 적고 펴낸 날짜, 가격, 출판사 이름도 정해보면 흥미를 더할 수 있다. 그림 도구는 크레파스, 색연필, 연필, 물감 중에서 어떤 것을 선택해도 좋다. 잡지 그림이나 색종이, 신문지를 이용해 찢어 붙이기를 해도 좋다.

○ 줄거리 그림책

읽은 동화의 내용을 그대로 간추려서 그림 중심으로 완성한다. 어린 동생이나 친구들에게 책을 소개할 때 쓰면 좋다.

○ 주제 창작 그림책

책의 내용과 우리 생활 주변에서 겪은 일들을 충분히 이야기한 후에, 그 주제를 가지고 우리 생활 안에서 소재를 찾아 새로운 이야기를 만들어본다.

❿ 독서 달력 만들기

한 달 또는 한 학기 동안 읽은 책 중에서 가장 감명깊게 읽은 책의 이름과 지은이, 출판사를 적고 가장 기억에 남는 장면을 그림으로 그린다. 그림을 붙이고 나만의 책 달력을 꾸며 본다.

05 동화 역할극을 해본다.

책에 나오는 등장인물의 역할을 맡아, 간단한 소품으로 연극을 해보는 것이다. 아이들이면 누구나 좋아하는 독후 활동으로, 대사를 외우고 연극을 하면서 서로 돕는 마음을 키울 수 있을 뿐만 아니라, 책의 내용을 완전히 내 것으로 만들 수 있다.

06 직접 체험해본다.

책을 읽고 난 후, 글쓴이와 관련된 곳이나 책의 내용과 관련이 있는 곳을 직접 가보거나 새로 개관하는 박물관이나 전시관을 방문하여 간접 체험을 해보는 것이다. 또한 책에 나오는 내용을 직접 만들어보거나, 실험·관찰해본다. 독서신문을 제작해본다든지 독서 캠프 등 관련 캠프에 참석해서 주인공이 되어 본다. 요즈음 학생들은 운동장에서 뛰어놀 시간이 없기 때문에 직접체험을 해 보는 프로그램을 준비하기는 어렵지만 가장 좋아하는 독후활동이 되고 있다. 지난 1월에 독서클리닉캠프에 참석한 학생들과 함께 계룡산 자연사 박물관을 방문하여 자연 속에 존재했던 과거와 현재의 모든 생물을 한 눈에 볼 수 있었다. 나는 지금도 아이들이 전시품에 매료되어, 책 속에만 있던 실물들을 보면서 초롱초롱 반짝이는 눈동자를 잊을 수 없다. 현장학습의 효과는 큰 파장이 되어 우리 아이들에게 지식의 보따리로 돌아올 것이다.

03 | 마인드맵 활용 전략

마인드맵에 대하여

마인드맵은 1970년대 초 두뇌 이론을 기반으로 영국의 토니 부잔(Tony Buzan)이 창시하였다. 토니 부잔은 피나는 노력에도 불구하고 왜 결과는 실패인가에 대한 문제를 가지고 고민하다가 마인드맵을 창시하게 되었다. 그는 두뇌 이론과 인지 심리학에서 시각적 사고과정이 중요하게 다루어지는 점에 착안하여 종래에 사용해왔던 낱말로 아이디어를 표상하는 것보다 시각적 이미지로 표상할 수 있게 해줌으로써, 기억을 증진시켜주며 다양한 사고를 가능하도록 해줄 수 있다고 믿었다. 이는 두뇌가 낱말보다는 이미지를 몇 배나 더 많이 저장할 수 있기 때문이다.

마인드맵의 효과

읽고, 생각하고, 기억하는 두뇌의 모든 작용들을 지도를 그리듯이 방사(복사)형으로 펼쳐나가는 것을 말한다. 마인드맵은 좌뇌와 우뇌의 다른 기능 및 양 기능을 통합하여 두뇌 이용의 효율성을 상승, 기억력과 창의적 사고를 극대화시키는 "사고력 중심의 두뇌 개발" 노트법이라고 할 수 있다.

효 과
- 복잡하고 다양한 정보에 대한 논리적이고 체계적인 접근과 분석
- 의사 전달, 회의, 토론, 제안, 보고, 문서 관리 등 업무 효율 증대
- 업무의 체계화, 조직화, 명확화로 문제 해결, 갈등 해소
- 두뇌 활동의 논리성, 창의성, 종합 분석력을 자연스럽게 향상
- 종합 지식 경영 툴로서 신기업 문화 창조

마인드맵의 읽기 활용

이것은 읽기 자료에 제시된 중요한 개념들 사이의 관계를 구체적이고도 체계적으로 파악하는 데 도움을 주기 위한 전략이다. 또한 새로운 읽기 자료의 내용을 학생들에게 효과적으로 소개하기 위한 개요도의 구실을 한다.

마인드맵의 절차는 ① 읽을 자료에서 학생들이 학습해야 할 주요 개념을 먼저 분석하고 이러한 개념들을 이해하기 위해 반드시 필요한 핵심적인 사실이나 단어를 확인한다, ② 주요 개념과 핵심 단어들 사이의 관계를 보여주고 서로를 연결해 주는 지도를 조직한다. 이때에 화살표, 상자, 원, 그림표시 등의 시각적인 요소들을 포함시켜 작성한다. 읽은 내용에 대하여 최종 정리를 마인드맵을 사용하여 작성하도록 한다. 영국에서 공부할 때 내 옆에 앉곤 하던 비키의 노트가 생각이 난다. 그녀는 수업 시간에 나처럼 교수의 강의 내용을 적는 것이 아니라 그림을 그리고 있었고, 그것이 마인드맵 기법을 활용한 노트정리라는 것을 나중에 알게 되었다. 책읽기에 이 방법을 활용하는 것은 읽은 내용을 명료하게 정리하는 좋은 방법인 것이다.

두뇌 혁명	학습 혁명
– 사고력 향상	– 기록 및 읽기 시간 단축
– 기억력, 회상력 향상	– 복습 시간 단축
– 논리적 분석력 발달	– 자료 수집시간 단축
– 효과적 두뇌 사용 및 향상	– 집중력 향상
– 두뇌 잠재력 이용	– 회상능력 향상

1. 책을 읽고, 생각하고, 기억하는 두뇌의 모든 작용들을 지도를 그리듯이 방사(복사)형으로 펼쳐 나간다.
2. 읽은 후 인상 깊은 부분을 Mind-Map으로 표현한다.

도서명		작가	
출판사		수업대상	초등 1, 2학년

Mind-Map

마무리	

그림책

그림책은 그림만으로도 이야기가 전개되는 아름다운 책이다. 어린이는 그림책의 그림을 읽기 때문에 그 그림엔 이야기가 담겨 있어야 한다. 그림책은 읽어주는 것이다. 다른 사람이 읽어주는 것을 귀로 듣고 그 언어를 받아들이는 책이다. 이러한 활동을 통해 어린이는 풍부한 언어 체험을 할 수 있게 된다. 부모가 읽어주는 동안 부모와 아이를 이어주는 기능을 하며 부모의 어휘력을 훨씬 풍부하게 해준다. 따라서 그림책이란 정성껏 읽어주고 어린이가 귀를 기울여 경청할 때 이 두 사람 사이에 생겨나는 풍부한 공감과 기쁨 때문에 존재하는 것이다. 이것으로 인해 어린이는 무한한 창조성을 발휘하게 된다. 또한 어린 시절 그림책을 많이 보며 자란 아이들은 즐겁고 행복한 느낌을 평생 동안 간직하게 되는 것처럼 그림책은 어린이에게 무한한 즐거움을 주는 것이어야 한다. 어른에게 있어서 독서가 즐거움이듯이 어린이에게도 독서는 즐거움이어야 한다.

읽지 못하는 어린이를 위해 성인은 그림 이야기책을 어린이에게 특별히 큰 소리로 잘 읽어주어야 한다. 그러한 이유로 그림 이야기책에는 내적으로 재미있는 언어, 내적인 리듬감과 장단을 가진 언어가 사용되어야 한다. 이러한 점을 고려하여 영어 문화권의 그림 이야기책은 라임(rhythm : 각운을 맞추는 것)이 같은 단어를 사용하여 리듬감을 살린 책이 많다. 때문에 그림 이야기책을 우리말로 뜻만 번역한 책은 그 맛을 잃을 수 있다. 그리고 여러 인물들의 대화로 이루어진 그림 이야기책은 읽어주는 성인들에게는 즐거움을 주고 듣는 어린이에게는 기쁨을 줄 수 있다.

　유아기는 전 생애를 통하여 가장 짧은 기간 동안에 가장 많은 것을 배우며 인간의 행동 양식이 고정되는 중요한 시기이다. 이 시기에 있어서 동화의 역할은 유아의 성장발달 면에서도 중요한 시기이므로 언어적 환경을 잘 준비해줄 필요가 있다. 이 시기의 동화에 대한 경험은 읽기 학습에 대한 흥미와 태도를 형성하는 첫 단계가 되며 유아가 동화를 듣고 말해봄으로써 이야기하는 경험을 가지게 되고 동화를 들음으로써 듣는 것을 학습하고 생각의 연속, 기억하는 것을 배우고 어휘가 증가하게 되고 경험적 배경을 크게 한다.

　외국어 능력은 초등 전 어린이에게도 피해갈 수 없는 풀어야 할 과제가 되고 있다. 생활 속에서 늘 영어를 사용하는 영어권 국가와 달리 우리나라의 상황에서 어려서부터 친밀한 영어 환경을 만들 수 있는 방법을 찾는다면 영어 그림책을 읽도록 하는 것이라고 할 수 있다. 정제된 아름다운 언어와 상상력이 풍부한 그림, 아이의 생각을 고스란히 담고 있는 그림책을 보며 영어까지 배울 수 있는 이점이 있다. 영어 그림책은 영어와 함께 다른 것을 익힐 수 있는 기회를 갖게 해준다. 영어 그림책 속 친구 따라 영어를 자연스럽게 익힐 수 있으며, 살아 있는 일상생활 속의 영어를 익힐 수 있다. 또한 영어 그림책에는 그 사회의 생활과 문화를 바탕으로 영어가 녹아 있어 그 나라를 이해하고, 듣기와 말하기와 읽기를 동시에 습득할 수 있으며, 수학과 과학, 음악, 미술 등 다방면의 지식과 지혜를 습득할 수 있다. 그리고 영어 그림책을 통하여 올바른 가치관과 이상을 키울 수 있다.

01 좋은 그림책 고르는 법

좋은 그림책 고르기에는 엄마의 안목과 준비가 필요하다. 막상 서점에 가면 책들의 종류가 많아 어떤 것을 사줘야 할지 난감할 때가 많다. 또 서점에는 양서만 선별되어 있는 것도 아니기 때문에 선택은 더욱 힘들어진다. 책을 고르기에 앞서 평소 도서관을 아이와 함께 다니며 안목을 넓히는 것도 좋고, 잡지나 신문의 신간 안내 등을 스크랩해 두고 전문단체에서 추천도서 자문을 구하는 등의 꼼꼼한 준비가 필요하다.

① 그림만으로도 줄거리를 알 수 있는 책이 좋다.
　아이는 책을 읽을 수는 있지만 사고력이 완전히 발달하지 않아 의미까지는 파악하지 못한다. 아이가 글만 보고 이해하지 못하더라도 그림이 세밀하면 상상력을 발휘하여 나름대로 이야기를 만들어낼 수 있다. 책을 고를 때는 미처 글로 드러내지 않은 부분까지 그림이 잘 담아내고 있는지 살펴보아야 한다.
② 그림은 아름답고 색깔이 선명하며, 정확하여 쉽게 알아볼 수 있어야 한다.
③ 이야기는 한 가지 사건을 중심으로 순서 있게 전개되는 책이 좋다.
④ 주의 깊게 선택되어진 단어가 다양하게 사용된 책은 아이의 어휘력에 도움을 준다.
⑤ 간단한 이야기지만 클라이막스가 있는 것이 좋다.
⑥ 새롭고 특이한 이야기와 잘 아는 익숙한 상황을 함께 이야기 하는 책이 좋다.
⑦ 이야기의 줄거리는 가능성이 많은 세계를 표현하고, 희망이나 기쁨을 주면서 끝을 맺는 것이 좋다.
⑧ 등장인물, 동물의 정서적 표현이 가급적이면 풍부한 것이 좋다.
⑨ 등장인물이 많은 것보다 한 사람의 주인공을 중심으로 진행되는 이야기가 혼란스럽지 않아 좋다.
⑩ 내용의 전개가 자연스러워야 하며, 나쁜 사람이 잘되는 등 인과응보에 맞지 않는 줄거리는 아이 가치관에 혼란을 주므로 피하고, 교훈적인 내용을 고르도록 한다.
⑪ 반복과 운율을 사용하여 말 재미가 풍부한 책이 좋다.

반복과 운율을 사용한 것은 아이가 쉽게 기억할 수 있다. 소리를 내어 읽을 때 리듬감이 있어 단어 자체가 재미 있으면 아이가 그만큼 흥미를 느끼게 되고 책 읽기에 집중한다. 책을 고를 때는 말에 리듬감이 있는지 체크하고 고르는 것이 좋다.

⑫ 다음 장의 내용을 상상할 수 있는 책이 좋다.

이야기책을 읽으면서 가장 중요한 것은 바로 상상력이다. 장면 전환이 확실하고 빠르게 전개되는 책을 읽으면 아이가 문장을 넘기기 전에 미리 다음 내용을 상상할 수 있다. 상상력을 자극하기 위해서는 이야기가 기승전결로 구성이 되어 있는지 살펴보고 장면 전환이 잘 구별되는지 점검해보는 것이 좋다.

⑬ 짧은 대화 형식으로 되어 있는 책이 좋다.

아이는 집중력이 낮기 때문에 책을 읽다가도 금방 싫증을 낸다. 누군가 말을 걸듯 대화 형식으로 이루어진 책이 좋다.

5~7세의 아이에게는 동화를 비롯해 상상력을 도모하는 책은 어느 책들이나 다 좋다. 사실 동화는 무서운 장면이나 질투 등의 내용이 많아 언뜻 그런 것이 무슨 교육적인 가치가 있을까 하겠지만, 이런 데서 다루는 감정들은 자녀들이 이미 갖고 있는 불안이나 공포들이다. 부모와 갈라져 독립체가 되는 과정에서 이런 책을 읽음으로써 심리적으로 안정을 구한다는 연구들이 많이 있다. 이때 읽힐 수 있는 종류의 책에는 문학적 가치가 있는 책, 그림책, 현실을 그린 책, 이솝동화와 각 나라의 전설 등이 좋다. 특히 남학생들은 정보에 관해 쓴 책을 좋아한다. 그리고 시를 읽어주는 것도 자녀에게 좋다.

소리 내어 읽는 것은 보통 7세 정도까지 해줄 수 있으며, 독서 수준이 약 2~3년 정도 더 높은 것을 선택해서 읽어줄 수도 있다. 이렇게 이미 독서 수준이 2~3년이 앞서가는 자녀의 자신감이 그 얼마나 높을까 생각해보면 결론은 명확해진다. 독서란 딴 학과와 달리 독서를 통해 딴 공부를 하기 때문에 자신감을 갖는 데 가장 큰 무기이고 필수품이다.

여러 자료를 통해 좋은 책에 대한 정보를 얻고, 직접 책을 살펴가면서 좋은 책을 고르는 '눈'을 키워야 한다. 권장도서목록에 나와 있는 책들을 무조건 선호하기보다는, 자녀가 스스로 읽고 싶은 마음이 우러나도록 자녀의 나이와 심리상태, 생활환경에 맞는 책이 좋다.

다음은 실제로 유아 독서 지도를 통해 정리한 그림책의 해제와 목록이다.

❶ **개에게 뼈다귀를 주세요** / 브라이언 와일드 스미스 글·그림 / 비룡소

불쌍한 떠돌이 개가 집과 보호자가 있는 다른 동물들에게 구박을 받아가며 살아가는 이야기로, 따돌림 당하는 개의 어려움을 그려내고 있다. 이 그림동화를 읽는 동안 아이들은 떠돌이 개를 동정하는 마음이 생겨나고, 이 마음은 아름다운 동정심으로 자리잡게 된다.

❷ **산양을 따라갔어요** / 브라이언 와일드 스미스 글·그림 / 비룡소

어린이에게 '책은 재미있는 것'이라는 이미지를 심어주는 책이다. 산양은 저 산 너머에는 무엇이 있을까 궁금해하는 유아들과 닮았다. 산양을 따라 책에 나 있는 문틈과 창문과 구멍을 들여다보면서 흥미진진한 경험을 하게 된다.

❸ **사계절** / 존 버닝햄 글·그림 / 박철주 옮김 / 시공주니어

해마다 변함없이 찾아오는 봄, 여름, 가을, 겨울이지만, 이 그림책은 항상 새로운 봄, 여름, 가을, 겨울을 보여준다. 환상적인 그림들이 많은 이야기를 담고 있어서 아이들은 글씨보다 그림 속에서 상상력을 펼친다.

❹ **크리스마스 선물** / 존 버닝햄 글·그림 / 이주령 옮김 / 시공주니어

산타클로스를 통해 감동적으로 그려낸 책임감과 희생정신, 존 버닝햄의 따뜻하고 우직한 그림에 힘을 입어 어린이의 가슴속에 따뜻한 감동을 새겨준다.

❺ **깃털 없는 기러기 보르카** / 존 버닝햄 글·그림 / 엄혜숙 옮김 / 비룡소

이 작품은 장애인 문제를 다룬 작품으로 장애자가 혼자의 힘으로 홀로서기까지의 과정을 그려내고 있다. 이 그림책을 읽는 어린 독자는 보르카의 모험과 고생에 가슴이 아플 것이다.

❻ **검피 아저씨의 뱃놀이** / 존 버닝햄 글 · 그림 / 이주령 옮김 / 시공주니어

마음씨 좋은 검피 아저씨와 떠나는 환상적인 뱃놀이에 초대한다. 존 버닝햄의 삽화가 유머러스한 동화를 잘 소화해내고 있다. 긍정적인 사고력을 길러주는 유쾌한 그림동화.

❼ **눈사람 아저씨** / 레이먼드 브릭스 그림 / 마루벌

그림을 보며 상상력을 키울 수 있는 글자 없는 그림책. 독해력이 낮은 어린이, 상상력이 낮은 어린이들의 독서 능력을 길러 주는 책.

❽ **나무** / 옐라 마리 그림 / 시공주니어

이야기 만드는 재미를 가르쳐주는 글자 없는 그림책. 한 장 한 장 넘길 때마다 나무의 다른 분위기와 이야기를 전해주는 사계절 나무 이야기.

❾ **솔이의 추석 이야기** / 이억배 글 · 그림 / 길벗어린이

도시에 사는 솔이의 가족이 고향으로 가서 추석 명절을 지내는 이야기. 친척이 모여 기쁨을 함께 나누던 우리의 전통이 그대로 어린이의 가슴속으로 스며들 것이다.

❿ **손 큰 할머니의 만두 만들기** / 채인선 글 / 이억배 그림 / 재미마주

규칙, 규격에 맞는 생활 속에 사는 아이들의 가슴을 활짝 열어주는 그림 동화. 소심한 도시 아이들의 가슴을 후련하게 해준다. 그리고 이웃과 나누어 먹는 따뜻한 마음까지도 덤으로 선사해준다.

⓫ **구리와 구라의 빵 만들기** / 나카가와 리에코 글 / 오무라 유리코 그림 / 한림

들쥐 형제 구리와 구라는 숲 속에서 커다란 알을 발견하고 빵을 만들기로 한다. 요리를 시작하자, 좋은 냄새를 맡은 숲 속 동물들이 모이고 빵을 나눠 먹는다. 아이들이 맛있는 빵을 나눠 먹는 구리와 구라를 보면서 함께 하는 즐거움을 느낄 것이다.

⓬ **도깨비를 빨아버린 우리 엄마** / 사토 와키코 글 · 그림 / 한림

빨래하는 것을 좋아해서 집 안에 있는 모든 물건들을 다 빨아버린 엄마가 도깨비까지 빤다는 이야기이다. 어린이들은 빨랫줄에 빽빽하게 널려 있는 온갖 빨래, 고양이, 개, 소시지, 우산, 국자, 도깨비를 보며 즐거워 소리친다. 수많은 도깨비들이 몰려오는 것을 보며 그 즐거움은 절정을 이루고 즐거움의 여운은 더욱 길게 남는다.

❸ **백만 마리 고양이** / 완다 가그 글 · 그림 / 강무환 옮김 / 시공주니어

옛이야기를 흑백의 그림으로 표현한 그림책의 고전이다. 너무 외로워 고양이 한 마리라도 있었으면 좋겠다는 할머니의 부탁에 할아버지가 고양이를 구하러 가는 이야기이다. 그림만으로 이야기가 전개되는 '그림책'의 시작이라고 평가되고 있다.

❹ **장갑** / 우크라이나 민화 / 에우게니 M. 라초프 그림 / 김중철 옮김 / 다산기획

눈 내리는 숲에 할아버지가 장갑 한 짝을 떨어뜨리고 지나가자 숲에 사는 동물들이 장갑 속으로 하나하나 들어간다는 이야기이다. 점층적 흐름 속에 동물 주인공들이 리듬감 있는 언어로 표현됐다. 동물들의 태도 속에 생명과 인간에 대한 따뜻한 이해가 스며 있다.

❺ **커다란 순무** / 알릭세이 톨스토이 글 / 헬린 옥슨버리 그림 / 박향주 옮김 / 시공주니어

순무가 너무 커 할아버지, 할머니, 손녀가 힘을 합쳐 뽑으려 했지만 안 되어서 개, 고양이, 쥐까지 힘을 모아서야 겨우 뽑는다는 이야기다. 간결한 서술과 반복의 묘미, 그리고 고정된 인물을 영화를 보듯 다각도로 그려 등장인물의 움직임을 활발하게 보여준다.

❻ **우리 몸의 구멍** / 허은미 글 / 이혜리 그림 / 돌베개어린이

유아들에게 인체와 감각에 대해 설명해놓은 지식 그림책이다. 주변에서 흔히 볼 수 있는 '구멍'들을 예로 들면서 이야기를 시작하여 호기심을 자극한 뒤, 코와 눈, 입, 귀와 같이 우리 몸에서 구멍이라 부를 수 있는 것들을 설명하고 있다. 어린이가 생활에서 경험할 수 있는 구체적인 예를 들어 표현하여 이해하기 쉽게 구성하였다.

❼ **만희네 집** / 권윤덕 글 · 그림 / 길벗어린이

만희네는 좁은 연립주택에 살다가 할머니 댁으로 이사를 간다. 할머니 집은 방도 여러 개 있고 넓은 마당도 있고, 개도 세 마리나 있다. 이 그림책은 그런 할머니 댁의 구조를 하나하나 열어보며 독자에게 집 구경을 시켜준다.

❽ **강아지똥** / 권정생 동화 / 정승각 그림 / 길벗어린이

가장 보잘것없는 강아지 똥이 가장 아름다운 꽃을 피우는 이야기. 강아지 똥의 희생정신과 민들레의 끈질긴 생명력이 함께 어우러져 만들어 내는 지극히 한국적인 이야기.

⑲ 나랑 같이 놀자 / 마리 홀 에츠 글·그림 / 양은영 옮김 / 시공주니어

이 책은 강아지, 고양이나 친구들을 괴롭히는 개구쟁이들이 읽으면 차분한 성격이 될 수 있다. 또 친구가 없는 외톨이 아기에게는 친구 사귀는 법을 귀띔해준다.

⑳ 이슬이의 첫 심부름 / 쓰쓰이 요리코 글 / 하야시 아키코 그림 / 이영준 옮김 / 한림출판사

처음으로 심부름을 하게 된 아이의 마음을 예쁘게 보여주는 그림동화.

㉑ 누가 내 머리에 똥 쌌어? / 베르너 홀츠바르트 글 / 울프 에를브루흐 그림 / 사계절

두더지는 자기 머리에 떨어진 똥이 누구의 것인지 알기 위해 여러 동물들에게 "네가 내 머리에 똥 쌌지?" 하고 묻는다. 동물들의 생김새와 똥 모양을 관찰할 수 있다.

㉒ 눈 오는 날 / 에즈라 잭 키츠 글·그림 / 김소희 옮김 / 비룡소

겨울날 아침, 잠에서 깬 피터는 창 밖에 눈이 하얗게 온 것을 본다. 피터는 눈사람을 만들고, 눈 위에 발자국을 찍어보기도 하고, 나무 막대로 눈에 선을 그리기도 하며 논다.

㉓ 곰 사냥을 떠나자 / 마이클 로젠 글 / 헬린 옥슨버리 그림 / 공경희 옮김/ 시공주니어

온 식구가 곰을 잡으러 풀밭을 헤치고, 강물을 헤엄쳐, 진흙탕을 밟고, 숲을 뚫고, 눈보라를 헤치고 나아간다. 하지만 막상 동굴 속에 있는 곰을 보자 모두 놀라 되돌아 간다. 곰을 잡으러 가는 과정이 간략한 반복 구성을 통해 리듬감 있게 진행되다가 곰을 만나는 장면에서는 긴장감이 극도로 고조된다.

이 외에도 만 1~3세 유아들이 읽으면 좋은 책 목록을 제시하면 다음과 같다.

국내 창작

맛있는 그림책 / 보림

곰돌이 아기 그림책 3권 세트 / 웅진닷컴

다섯까지 세요 / 한국프뢰벨

나처럼 해봐요. 요렇게! / 보림

누구야 누구 / 보리

기차 ㄱㄴㄷ / 비룡소

동물 친구들은 밤에 뭐해요 / 마루벌

가족 1.2.3. / 초방책방

열두 띠 동물 까꿍 놀이 / 보림

어, 내 표범 팬티 어디 갔지? / 길벗어린이

어디만큼 왔나? / 웅진닷컴

아가야 울지마 / 길벗어린이

쑥쑥 몸 놀이 1-2 / 다섯수레

쏙쏙 배움 놀이 1-2 / 다섯수레

세밀화로 그린 보리 아기 그림책 / 보리

무엇이 무엇이 똑같을까? / 보림

무늬가 살아나요 / 돌베개어린이

응가하자, 끙끙 / 보림

자장자장 엄마 품에 / 한림

하늘이랑 바다랑 도리도리 짝짜꿍 / 보림

외국 창작

곰 사냥을 떠나자 / 시공주니어

달님 안녕 / 한림

두드려 보아요 / 사계절

무엇이 있을까요? / 시공주니어

브루너 스티커 그림책 / 아가월드

사과가 쿵! / 보림

손이 나왔네 / 한림

싫어 싫어 / 비룡소

싹싹싹 / 한림

아기토끼 날개책 / 베틀북

알록달록 동물원 / 시공주니어

엄마가 좋아 / 한림

잘자요 달님 / 시공주니어

짠 ─ 까꿍 놀이 / 웅진닷컴

화물 열차 / 시공주니어

9장 책 읽어주기

　‘세 살 적 버릇 여든까지 간다’는 속담이 있다. 어릴 적의 습관이 얼마나 중요한 것인지를 일깨워주는 말이다. 그리고 ‘이 세상에서 살아갈 일을 유치원에서 다 배웠다’고 하니 유아교육의 중요성이 실감난다.

　영유아의 자녀들에게 책을 읽어주자. 반복해서 읽어주자. 그들의 지성과 감성을 일찌기 일깨워주는 가장 좋은 방법은 책을 읽어주는 것이다. 꼭 동화책을 고집할 필요도 없다. 직업과 관련하여 보고서나, 논문, 산문을 읽어주어도 좋다. 친근하고 낭랑한 부모의 책 읽는 음성은 오감을 자극하고 안정감을 줄 것이다.

01 | 태교와 책 읽어주기

일반적으로 학창시절부터 독서를 꾸준히 해온 청소년들은 성인이 되어서도 책을 많이 읽는다. 어릴 적부터 독서 지도를 받았던 아이들이 성년이 되었을 때 독서 지도를 받아본 경험이 없는 학생들과는 눈에 띄지는 않겠지만 삶의 과정에는 차이가 있을 것이다. 독서를 지속적으로 해온 청년들이 결혼을 하고 아기를 임신하게 되면 태아를 위한 독서를 하게 될 것이다. 언제부터 태아를 위한 책 읽기를 시작할 것인가? 바로 아기를 가졌을 때부터 해야 하는 것이다. 이것이 바로 태교인 것이다.

조선 영조 때 사주당 이씨 부인이 쓴 태교지침서 『태교신기』에는 "좋은 스승 10년 가르침이 열 달 태교만 못하다"고 하며 태교의 중요성에 대해 강조했다. 『태교신장』 4장에 의하면 "의원을 맞이하여 약을 먹는 것은 병을 충분히 고치고자 함이며, 자식의 모양을 아름답게 하는 것은 집 안에 조용히 있는 것이 태를 편안하게 하는 것이나, 이로써 좋은 재목감의 자식을 얻지는 못한다. 오히려 좋은 약이나 안전보다 임부의 도리는 공경으로써 마음을 닦는 것이 중요하다" 라고 하고 있다. 공경으로써 마음을 맑게 닦는 방법으로 독서를 으뜸으로 여겼다. 동서양 태교의 중심을 이루고 있는 내용으로 '좋은 마음을 품고 좋은 생각을 한다. 아름다운 시를 읽고 읊조린다. 명언과 격언을 읽고 읊조린다. 좋은 말을 듣고 좋은 말을 한다. 훌륭한 사람들의 전기를 읽고 흠모한다.' 등이다.

지금도 우리 부모들은 임신한 후에는 먹는 것도 반듯한 것만 먹고 보는 것도 조심하고 몸가짐도 단정하게 가지도록 가르치고 있다. 이 장에서는 읽어주기의 구체적인 방법을 제시해보고자 한다. 지금이 가장 시작하기에 좋은 때라고 하지 않았던가. 어미 닭이 병아리를 품듯 아이를 보듬어 안고 제대로 책을 읽을 때까지 열심히 같이 책을 읽어주고 대화를 하자.

02 | 책을 읽어주는 실제적인 방법

　연초에 일본의 어린이도서관의 활동을 알아보기 위하여 국제어린이도서관을 방문할 기회가 있었다. 국제어린이도서관은 국내외 아동서와 그 관련 지료에 관한 도서관 서비스를 위하여 2000년 1월 1일 국립국회도서관의 지부 도서관으로서 설립되고 같은 해 5월 5일에 제1기 개관한 후, 2002년 5월 5일에 전면 개관한 일본 최초 국립 아동서 전문 도서관이다. 이 도서관은 "어린이 책은 세계를 잇고 미래를 열어간다"는 신념을 토대로 하여 어린이의 독서 환경과 정보제공 환경의 정비를 위하여 활동하고 있다. 1층에 어린이를 대상으로 하는 어린이 열람실이 있고, 오른쪽에는 세계를 알 수 있는 방이 있는데 여기에는 세계 각국과 각 지역의 지리, 역사, 민속 등을 소개하는 자료와 해외의 그림책 등, 어린이들이 세계에 흥미나 관심을 가지고 국제 이해가 깊어질 수 있도록 자료를 수집하고 있었다. 그 옆에는 이야기 방이 있었는데 그림책을 읽어주거나 동화 구연 모임을 토요일과 일요일에 정기적으로 개최한다고 하였다. 방문했던 날은 평일이어서 문이 잠겨 있었는데 직원에게 부탁하여 안을 돌아볼 수 있었다. 약 20평 정도의 방에 책상이 놓여 있고 가운데는 둥그런 카펫이 깔려 있었다. 어린이들은 카펫 위에 앉고 이야기 선생님은 의자에 앉아 이야기를 들려준다고 하였다. 아늑한 분위기가 인상적이었다. 우리나라도 국립중앙도서관 역삼동 분관이 있던 학술정보관 자리를 어린이 전문도서관으로 리모델링 중이다. 어린이를 위해 즐겁게 뛰어놀 장소를 제공하는 것도 중요하지만 읽을 장소로서 좋은 도서관을 만들어 자유롭게 책을 읽을 수 있는 환경을 조성해 주는 것도 중요하다.

규칙적으로 읽어주기

　아이에게 책 읽어주기를 시작할 가장 좋은 때는 언제일까? 멤 폭스는 아기가 태어난 날이라고 대답한다. 아기들은 책을 좋아하고 화려한 그림과 낱말의 리듬, 사랑하는 어른이 함께 있다는 것에 반응한다는 것이다. 아기들에게 무엇이든지 일정한 리듬감으로 읽어주면 된다.

어떤 대학원 학생은 아이를 낳게 되어 육아와 함께 공부도 병행해야 했기 때문에 아이에게 교재와 논문을 소리 내어 읽어주기 시작했다고 한다. 읽어준 책은 유아용 도서가 아니었지만 엄마의 안정감 있는 목소리와 엄마가 곁에 있다는 편안함을 느끼는 듯하였다고 한다.

아기가 태어날 때부터 책을 읽어주는 것이 좋고 가능하다면 하루에도 여러 번 자주 읽어주는 것이 좋다. 중요한 것은 엄마와 아기에게 적절한 자기 가정에 어울리는 습관을 만드는 것이다. 책 읽어주기 시간은 하루 중 어느 때라도 괜찮지만, 밤에 같은 장소에서 같은 시간에 같은 쿠션이나 베개에 기대어 같은 인형을 곁에 두고 같은 책들을 읽어주는 것 역시 중요하다. 어린이는 예상 가능한 생활의 안정감을 좋아할 뿐만 아니라, 안정감을 가질 수 있는 규칙적인 의례를 필요로 한다.

아이 스스로 책을 읽을 수 있게 된 뒤에도 아이가 원하면 계속 소리 내어 읽어주는 것이 도움이 된다. 사춘기 청소년들에게도 소리 내어 읽어주면 학생들이 다시 책을 좋아하고 읽기를 좋아하게 된다. 이러한 읽어주기의 비밀이 진짜인지 아닌지 자녀들에게 실험해보기 바란다.

책을 읽어주는 구체적인 방법

멤 폭스는 책을 읽어주는 실제적인 방법으로 다음과 같이 설명하고 있다.

"읽어주기에 딱히 옳은 방법은 없다. 그저 최대한 많이 표현해서 읽을 필요가 있을 뿐이다. 이야기를 읽을 때 몸의 위치와 눈빛; 아이와의 눈 마주침, 목소리 연기, 얼굴 표정을 인식해야 한다. 하지만 우리 각자는 나름대로 독특한 방식을 갖게 될 것이다. 어린아이들은 음악을 좋아한다. 단순한 곡조는 기억하기 쉽기 때문에 같은 책을 반복해서 매번 똑같은 곡조로 읽어주면 도움이 된다. 아이가 낱말의 곡조를 빨리 터득할수록 직접 책을 '읽으려고' 시도하면서 재미를 느끼게 될 것이다. 책 읽어주기는 눈짓과 목소리가 중요한 역할을 하는 예술이라 하겠다. 눈에 생기를 담는 것은 어렵지 않다. 눈을 이용해 '생각'을 하고, 눈으로 '충격을 받고', 눈으로 '겁내고', 눈으로 '듣고', 눈으로 '행복해'하고 그런 식이면 된다. 다음은 목소리. 듣는 사람의 관심을 끌기 위해 목소리로 적어도 일곱 가지를 할 수 있다. 큰 소리/작은 소리, 빠른 소리/느린 소리, 높은 소리/낮은 소리, 그리고 일곱 번째 요소는 정지다. 동화 구연 훈련을 받을 필요는 없다. 그냥 주의를 기울이면 된다. 책의 가장 어두운 부분은 느리게 읽으면 좋다. 무섭고 겁이 나는 부분이거나, 해적이나 거인처럼 낮은 목소리를 가졌을 법한 등장인물이 말하는 대목에서는 낮은 목소리로 읽어야 한다. 정지는 이야기에서 드라마틱한 분위기 변화가 일어나기 전이나, 등장인물이 말하는 도중이라도 반드시 쉬어야 하는 곳에 쓰인다. 느린 끝맺음은 멋진 경험이 된다. 읽는 사람이나 듣는 사람이나 '그 뒤 행복하게 살았습니다.' 와 비슷한 행복감에 빠지게 되니까. 표현이 풍부한 읽기는 기억에 남는다. 우리 아이들도 마찬가지다. 그들은 우리가 읽어 줄 때의 표현 그대로 책을 읽게 된다. 우리가 목소리 연기를 풍부하게 해서 생생하게 책을 읽어 줘야 하는 이유가 거기 있다(공경희 옮김, 2004)."

엄마가 책을 읽어줄 때는 느긋하고 재미있게

엄마가 책을 읽어줄 때는 느긋하고 재미있게 긴장을 풀면서 편안한 시간을 갖게 하는 것이 좋다. 어린아이가 우선은 책 내용을 듣기 좋아하고 나중에는 스스로 읽을 수 있도록 돕는 사람이 부모다. 자녀에게 지금 책을 읽어주고 있다면 계속하면 되고 아직도 책을 읽어주지 않는다면 얼른 읽어주기 시작하면 된다. 부모가 하는 일은, 행복한 경험을 주고, 배우는 것을 재미있게 만들어줄 읽기의 나라로 그들을 초대하면 되는 것이다.

어린이가 학교에 다니면서 발견되는 독서 장애는 해결하기 어렵지만 예방할 수는 있다. 아이가 태어나서부터 또는 그 후에 시작하더라도 취학하기 전에 시작했다면 오래전에 예방이 시작된 것이라고 볼 수 있다. 어린이에게 책을 읽어주면 말하는 능력도 개발된다. 텔레비전이 아이에게 말을 배우게 한다고 믿는 사람이 많다. 그러나 텔레비전은 아이에게 말을 걸지 않으며, 말을 하지만 아이의 대답을 듣지 못한다. 대답을 듣는 것이 언어를 배우는 방식이기 때문에 독서의 중요성이 대두되는 것이다. 물론 간단하고 흥미로운 책들은 어린아이에게 더 흥미롭고 재미있지만, 아이가 말로 반응할 기회만 있다면 어떤 활자든 효과가 있다고 한다. 그리고 부모는 자녀와 함께 시간을 보냄으로써 그 사랑을 보여줄 수 있다. 하루에 15분이라도 괜찮다. 함께 소리 내어 읽고 대화하면서 따뜻한 유대감을 형성한다면 되는 것이다. 아주 간단해서 누구든지 할 수 있는 일인데도 잘 안되는 가정도 있다. 그래서 가정의 독서문화 확산 운동이 필요한 것이다. 독서의 날이라도 정해서 책 읽어주는 부모에게 상을 주는 행사를 해야 할지도 모른다. 어떤 조사에 의하면 수다스러운 엄마의 아이들이 말도 빨리 배운다고 한다. 자녀의 질문에 성실하게 답해 주다보면 수다쟁이가 될지도 모르겠다.

10장

초등 저(1~2)학년의
발달단계별 독서 지도

초등 저(1~2)학년은 환상 동화의 시대라고 할 수 있다. 이 시기의 아동들은 간단한 설명서를 읽고 그대로 할 수 있으며, 책을 읽을 때 발음이 정확하며 소리 내지 않고 읽기 시작한다. 또한 환상 동화와 쉬운 단편동화를 많이 읽으며, 책을 읽고 이야기를 나눌 수 있으며, 책을 즐기기 시작한다. 독후 감상을 그림일기로도 쓸 수 있다. 이 장에서는 초등 저학년의 발달단계별 특징과 읽기지도, 도서목록, 독서 지도안에 대한 내용을 다루고자 한다.

01 | 초등 저(1~2)학년의 특징과 읽기 지도

　초등 저학년 아동들은 유아기의 자기중심적 사고에서 벗어나 차츰 주위를 돌아보면서 다른 사람의 생각을 존중하게 되어, 다른 사람과 감정이입을 할 줄 알게 된다. 이 시기에는 도덕적인 원리나 원인 또는 배경을 고려하지는 못하지만, 다른 사람을 기쁘게 하고 도와주는 일이 옳은 일이라는 것을 알게 되며, 사회 속에서 자신이 무엇을 할 것인가를 탐색하는 시기이기도 하다. 또한 이 시기는 인생에서 최고의 상상력을 발휘하며 무엇을 직접 만들면서 기쁨을 느끼는 시기이다. 이러한 상상력과 직접 만들며 기쁨을 느끼는 성향은 이후의 성장 발달에 중요한 역할을 한다. 신체적으로도 발달하여 많은 활동을 할 수 있고, 무엇에 집중하는 시간도 최소 10분에서 최고 30분 정도까지 늘어나게 된다. 이러한 집중력은 어느 정도의 글 한 편을 처음부터 끝까지 완전하게 읽어낼 수 있는 능력과 직결된다. 이것은 이 시기의 아동이 청각 우세에서 시각 우세로 변화하고 있음을 나타내는 것이기도 하다.

　초등 저학년 아동들에 대한 읽기 지도는 독서 흥미의 개발, 독서 능력 양성, 독서 습관 형성에 중점을 두고 초보적이고 기초적인 목표를 중심으로 한다.

- ○ 그림책에 흥미를 가지게 한다.
- ○ 아름다운 말과 풍부한 정서를 배양한다.
- ○ 바른 자세로 바른 글자를 정확하게 읽힌다.
- ○ 우리의 옛이야기와 민화에 흥미를 가지게 한다.
- ○ 여러 짧은 동화를 많이 접하게 한다.
- ○ 눈을 넓게 뜨게 한다.
- ○ 여러 가지 형식과 내용을 가진 책을 대하게 한다.
- ○ 글의 내용과 표현에서 흥미를 바르게 가지도록 지도한다.
- ○ 어느 정도 긴 글의 작품도 읽을 수 있게 지도한다.
- ○ 읽으면서 옳고 그른 것을 알게 한다.

　　인간의 모든 흥미의 중심은 연령에 따라 변화한다. 따라서 독서의 흥미도 곧 연령에 따라 발달한다. 그러므로 독서 흥미의 발달을 알기 위해서는 먼저 연령의 발달에 따라 자연적으로 변화하는 전반적인 발달 과정(초등학교 1~2학년)을 살펴봄으로써 더욱 명백히 알 수 있을 것이다.

02 | 초등 저학년 아동을 위한 목록

옛이야기 그림책 목록

까막나라에서 온 삽사리 / 정승각 글·그림 / 통나무 / 초등 1년

이래서 그렇대요 / 이경혜 글 / 신기영 그림 / 보림 / 초등 1년

마고 할미 / 정근 글 / 조선경 그림 / 보림 / 초등 1년

단군신화 / 이형구 글 / 호영찬 그림 / 보림 / 초등 2년

론포포 / 에드 영 글·그림 / 보림 / 초등 2년(중국)

백두산 이야기 / 류재수 글·그림 / 통나무 / 초등 2년

이야기 이야기 / 게일 헤일리 글·그림 / 보림 / 초등 2년(아프리카)

이야기책

우리 옛이야기 백 가지 / 서정오 / 현암사

남북어린이가 함께 보는 전래동화 1-10 / 손동인 외 / 사계절

마르지 않는 옛이야기 샘 시리즈 / 김장성 외 / 사계절

한국 전래동화집 1-15 / 이원수 외 / 창비

옛이야기 보따리 1-10 / 서정오 / 보리

구렁덩덩 신선비 / 김중철 엮음 / 웅진 / 초등 1년

도둑나라를 친 새신랑 / 김중철 엮음 / 웅진닷컴 / 초등 1년

할미꽃은 왜 꼬부라졌을까 / 보물섬 / 푸른나무 / 초등 1년

토끼 불알을 만진 노루 / 어도연 / 우리교육 / 초등 1년

꿀떡 해버린 꿀떡 / 손춘익 엮음 / 창비 / 초등 2년

날마다 하나씩 우스개 옛이야기 / 정태경, 정해왕 엮음 / 이영경 외 그림 / 웅진닷컴 / 초등 2년

장난꾸러기 코피트코 / 어도연 엮음 / 우리교육 / 초등 2년(세계)

세상이 생겨난 이야기 1-5 / 김장성 글 · 노기동 그림 / 사계절

코끼리 코는 왜 길까 / 보물섬 엮음 / 푸른나무 / 초등 2년(동물/세계)

학교 생활에 자신감을 주는 책

선생님하고 결혼할 거야 / 다니엘 포세트 / 비룡소

마이 네임 이즈 song Lee 박! / 수지 클라인 / 베틀북

학교 가기 싫어! / C. 뇌스틀링거 / 비룡소

나 친구 안 사귈래 / 파울 마어 / 아이세움

까막눈 삼디기 / 원유순 / 웅진닷컴

내 짝꿍 최영대 / 채인선 / 재미마주

곱슬머리 내 짝꿍 / 조성자 / 푸른나무

짜장, 짬뽕, 탕수육 / 김영주/ 재미마주

가방 들어주는 아이 / 고정욱 / 사계절

초대 받은 아이들 / 황선미 / 웅진닷컴

축하해요 1학년 / 이상교 / 효리원

너 그거 이리내놔! / 티에리 르냉 / 비룡소

우리 선생님이 최고야 / 비룡소

고맙습니다, 선생님 / 패트리샤 폴라코 / 아이세움

친구관계가 좋아지는 책

개구리와 두꺼비는 친구 / 아놀드 로벨 / 비룡소

벽장 속의 모험 / 푸루따 타루히 / 창작과비평사

새 친구가 이사왔어요 / 레아 골드버그 / 중앙

웃지 않는 공주 이사벨라 / 실비아 론칼리아 / 서광사

아모스와 보리스 / 윌리엄 스타이그 / 시공사

아기 캥거루와 겁쟁이 토끼 / 파울 마르 / 중앙

안녕, 까미유 / 실비 데로지에 / 문학동네

오줌 멀리 싸기 시합 / 장수경 / 사계절

화요일의 두꺼비 / 러셀 에릭스 / 사계절

에디에게 잘 해주렴 / 버지니아 플레밍 / 느림보

너무 친한 사이인데-남자애들 이야기 / 크리스 도네르 / 문학과지성사

너무 친한 사이인데-여자애들 이야기 / 크리스 도네르 / 문학과지성사

어린이 동시, 일기, 글 모음

새롬이와 함께 일기 쓰기 / 보리

엄마의 런닝구 / 한국글쓰기연구회 엮음 / 보리

오줌으로 만든 무지개 다리 / 김용택 엮음 / 열림원

학교야, 공차자 / 김용택 엮음 / 보리

03 | 1~2학년 독서 지도안
- 수업대상 : 2학년 -

구렁덩덩 신선비 / 김중철 / 웅진닷컴

읽기 전에

여기에 실린 옛이야기의 주인공은 모두 여자이다. 이 주인공들이 펼치는 이야기를 잘 읽어보면, 여자가 남자보다 더 용감하기도 하고, 지혜도 있다.

구렁덩덩 신선비를 찾으러 이곳 저곳을 다니면서 어려운 일을 이겨내는 색시도 있고, 아버지의 병을 고치려고 아무도 가지 않는 머나먼 곳으로 용감하게 떠나는 버리데기라는 여자도 있다.

그런가 하면 남자가 잘 하지 못하는 어려운 일을 꾀로 도와주는 여자도 있다. 잉어색시는 못된 임금과 싸워야 하는 남편을 도와 이기게 하고 전강동이의 누나는 힘만 믿고 우쭐대는 남동생에게 힘 자랑을 하지 말라는 지혜를 주기도 한다.

어떤 사람들은 여자아이라고 무시하기도 하고, 여자아이는 힘든 일은 하지 못하고 어려운 일도 하지 못한다고 생각하지만, 살다보면 버리데기처럼 우리도 힘들 때가 있을 것이다. 그때 옛이야기 속에서 씩씩하고 지혜롭던 주인공들을 떠올리며 자신감을 갖자.

생각 열기

1. 실제로 구렁이를 본다면 어떤 느낌이 들까요?

2. '사랑'의 힘이 얼마나 위대한지 짐작해봅시다.

1. 할머니 할아버지께서 낳은 아이는 무엇이었나요?

2. 이웃집 큰부자네 딸은 할머니가 아기 낳았다는 말을 듣고 아기를 보러 와서 어떻게 하고 갔나요?

    첫째 딸 :

    둘째 딸 :

    셋째 딸 :

3. 잘 자란 구렁이는 할머니에게 무엇을 졸랐나요?

4. 구렁이한테 시집을 가겠다고 한 딸은 몇째 딸인가요?

5. 구렁이는 무엇을 타고 옆집으로 건너갔나요?

6. 구렁이는 어떻게 하여 밤에는 훤한 새신랑이 되고, 아침에는 다시 구렁이가 되는 걸까요?

7. 구렁덩덩 신선비는 서울로 과거를 보러 가면서, 각시한테 무엇을 맡겼나요?

8. 서울로 떠난 며칠 뒤 언니들이 동생 집에 놀러 와서 동생 동정 안에 넣어둔 ________을 어떻게 하였을까요?

9. 아무리 기다려도 구렁덩덩 신선비가 오지 않아 기다리다 기다리다 각시는 치마를 뜯어서 등에 멜 바랑을 만들고, 머리에 쓸 고깔을 만들어 구렁덩덩 신선비를 찾으러 집을 떠납니다.
   구렁덩덩 신선비를 찾으러 가는 길에 일어났던 일들을 정리해보세요.

    누구를 만났나요?

    어떻게 하면 가르쳐준다고 말하나요?

10. 갖은 고생 끝에 구렁덩덩 신선비 집을 찾은 각시는 어디를 잠자리로 얻었습니까?

11. 무엇을 보면서 구렁덩덩 신선비와 각시는 그리움을 달래는 노래를 부르나요?

12. 구렁덩덩 신선비는 각시에게 어떤 오해를 하고 있었던 건가요?

1. 앞에 두 언니들이 구렁이에게 시집가는 것을 싫다고 했는데, 셋째 딸은 왜 거절을 못했을까요?

2. 언니들과 막내의 성격은 각각 어떻게 다른지 비교해봅시다.
   언니들
   막 내

3. 온갖 고생 끝에 마침내 구렁덩덩 신선비를 만나는 각시에게 한 마디 해준다면 과연 나는 어떤 말을 할까요? (대화체로)

4. 구렁덩덩 신선비와 각시가 80세까지 산다면 그때까지 어떤 일들이 벌어질지 상상하여 '이어쓰기'를 하세요.
   후속 이야기 계속

초등 중(3~4)학년의 발달단계별 독서 지도

초등 중(3~4)학년은 역사 이야기 시대라고 할 수 있다. 이때에는 신화와 전설을 즐겨 읽으며, 영웅을 흠모한다. 또한 스스로 책을 선택할 수 있으며, 다독을 하는 경향이 있으며, 우정의 이야기를 읽으며, 모험의 세계를 동경한다. 이 장에서는 초등 중학년의 발달단계별 특징과 읽기지도, 도서목록, 독서 활동지와 독서 지도안에 대한 내용을 다루고자 한다.

01 | 초등 중(3~4)학년의 특징과 읽기 지도

이 시기의 학생들은 특히 역사, 인물 이야기에 관심을 갖고 있다. 또한 이들은 서서히 독립하고자 하는 연령으로 걸스카웃, 보이스카웃과 같은 또래집단의 활동을 선호하며, 성숙해지고 싶어 한다. 독립적이고 비판적으로 생각할 수 있으며, 이야기 나누기를 즐기며 인지발달로 인해 자신의 행동을 분석할 수 있게 된다. 학교와 가정생활에 대해 긍정적으로 생각하며, 순종하고 착하고 함께 일하기를 즐긴다. 이 시기에는 쓰기보다는 읽는 것을 좋아하고 말로 표현하는 것을 좋아한다. 원만한 대인관계를 형성하며 개성이 나타나기 시작한다. 자신의 통찰력을 통해 결론을 이끌어낼 수 있게 된다.

초등 중학년들을 위한 독서 지도는 다음 내용을 염두에 두고 지도하면 좋은 결과를 얻을 수 있다.

○ 감성이 풍부하면 동기부여가 잘 된다.
○ 상상력을 키워준다. 상상력은 가능성을 창조한다.
○ 질문이 많은 아이는 배운 것을 확실하게 기억한다.
○ 추리력과 사고력이 높으면 작은 단서로 큰 문제를 해결한다.
○ 비판적 사고력이 높으면 주관이 뚜렷해진다.
○ 판단력이 뛰어난 아이에게는 리더의 명칭이 따라다닌다.
○ 창의력이 높은 아이는 생각도 날아다닌다.
○ 독서를 통하여 틀에서 벗어난다.

02 | 초등 중학년 아동을 위한 목록

인물 이야기 목록

거미박사 남궁준 이야기 / 김순한 / 우리교육

꽃씨 할아버지 우장춘 / 정종목 / 창작과비평사

난중일기 / 이석호 / 예림당

독도를 지키는 사람들 / 김병렬 / 사계절

루이 브라이 / 마가렛 데이비슨 / 다산기획

마틴 루터 킹 / 권태선 / 창작과비평사

물고기 박사 최기철 이야기 / 이상권 / 우리교육

백범 김구 / 신경림 / 창작과비평사

새 박사 원병오 이야기 / 원병오 / 우리교육

신채호 / 김서정 / 산하

아름다운 농부 원경선 이야기 / 송재찬 / 우리교육

안녕하세요, 벨 박사님 / 주디스 조지 / 서계순 옮김 / 비룡소

옥수수 박사 김순권 이야기 / 조호상 / 우리교육

위대한 영혼 간디 / 이옥순 / 창작과비평사

윤동주 / 정진구 / 산하

(빈손으로 떠난 위대한 기업가) 유일한 이야기 / 조영권 / 웅진닷컴

윤봉길 의사 / 방영웅 / 창작과비평사

이봉창 / 최향숙 / 산하

전염병을 물리친 빠스뙤르 / 서홍관 / 창작과비평사

큰 소리꾼 박동진 이야기 / 송언 / 우리교육

할아버지 손은 약손 / 한수연 / 한국문원

물오리 이원수 선생님 이야기 / 이재복 / 지식산업사

조선의 영웅 김덕령 / 신동흔 / 한겨레신문사

루이브라이 / 마가렛 데이비슨 / 다산기획

상식을 넘은 청개구리 / 꿈꿀권리 / 중앙M&B

겨레의 인걸 100 / 윤승운 / 산하

전우치전 / 장수철 / 두산동아

백범 김구 / 신경림 / 창작과비평사

역사 이야기 목록

흥미로운 국보여행 / 배봉기 / 산하

고구려 사람들은 왜 벽화를 그렸을까 / 천호태 / 다섯수레

고구려 이야기 / 민영 엮음 / 창작과비평사

사진과 그림으로 보는 한국의 역사 1-3 / 역사문제연구소 / 웅진

새 먼나라 이웃나라 / 이원복 / 김영사

민요기행 / 신경림 / 산하

어린이 팔만대장경 1-3 / 신현득 / 암사

옛날 사람들은 어떻게 살았을까 / 조은수 / 창작과비평사

춤, 노래 이야기 / 우리누리 / 캠프

한자 이야기 / 우메이촨 / 선용 옮김 / 현암사

불경 이야기 / 원재훈 / 국민서관

새로 쓰는 이야기 세계사 1, 3 / 우리누리 / 소담

얘들아, 역사로 가자 / 호상 / 풀빛

이야기 동학농민전쟁 / 송기숙 / 창작과비평사

어린이 사기열전 / 사마천 / 박영선 옮김 / 현암사

얼씨구 국악이야기 들어보세 / 김태균 / 산하

위대한 화가 아름다운 그림 70선(세계) / 우리누리 / 웅진

위대한 화가 아름다운 그림 70선(국내) / 우리누리 / 웅진

위험한 여행(천로역정) / 존 번안 / 빛미디어

역사신문 1-6 / 역사신문편찬위원회 엮음 / 사계절

이야기 한국역사 1-13 / 이야기한국사편찬회 엮음 / 풀빛

한국사 뒷 이야기 / 박은봉 / 천문학사

우리 역사 이야기(네가 하늘이다) / 이윤희 / 현암사

우리 역사 퀴즈탐험 / 김수영 / 사계절

깨돌이와 발바리의 세계문화유산 답사 / 서관순 / 사계절

사진과 그림으로 보는 한국사 편지 1–3 / 박은봉 / 웅진닷컴

엄마의 역사편지 1, 2 / 박은봉 / 웅진닷컴

수백년 역사에 빛나는 우리 영웅 이야기 / 우리누리 / 소담

재미있게 읽을 수 있는 책 목록

어진이의 농장일기 / 신혜원 / 창작과비평사

나는 고슴도치야 / 딕 킹스미스 / 사계절

밥데기, 죽데기 / 권정생 / 성바오로딸

행복한 청소부 / 모니카 페트 / 풀빛

나는 둥그배미야 / 김용택 / 푸른숲

나는 책이야 / 김향이 / 푸른숲

좀 더 깨끗이 / 강무홍 / 비룡소

팥죽 할머니와 늑대 / 지동환 / 산하

오줌에 잠긴 산 / 장주식 / 푸른나무

학교에 간 개돌이 / 김옥 / 창작과 비평사

꿀강아지 똥강아지 / 신현배 / 우리교육

춤추는 돼지 호바트 / 애니타 브릭스 / 대교

내 고추는 천연기념물 / 박상률 / 시공주니어

내 친구는 까까머리 / 임정진 / 진선출판사

딱지, 딱지, 코딱지 / 조성자 / 아이세움

토통여우 / 이마에 요시모토 / 사계절

만만치 않은 놈, 이대장 / 김순이 / 도깨비

바둑이는 밤중에 무얼 할까 / 노경실 / 웅진닷컴

사랑을 나누는 곰, 보로 / 라파엘라 마리아 / 서광사

악어랑 함께 살거야 / 파울 판 론 / 푸른나무

정서함양에 도움이 되는 목록

우동 한 그릇 / 구리 료웨이 / 청조사

놀기 과외 / 로리 뮈라이유 / 비룡소

너 먼저 울지 마 / 안미란 / 사계절

엄마와 딸 / 윤수천 / 계림북스쿨

생명의 저울 / 김경호 / 푸른나무

엄마 생각 / 이상권 / 우리교육

난 키다리 현주가 좋아 / 김혜리 / 시공사

우리를 잠 못 들게 하는 밤 / 크리스토프 오노레 / 문학과지성사

나와 조금 다를 뿐이야 / 이금이 / 푸른책들

할아버지는 수레를 타고 / 구드룬 파우제방 / 비룡소

특별한 여동생 / 클로드 엘프 / 작은책방

날개 달린 달팽이를 보았니? / 이은경 / 세상모든책

누군 누구야 도깨비지 / 조호상 / 한겨레아이들

봉봉이의 꽃잎수첩 / 김길은 / 계수나무

까치 아파트 / 박철수 / 우리교육

달려라 막시 / 산티아고 가르시아 / 푸른나무

우리들의 노래 / 채지민 / 길벗어린이

우리 이모는 4학년 / 정란희 / 산하

사라는 숲이 두렵지 않아요 / 앨리스 댈글리쉬 / 소년한길

나를 비교하지 마세요 / 김혜리 / 산하

자신감 / 책임감 / 자아탐색에 도움이 되는 목록

막내 도토리의 세상 배우기 / 조대현 / 오늘

황금새 / 벌리 도허티 / 웅진닷컴

조금만, 조금만 더 / 존 레이놀즈 / 시공주니어

뚱보면 어때 난 나야 / 이미애 / 파랑새어린이

새학년엔 멋있어 질 거야 / 베시 더피 / 크레용하우스

생명이 들려준 이야기 / 위기철 / 사계절

머피와 두칠이 / 김우경 / 지식산업사

푸른 등 / 모카 / 문학과지성사

겨자씨와 꿈 / 조성자 / 현암사

프린들 주세요 / 엔드루 클레먼츠 / 사계절

하지만 막스도 잘 하는 게 있어요 / 발터 비퍼스베르크 / 중앙출판사

레나는 축구광 / 키르스텐 보예 / 계림북스쿨

날아라 된장 잠자리야 / 조성자 / 사계절

쥐돌이의 세상구경 / 송현 / 사계절

엉뚱이 소피의 못 말리는 패션 / 수지 모건스턴 / 비룡소

만년샤쓰 / 방정환 / 길벗어린이

샬롯의 거미줄 / E.B. 화이트 / 시공주니어

티타늄 다리의 천사 애덤 킹 / 박정희 / 두산동아

내 이름은 삐삐 롱스타킹 / 아스트리드 린드그렌 / 시공주니어

짱구네 고추밭 소동 / 권정생 / 웅진닷컴

친구관계, 학교생활에 도움이 되는 목록

내 친구 비차 / 니콜라이 노소프 / 사계절

애벌레가 애벌레를 먹어요 / 이상권 / 웅진닷컴

모르는 척 / 우메다 순사코 / 길벗어린이

까마귀 소년 / 야시마 타로 / 비룡소

괴상한 녀석 / 남찬숙 / 창작과비평사

말의 미소 / 크리스 도네르 / 비룡소

영원한 주번 / 김영주 / 재미마주

조커, 학교가기 싫을 때 쓰는 카드 / 수지 모건스턴 / 문학과지성사

나쁜 어린이표 / 황선미 / 웅진닷컴

우리 선생님 폐하 / 수지 모건스턴 / 비룡소

내 마음의 선물 / 오토다케 히로타다 / 창해

고맙습니다, 선생님 / 페트리샤 폴라코 / 아이세움

내 짝꿍 최영대 / 채인선 / 재미마주

내 작은 친구 / M. 그리페 / 바오르딸

초대받은 아이들 / 황선미 / 웅진닷컴

짜장 짬뽕 탕수육 / 김영주 / 재미마주

아툭 / 미샤 다미안 / 한마당

오줌 멀리싸기 시합 / 장수경 / 사계절

하늘 끝 마을 / 조정자 / 대원사

환상의 나라 오즈 / 프랭크 바음 / 문학세계사

가족관계에 도움이 되는 목록

밤티마을 큰돌이네 집 / 이금이 / 대교출판

밤티마을 영미네 집 / 이금이 / 푸른책들

아주 특별한 우리 형 / 고정욱 / 대교출판

종이밥 / 김중미 / 낮은산

별 볼일 없는 4학년 / 주디 블룸 / 창작과비평사

뚱이 형수와 오줌싸개 시동생 / 박신식 / 채우리

엄마는 나만 미워해 / 백승자 / 꿈이 있는 아이들

아빠가 내게 남긴 것 / 캐럴 캐릭 / 베틀북

아빠가 길을 잃었어요 / 랑힐 닐스툰 / 비룡소

악어랑 함께 살 거야 / 파울 판 론 / 푸른나무

복실이네 가족사진 / 노경실 / 산하

사과나무 위의 할머니 / 미라 로베 / 중앙출판사

꼭 한가지 소원 / 황선미 / 낮은산

네 편이 되어 줄게 / 이영옥 / 산하

나답게와 나고은 / 김향이 / 사계절

몰라쟁이 엄마 / 이태준 / 우리교육

열 살이에요 / 정하섭 / 길벗어린이

작별 인사 / 구두룬 멥스 / 시공주니어

떠돌이 할아버지와 집 없는 아이들 / 나탈리 섀비지 / 아이세움

해님 목장의 송이 / 강정님 / 푸른책들

03 | 독서 활동지와 독서 지도안

독서 활동지

도 서 명	
지 은 이	
탐구인물	
구 체 화	
분석결과	
위 인물에 대한 의견	

거미박사 남궁준 이야기

1. 거미와 곤충은 어떻게 다를까요? (○, ×로도 표시)

거 미	비 교	곤 충
	① 다리의 개수는 몇 개인가요?	
	② 몸의 구조는 어떻게 다른가요?	
	③ 날개와 더듬이는 있나요?	
	④ 탈바꿈은 하는지요?	
	⑤ 성장과정은 어떠한가요?	
	⑥ 가장 큰 차이점은 무엇인가요?	

2. '살아 있는 농약'이란 별명을 가진 거미를 그려볼까요?

3. 거미의 세계

❶ 거미줄은 어디에서 나오나요?

❷ 거미줄은 얇고 약해 보이지만 세찬 바람에도 끊어지지 않을 만큼 질기고 강합니다. 우리가 보는 거미줄은 과연 어떤 상황에서 어떻게 쓰이고 있을까요?

❸ 거미는 뛰어난 사냥꾼!! 거미는 먹이가 그물에 걸려들면 그쪽으로 다가가 먹이를 더듬이 다리로 꽉 붙잡고 날카로운 엄니로 물어서 마비시킵니다. 이 때 거미의 엄니에서 나오는 것은 무엇일까요?

❹ 거미가 주로 먹이로 삼는 것에는 무엇무엇이 있을까요?

❺ 거미는 어떻게 짝짓기와 알낳기를 하나요? (묘사하기)

❻ 미기록종 거미란 다른 나라에서는 이미 알려져 있으나 우리나라에는 발견되지 않았던 것을 처음 발견해서 이름을 지어주고 기록한 거미를 말합니다. 신종 거미란 세상에 알려져 있지 않던 거미를 처음 발견해서, 이름을 붙인 새로운 종류를 말합니다. 남궁준 할아버지가 발견한 미기록종 거미와 신종 거미에는 무엇이 있는지 이름만이라도 큰 소리로 한 번씩 불러주면서 적어봅시다.

미기록종 ______________________________________

신종 ______________________________________

4. 책을 읽은 후 내용파악

❶ 학교 선생님께서는 일본 천왕 생일 기념식에 나오지 않은 친구들을 때리면서 왜 남궁준 할아버지는 제외시켜 주었을까요?

❷ 학교 다닐 때 할아버지의 두드러진 성격은?

❸ 오른쪽 둘째 손가락을 베이면서까지 소나무 '옹이'를 다듬어서 할아버지가 만들려고 했던 것은 무엇이었나요?

❹ '과학 전람회 출품'에 목질표본을 만들어 출품한 결과는 어떻게 되었나요?

❺ 거미를 살아 있는 농약이라고 말하는 문장을 뒷받침해줄 수 있는 글을 찾아 써보세요.

❻ 선생님은 거미 표본과 함께 거미 그물 표본을 만들었습니다. 거미 그물 표본을 만드는 데 사용한 것은 무엇일까요?

❼ 어릴 때에는 몸이 젖빛이었다가 자라면서 갈색을 띠며, 기다란 더듬이와 튼튼한 다리를 갖고 있지만 눈은 거의 없는 벌레는 누구인가요?

❽ 우리나라 석회동굴에 널리 퍼져서 엉성한 접시그물을 치며 사는 벌레는 입술접시그물입니다. 이것을 채집할 때 사용한 도구는 무엇인가요?

5. ○, × _________ 채워넣기로 최종 점검하기

❶ 물거미는 물 속에 사는 단 하나뿐인 거미이다.

❷ 거미는 수컷이 암컷보다 빨리 성숙한다.

❸ 우리나라에도 국립자연사박물관이 있다.

❹ 타란튤라는 배의 등쪽에 독성이 있는 털이 나 있는데, 적한테 공격을 받으면 뒷다리로 그 털을 뽑아 던져서 스스로를 보호하는 습성이 있다. 엄청나게 몸집이 큰 타란튤라는 우리나라에도 살고 있다.

❺ 암컷은 _________만 있고, 수컷은 _________만 있다.

❻ 수컷의 생식기관은 종류마다 다 다르며, 생식기관만 보고도 독립된 종을 밝혀낼 수가 있다.

❼ 북아메리카 대륙과 동북아시아 대륙이 하나로 연결되어 있었다는 주장을 뒷받침해주는 벌레는 갈르와 벌레이다.

❽ 거미줄은 거미의 입에서 나온다.

❾ 거미는 머리, 가슴, 배 세 부분으로 나뉘어 있다.

❿ 갈르와 벌레는 세계 최초로 발견한 프랑스 사람의 이름 '갈르와'에서 이름붙여진 것이다.

6. 남궁준 할아버지의 인생철학은 무엇이었나?

12장

초등 고(5~6)학년의 발달단계별 독서 지도

초등 고(5~6)학년은 지식과 논리의 시대라고 할 수 있다. 이때에는 지적 호기심이 많아져서 지식을 다룬 책과 인간의 역사에 흥미를 느끼기 시작한다. 또한 서정 문학과 함께 우정을 다룬 장편 소설, 탐정 소설, 공상과학 소설을 즐겨 읽는다. 이 장에서는 초등 고학년의 발달단계별 특징과 읽기지도, 도서목록, 독서 지도안에 대한 내용을 다루고자 한다.

01 | 초등 고(5~6)학년의 특징과 읽기 지도

  이 시기는 지식과 논리의 시기라고도 할 수 있다. 초등 고학년(12~13세)의 시기에는 좋아하는 책과 싫어하는 책의 구분이 뚜렷하게 나타나기 시작한다. 책에 취미를 붙인 아이들의 경우 책을 아주 좋아하지만, 그렇지 않은 아이들은 영영 책을 싫어할 우려가 있는 시기이기도 하다. 따라서 이 시기는 독서 습관을 정립할 수 있는 마지막 기회라고 볼 수 있다. 이 시기는 자아의식이 싹트고, 시대 흐름에 맞춰 일찍 찾아온 사춘기 때문에 아이들에게 신체적 보약 못지않게 정신적 보약이 중요한 역할을 할 때이다. 때문에 이 시기는 지적인 능력과 정신적인 성숙을 모두 이끌어주어야 한다. 부모가 보기에는 아직도 많은 것이 부족하고 미숙한 것이 많겠지만 하나의 완벽한 인격체로 대해주어야 하는 시기이다. 아이의 말을 최대한 존중하면서 방법적인 측면으로 자녀를 안내하는 부모의 역할이 중요하다고 볼 수 있다.

  이 때에는 읽기의 기틀이 잡혀 있어야 한다. 중요한 단어를 잘 찾고 알아서 주제 파악을 하는 것부터 시작해, 그 사고 능력이 성숙되어 독서의 기틀이 잡혀 있어야 한다. 한 걸음 더 나아가 도서관을 적극적으로 사용할 줄 아는 학생이 되어야 한다.

02 | 초등 고학년
아동을 위한 목록

과학·환경 도서목록

어린이가 지구를 살리는 50가지 방법 / 존 자브나 / 현암사
파브르 과학이야기 1, 2 / J. H. 파브르 / 신일성 옮김 / 창비
마이 사이언스 북 시리즈 / 닐 아들리 / 한길사
뇌속으로의 여행 / 플로라 부레시아니 니카씨오 / 서광사
미나마따의 붉은 바다 / 하라다 마사즈미 / 우리교육
재미있는 과학자 세계 / 이미숙 / 동학사
아빠가 들려주는 우주이야기 1-4 / 이케우치 사토루 / 현암사
어린이 생태학 1, 2 / 최형선 / 현암사
우리들은 환경 파수꾼 / 김용근 / 푸른나무
최열 아저씨의 환경이야기 1, 2 / 최열 / 청년사

우주 관련 도서목록

생명의 역사 / 버지니아 리 버튼 / 시공사
아빠가 들려주는 우주 이야기 1-4 / 이케우치 사토루 / 현암사
신나는 별자리 탐험 / 이광석 / 고려원미디어
별과 떠나는 이야기 여행 1-4 / 박매영 / 푸른숲
쉽게 찾는 우리 별자리 / 이태영 / 현암사

창작동화 목록

우정의 거미줄 / E. B. 화이트 / 창작과비평사
핵전쟁 뒤의 최후의 아이들 / 구드룬 파우제방 / 유진

괴짜 로봇 노르비 1-2 / 아이작 아시모프 외 / 대흥

폐기별의 타임머신 / 한난원 / 고려원미디어

나는 로봇이야 / 아이작 아시모프 / 동쪽나라

어린이 동시, 일기, 글 모음

거꾸로 오르기 / 김녹촌 옮김, 엮음 / 온누리

내 마음 누가 알까? / 서울글쓰기연구회 엮음 / 온누리

어머니 손가락에 / 이주영 엮음 / 온누리

우리 집 토끼 / 이오덕 엮음 / 창비

할매, 나도 이제 어른이 된 거 같다 / 이승희 엮음 / 굴렁쇠

나도 민들레처럼 / 김녹촌 엮음 / 지식산업사

나도 쓸모 있을걸 / 이오덕 엮음 / 창비

아름다운 눈으로 세상을 보겠다 1, 2 / 서울글쓰기연구회 엮음 / 온누리

산토끼를 사랑하는 아이들 / 한국어린이문학협의회 엮음 / 지식산업사

할아버지 요강 / 임길택 / 보리

기타 읽을 자료

밤하늘 별이야기 / 세키구치 슈운 / 진선출판사

숨은 별자리 찾기 / 한스 아우구스토 레이 / 비룡소

별똥별 아줌마가 들려주는 우주 이야기, 화산이야기 / 이지유 / 미래M&B

생물의 다살이 / 권오길 / 지성사

축구공 위의 수학자 / 강석진 / 문학동네

재미있는 화학상식 / 오미야 노부미쓰 / 맑은창

인체기행 / 권오길 / 지성사

하리하라의 생물학 카페 / 이은희 / 궁리

아킬레스는 왜 거북을 이길 수 없을까 / 양운덕 / 창작과비평사

물은 답을 알고 있다 / 에모토 마사루 / 나무심는사람

신기한 식물일기

크리스티나 비외르크 글 / 레나 안데르손 그림 / 미래사

읽기 전에

겉표지가 두껍고 작은 듯한 크기로 실물에 관한 상식을 일기 형식으로 메모한 책이다. 실험하듯 식물을 길러가는 과정을 놓치지 않고 보여주고 있어 자연스럽게 식물 기르기에 필요한 상식을 터득하게 되고 식물을 키워보고 싶다는 생각이 들게 한다. 아쉬운 점은 스웨덴 작가가 쓴 내용이어서 우리가 잘 모르는 식물이 종종 있다는 점이다.

리네아는 식물을 기르다 궁금한 일이 생기면 정원사 블룸 할아버지께 물어서 궁금증을 푼다. 과일과 야채를 씨앗으로 키우는 방법, 아보카드, 강낭콩, 봉선화 키우는 방법, 가지 치기하는 시기, 꺾꽂이하는 방법과 화분에 심는 시기 등을 알아가는 과정이 나와 있다. 또한 식물에 필요한 물과 햇빛, 공기와 거름을 어떻게 조절해야 하는지 식물의 생태에 대해서도 자세히 알려주고 있다.

활동 수업 재료 준비로는 씨앗 종류, 계란판, 흙 또는 찰흙, 요지, 색종이 등이 있다.

내용 이해

1. 씨앗으로 키울 수 있는 과일이나 야채에는 어떤 것들이 있을까 ?

2. 붉은 강낭콩이 씨앗주머니 속에서는 자라지 않는 이유가 무엇인가 ?

3. 봉선화를 꺾꽂이 할 때 어느 부분을 자르는 게 가장 좋을까?

4. 봉선화가 좋아하는 것은 무엇인가?

5. 식물이 언제 물을 필요로 하는지 어떻게 알 수 있는가?

6. 물을 잘 주는 방법은 어떻게 주는 것인가?

7. 여행을 가거나 집을 비울 때 식물에 물을 어떻게 주어야 하는가?

8. 블룸 할아버지가 식물이 없어지면 동물도 인간도 사라진다고 했는데 그것은 무엇을 의미하는가?

9. 비료를 주어서는 안 되는 때는 언제일까?

10. 구근 종류로 집에서 키워볼 만한 것으로 무엇이 있나?

1. 같은 식물일지라도 누구네 집에서는 잘 자라고 누구네 집에서는 잘 자라지 않는 이유가 무엇이
   라고 생각하나?

2. 우리 집에서는 식물이 잘 자란다고 생각하나?
   누가 주로 돌보고 있나?

3. 내가 좋아하는 꽃은 무엇이고 왜 좋아하는지를 이야기해보자.

4. 식물이 시들어가는 이유를 말해보자.

5. 분갈이는 어떤 경우에 하는 것이 좋을까?

6. 식물에 해충이 생기는 원인과 퇴치법을 정리해보자.

7. 진드기를 먹고 해충을 물리치는 데 도움을 주는 벌레는 무엇인가?

창의성 키우기

1. 식물을 기르면서 가져야 하는 마음 자세를 이야기해보자.

2. 집에서 잘 자라는 식물과 밖에서 잘 자라는 식물 종류를 찾아보자.

3. 블름 할아버지가 말한 초록빛 손가락의 의미를 다양한 각도로 생각해보자.

언어능력 다지기

다음 해충들에 대해 알아보자.

앞진드기	
진드기	
진딧물	
구더기	
개각충	
가루개각충	

1. 교사가 미리 준비한 콩을 눈으로 살펴보고 손으로 만져보면서 배젖, 씨눈, 씨앗의 껍질을 알게 합니다. 그런 후 그림으로 그려 다시 한번 정리하여 봅시다.

<table>
<tr><td></td><td>① 뿌리나 잎이 생길때까지 살아 있게 해주는 것은?
② 배젖 속에 있으면서, 생장하기 위한 물과 온도를 기다리고 있는 것은?
③ 뿌리가 아래쪽으로 자라는 까닭은 왜일까요?
④ 식물의 싹이 위로만 자라는 이유는 무엇일까요?</td></tr>
</table>

2. 물의 순환은 어떻게 이루어질까요? (그림을 그리면서 이해하기)

3. 식물에 필요한 것은? (그림을 그리면서 익혀요)

수업을 마치면서…

얘들아, 너희들은 자신이 심은 씨앗이 잘 자라는 것을 보면서 어떤 마음이었니?

씨앗속에서 싹이 나오고 그 싹이 잘 자라도록 물을 주면서, 생명을 소중하게 생각하는 너희들의 마음이 싱싱하게 함께 자라는 듯하여 지켜보는 선생님은 행복했단다. 그런데 어떤 친구들은 옆에 있는 싹이 목말라 죽어가는데도 자기 것에만 물을 주고 말더구나. 물이 아직 많이 남아 있는데도 말이야.

주변 사람들 중에는 음식이 냉장고에서 썩어가는데도 나누어 먹을 줄 모르는 사람들이 있지.

선생님이 너희들에게 무엇을 가르칠 수 있을까?

식물이 잘 자라듯, 우리 마음 안에서 사랑과 나눔을 키워가는 시간이 되기를…

2005년 7월

선생님의 식물일기

장르별 글쓰기 이론과 실제

글쓰기는 우리가 세상을 살아가면서 자연과 사회에 부딪혀 일어나는 일을 대상으로 자기의 느낌이나 생각을 생생하고 정확하고 자세하게 글로 쓰는 것을 말한다.

이러한 글쓰기 지도는 대개의 경우 '글감 찾기 → 준비하기(조사, 관찰 등) → 쓰기 → 고치기(쓰려고 한 것이 충분히 나타났는가 / 사실과 맞지 않는 부분은… / 좀더 자세히 써야 할 부분은 없는가 등) → 써서 발표하기'의 차례로 이루어진다.

이 장에서는 이러한 글쓰기 지도 자료(이선옥, 2004)를 중심으로 정리해본다.

2005학년도 2학기부터 초·중·고교의 시험 형태가 바뀐다. 객관식 단답형 위주에서 서술형, 논술형 시험문제가 크게 늘어난다. 이에 따라 최근 논술, 작문 등에 대한 관심이 높아지고 있다. 이러한 변화에 대응하기 위해서는 무엇보다 일상생활에서 모든 일들을 기록하고 요약해두는 습관을 기르는 것이 중요하다.

01 | 창의적 글쓰기

글쓰기는 자라나는 어린이들에게 참으로 중요하다. 글쓰기에 대하여 탄탄하게 기초를 다진 어린이는 중학생이나 고등학생이 되어서 논술을 접하게 되어도 어려움없이 해나갈 수 있다. 어린이들이 학교에서 과제를 위해서든 자신의 생각을 표현하기 위해서든, 글을 쓰려면 막연하고 어떻게 시작해야할지 깜깜해 진다. 글은 우리의 생각이나 감정을 '말' 대신 '글씨'로 나타낸 것이기 때문에, 글로 자신의 생각이나 느낌을 표현하는 것으로 내가 경험했던 일, 생각했던 일 등을 자연스럽게 쓰는 일이다. 즉 어린이들이 생활하면서 겪은 즐거운 일, 슬픈 일, 괴로운 일, 기쁜 일 등을 마음속으로만 느끼고 간직하기보다는 글로 표현해 보는 것은 중요한 일이다. 어린이들은 이러한 글쓰기과정을 통하여 겪은 일을 오래도록 기억하고, 부모와 친구들과도 같은 기분을 나눌 수 있다. 또한 자신이 알고 있는 사실이나 정보를 다른 사람에게 설명해 줌으로써 기쁨과 보람을 체험할 수 있다. 글쓰기는 생각하는 힘을 키워주고 상상력을 키워주며, 스스로를 반성하게 하여 보다 올바른 사람, 참된 생활의 바탕을 만들어 주기도 하며, 나아가 학습에 흥미를 갖게 하고 취미 생활에도 도움이 된다.

좋은 글이란, 읽는 사람에게 감동을 주는 글, 흥미 있고 즐거움을 주는 글, 문법, 맞춤법에 맞는 글, 거짓 없는 글, 나만의 독특한 체험이나 생각을 쓴 글이라 할 수 있다. 글의 단위는 낱말이며, 이것은 일정한 뜻과 구실을 가지는 말의 최소 단위를 말한다. 다음 빈칸에 적당한 말을 적거나 대화를 나누면서, 해당 학년의 어휘능력에 맞게 자녀가 알고 있는 단어실력을 풍부하게 키워주시기 바란다. 교과서의 한 단원을 읽거나, 어디서든 또는 거실 등 물리적인 공간에서 시작해도 좋다.

○ 낱말의 종류

1. 이 방안에서 이름을 나타내는 낱말은? (　　)

2. 움직임을 나타내는 낱말은? (　　)

3. 모양이나 성질을 나타내는 낱말은? (　　)

　맛을 나타내는 낱말은? (　　)

　소리를 나타내는 낱말은? (　　)

　모양을 나타내는 낱말은? (　　)

　냄새를 나타내는 낱말은? (　　)

　마음을 나타내는 낱말은? (　　)

4. 문장을 이어주는 낱말은? (　　)

5. 방향을 나타내는 낱말은? (　　)

6. 꾸며주는 말 만들어보기

7. 느낌이 큰말, 작은 말을 적어보고 비교해보기

　: 자음에서는 'ㄱ, ㄷ, ㅂ, ㅅ, ㅈ' 보다는 'ㄲ, ㄸ, ㅃ, ㅆ, ㅉ'의 느낌이 크고, 모음에서는 'ㅏ, ㅑ, ㅗ, ㅛ' 보다는 'ㅓ, ㅕ, ㅜ, ㅠ'의 느낌이 크다.

02 | 쓰기

글을 쓰는 좋은 태도는 다음과 같다.

- ○ 신바람 나는 대로 한꺼번에 쓴다.
- ○ 온 정신을 글쓰기에 모은다.
- ○ 남들이 잘 알 수 있도록 쉽고 자세하게 쓴다.
- ○ 자기가 일상에서 사용하는 자신의 말로 쓴다.
- ○ 긴 글이면 끈기 있게 쓴다.
- ○ 입으로 말하면서 쓰기도 한다.
- ○ 원고지에 쓰는 연습을 한다.

❶ 어떻게 쓸 것인가

글은 말하듯이 써야 한다.

보고 듣고 겪은 일, 느끼고 생각한 것을 그럴듯하게 꾸며내는 것보다는 있는 그대로 사실을 정직하게 쓰는 것이 중요하다. 교과서의 글이나 상을 받은 아이의 작품을 무조건 흉내내려는 태도는 바람직하지 못하다. 그럴듯하게 꾸민 것보다 자기의 생각을 있는 그대로 잘 정리할 때 그 글은 진실된 마음과 아름다움을 전한다.

느낌을 살려 쓰도록 한다.

마음의 움직임을 솔직하고 세밀하게 써야 한다. 어떤 일을 보았을 때 생긴 마음, 어떤 이야기를 들었을 때 일어난 마음의 느낌을 솔직하게 써야 한다.

느낌이 살아있는 글을 쓰려면…

첫째, 어떤 일을 겪고 나서 곧 그 일을 쓰면 좋다.

둘째, 솔직하게 쓴다. 좋았거나 싫었거나 괴로웠던 일들을 겪으면서 느꼈던 그대로 써야 한다.

셋째, 좋음, 싫음, 괴로움 등 여러 가지 경험을 갖는 게 중요하다.

자기 자신이 쓰고 싶은 글을 쓰면 된다.

마음에 깊이 남아 있는 일을 발견하게 되면 곧바로 이를 시나 일기, 편지로 쓰면 된다. 글쓰기는 쉽고 자연스럽게 시작해야 한다.

한글을 아는 아이들이면 누구나 잘 쓸 수 있다. 말한 그대로 꾸밈없이 쓰는 자세가 글쓰기의 시작이다. 조금 문장 구성이 서툴더라도 일상 생활에서 겪고 생각한 일을 정확하게 쓴 글이 좋은 글이다. 꾸며내거나 지어낸 글은 죽은 글이라고 할 수 있으며, 쓴 사람의 느낌이 다가오는 살아 있는 글을 써야 한다.

❷ 생활문 이란

생활문이란 우리의 생활 속에서 일어나는 크고 작은 일들을 글감으로 해서 쓰는 글을 말한다. 그렇다고 생활문이 늘 되풀이되는 일상생활의 이야기를 그대로 쓰는 것은 아니고, 우리의 생활 속에서 특히 기억에 남는 일을 쓰는 것이다.

생활문의 글감은 학교에서 있었던 일, 집에서 있었던 일, 거리에서 있었던 일, 학원이나 방과 후 활동, 누구와 만난 일 등 우리의 생활 자체 등이다. 글을 쓸 때에는 눈을 감고 지난 일들 중에서 기억나는 일, 가장 쓰고 싶은 이야기를 떠올려 본다. 다 떠올렸으면 눈을 뜨고 그 일을 겪은 대로 자세히, 본 대로, 들은 대로 생생하게 써보는 것이다. 생활문에서는 바로 글쓴이의 생활이 글의 배경이 되고, 글쓴이가 주인공이 되며, 글쓴이가 경험한 생활의 이모저모가 사건이 되는 것이다. 그러나 이야기를 다 쓰고 그 이야기에 감동이 없다면 좋은 생활문이라고 할 수 없다.

❸ 생활문 쓰는 방법

생활문을 쓰기 위하여 몇 가지 방법을 제안하고자 한다. 생활문을 잘 쓰기 위해서는 우선 중심생각을 정하고 글감을 찾아보아야 한다. 중심생각과 글감은 우리 생활 주변이나 생활 속에 있으면서도 남들이 일상적으로 겪는 흔한 일들이 아닌, 나만의 소중한 경험이나 느낌, 생각에서 찾아야 한다. 주위에 있는 너무 흔한 것이라면 흥미나 관심을 끌지 못해 외면당하기 쉬우며, 너무 단순한 이야기보다는 여러 가지로 얽힌, 변화가 많은 이야기가 효과적이다. 좋은 글은 중심생각이 잘 드러난 글을 말하므로 글을 쓰기 전에 반드시 중심생각을 생각해 놓는 것이 좋다. 글감을 찾았으면 글의 줄거리를 세워본다. 집을 짓기 전에 설계도를 그리는 일과 같이 줄거리 짜기는 내용이 빠지거나 겹치는 일을 막아주고 글의 흐름을 잡아주게 된다.

> 글감　지난 토요일에 동생과 싸운 이야기
> 주제　다음부터는 동생과 싸우지 않겠다.

❹ 무엇을 쓸까

그러면 이제 본격적으로 글쓰기를 시작해 봅시다. 글의 첫머리는 우리의 첫인상과 같아서 글에서 가장 중요한 역할을 하는 부분이며, 다양한 방법으로 시작할 수 있다. 예를 들면 다음과 같다.

① **시간이나 날짜로 시작할 수 있다.**

지난 토요일 오후였다. 이렇게 시작하면 지난 토요일에 무슨 일이 있었는지 궁금해지기 시작합니다. 이와 같이 꼭 읽고 싶은 마음이 들도록 쓰는 글이 좋은 글이다.

② 장소로 시작할 수 있다.   내 친구 영숙이네 집에서 일어난 일입니다.

③ 흉내말로 시작할 수 있다.   "삐약 삐약" 어디에서 병아리 소리가 들렸다.

④ 대화로 시작할 수 있다.

"아야! 아파! 사람들이 미워!", "저는 거리에 서있는 공중전화입니다."

⑤ 본 일, 들은 일, 한 일로 시작할 수 있다.
점심을 먹고 나는 미선과 뒷산에 갔다. 어떤 여자아이가 있었다.

⑥ 느낌이나 생각으로 시작할 수 있다.   어제 일은 아무리 생각해도 우스운 일이다.

⑦ 설명으로 시작할 수 있다.   우리 가족이 서울로 이사 온 이유는 교육 때문이다.

⑧ 따온 말로 시작할 수 있다.   "책임감이 있는 사람이 되자." 나는 이 말을 좋아한다.

글의 첫머리를 이렇게 시작하고 나면 글쓰기가 훨씬 쉬워진다. 이제 글을 이어서 써내려가는 방법을 알아보면 다음과 같다. 글은 진실되고 솔직하게 쓴다. 자기의 생활 경험을 꾸밈없이 솔직하게 쓴 글은 읽는 사람에게 자신과 같은 느낌을 갖게 하며 감동을 주게 된다. 문장은 알맞게 끊어 써야 표현이 돋보이며, 너무 길고 복잡하면 글쓴이의 뜻이 읽는 사람에게 정확하게 전달되지 않는다.

하나의 이야기를 자세히 쓴다. 아무리 좋은 문장을 썼어도 하나의 이야기를 쓰지 않고 여러 가지 이야기를 썼다면 좋은 글이 되지 못 한다.

생각과 느낌을 쓴다. 생활문은 설명하는 글이 아니며 주장하는 글도 아니기 때문에 이야기 속에 글쓴이의 생각이나 느낌이 있어야 한다. 나의 생각이나 느낌이 잘 나타난 글이어야 재미도 있고 생명력이 있는 글이 된다.

대화 글을 적당하게 넣어 쓴다. 대화 글을 쓰게 되면 이야기를 실감나게 해 줄 뿐 아니라 말하는 사람의 생각까지 나타나게 해 준다.

마지막으로 제목을 정한다. 제목을 정할 때는 재미있게 정하는 것이 좋으며, 그리고 좋은 제목에는 부드럽고 자연스러운 느낌이 들어있어야 한다. 그냥 "봄" 보다는 "새 봄", 또는 "어느 봄 날"과 같은 제목이 더 좋은 것이다.

좋은 글을 쓰기 위해서는 방법도 중요하지만 무엇보다도 많이 읽고, 많이 생각하고, 많이 보고, 많이 써 보는 것이 중요하다. 여러분! 오늘 무슨 일이 있었는지 가만히 눈을 감고 떠올려 보고, 글의 줄거리를 세워보고, 시작을 어떻게 하면 좋을지 생각해 보자. 이제 솔직하고 재미있게 이야기 하듯이 그 내용을 쓰면 된다. 모두 훌륭한 작가가 될 수 있다.

03 | 글쓰기 훈련을 어떻게 할 것인가

글을 잘 쓰기 위해서는 해박한 지식을 바탕으로 많은 기술적 훈련이 필요하다. 글쓰기 훈련 방법의 한 예로 '1분간 글쓰기'가 있는데, 이는 1분 글쓰기를 반복한 뒤 2분, 3분, 4분으로 시간을 늘려나가는 방식으로 글쓰기 훈련을 하는 것이다. 1분간 글쓰기는 어떤 제목이나 주제에 대해 짧은 시간 동안 몰입하게 만들어준다. 특히 글의 첫머리를 어떻게 끌어나가야 좋을까 하는 고민을 푸는데 적절한 훈련이다. 자신감을 가지고 글을 쓰는 것도 중요하다.

1분간 글쓰기

'거북이' 또는 '오늘 있었던 일'에 대해 1분 동안 쓸 수 있는 최대의 분량으로 글을 쓴다. 단 글을 쓰다 무엇을 쓸지 생각이 막혔을 때는 중지하지 말고 생각나는 아무 글이나 쓰면서 종이에서는 펜을 떼지 않는다. 맞춤법이나 문법에 관계없이 1분 내에 쓸 수 있는 최대 분량을 써본다(글을 쓰는 동안 옆에서 시간을 재준다).

1분간 생각하고 3분간 글쓰기

첫 문장을 중심으로 1분간 생각하고 3분간 쉬지 않고 계속 쓴다. 쓰다가 생각이 안 떠오르면 아무 글귀나 무작정 계속 쓴다. 물론 다시 생각이 나면 이어 쓴다.

❶ 모방이 중요하다

좋은 글을 쓰려면 많은 책을 통해 문체상의 특징인 단어의 선택, 문자의 구조, 문장의 길이, 표현기법 등을 분석해 다른 주제로 글을 쓰는 과정이 필요하다. 무엇보다도 모방은 창조의 어머니라는 점을 잊지말아야 한다. 어떤 소설가는 러시아 문호인 도스토예프스키의 『죄와 벌』을 읽고 너무 감동을 받아 소설공부를 위해 수십 번을 그대로 옮겨 적는 연습을 했다고 한다. 좋은 글을 치밀하게 뜯어보면서 표현상의 아름다움과 시각의 독특함을 익혀야 한다.

❷ 문장 쓰기 훈련

○ 바꿔쓰기

「나는 너를 믿는다」

너는 늘 믿음을 준다.

너는 믿을 만한 사람이야.

아무도 너에 대한 나의 생각을 부정할 수 없다.

너만큼 믿을 만한 사람은 세상에 다시 없을 거야.

어떤 일이 있어도 너를 믿는 나의 마음은 변하지 않을 거야.

내가 너를 믿고 있다는 것 알지?

내가 너를 믿지 않는 것 같니?

너를 믿지 않는 사람이 있을까?

내가 너에 대한 신뢰를 부정하든?

내가 너를 믿지 않는다면 누구를 믿겠니?

「저 문을 닫아 주세요」

저 문을 닫아주시지 않겠어요?

문을 좀 닫아주세요.

(계속해서 5~10가지씩 바꿔 쓰기 해보세요.)

○ 이어쓰기

크리스마스가 시작되자

교복이 없어지고 나서

수원 YMCA를 와보니

○ 브레인스토밍(반짝 지혜 모으기)

주제와 관련하여 떠오르는 여러 가지 아이디어를 적어본다. 다양한 아이디어들을 여러 가지 방법으로 연결, 조합해본다.

○ 주제를 놓고 오감을 사용

하나의 단어나 주제를 놓고 그것의 모양이나 색깔, 냄새, 맛, 감촉, 소리 등을 관찰하고 적어본다.

04 ｜ 동시 쓰기

시란 무엇인가. 시는 자연이나 인간이 삶에서 얻은 감동을 짧게 나타낸 글이다. 마음 속에 일어난 깊은 느낌을 짧은 말로 노래한 글이다. 그 중에서도 동시는 어린이와 같은 순수한 마음으로 어린이를 위해 지은 것이다. 마음속의 느낌은 기쁜 일, 슬픈 일, 재미있는 일, 신기한 일 등을 보거나 겪었을 때의 느낌이다.

❶ 동요와 동시는 어떻게 다른가

① 동시는 아동을 위하여 쓰여진 짤막한 노랫글이다.

② 동요는 노래 부르기 좋게 글자 수를 맞춘 시다.

❷ 시의 종류에는 여러 가지가 있다

① **형식상**　정형시　글자 수와 형식이 일정하다.

　　　　　　자유시　일정한 형식에 얽매이지 않는다.

② **내용상**　서정시　자연의 풍경을 소재로 감동을 준다.

　　　　　　서사시　이야기를 객관적으로 정리한 시. 일어난 사건을 압축해준다.

　　　　　　극　시　연극적인 내용을 시적으로 표현한다.

❸ 시는 왜 쓰는가(읽는 사람 입장에서)

○ 우리의 마음을 따뜻하고 기쁘게 해준다.

○ 새로운 세계를 열어준다.

○ 자유롭게 살아가는 마음을 갖게 한다.

○ 우리의 마음을 깨끗하게 해주거나 높은 곳으로 끌어올려 준다.

○ 참된 것을 찾아내게 해준다.

○ 희망을 준다.

❹ 좋은 시를 쓰는 요령(쓰는 사람의 입장에서)

  ○ 무엇이든지 관심있게 바라볼 줄 아는 습관을 가져야 한다.

  ○ 거짓 없는 솔직한 마음이어야 한다.

  ○ 다른 사람의 시를 많이 읽어봐야 한다.

  ○ 자주 써보아야 한다.

  ○ 새로운 사실을 느끼고 표현하도록 노력한다.

  ○ 사물을 살아 있는 생명체로 생각해야 한다.

  ○ 그림을 그리는 마음으로 써야 한다.

  ○ 다른 사람의 시를 많이 보고 듣는다.

  ○ '아, 그렇지' 하는 순간의 감동을 마치 눈앞에서 겪듯이 정리한다.

❺ 동시는 어떻게 써야 할까요

어린이의 말과 생활은 시다.
시는 삶에서 우러난 감동이다.
겪어보지 않고는 쓸 수 없다.

  ○ 자기만의 독특한 생각이나 느낌을 가져야 한다.

  ○ 느낌이나 생각을 정리하여 연과 행을 정한다.

  ○ 자기가 느낀 감정을 다른 사람도 느낄 수 있도록 동시에 알맞은 쉬운 말로 쓴다.

  ○ 운율(리듬)을 살려 쓴다.

  ○ 사람에 빗대서 쓴다.

  ○ 소리, 모양이나 모습을 흉내낸 말로 쓴다.

  ○ 직유법과 은유법으로 쓴다.

  ○ 솔직하고 분명하게 쓴다.

  ○ 짧은 글 속에 많은 뜻이 담기도록 쓴다.

❻ 동시 쓰기

  노래와 같이 말에 리듬이 있는 것을 운율이라고 하는데 동시는 이러한 운율을 가지고 있으며, 행과 연으로 나누어져 있다. 동시에서 한 줄 한 줄을 행이라고 하며, 행은 여러 개로 나눈다. 행으로 나누는 것은 우선 마음속으로 천천히 생각할 여유를 주기 위해서, 또한 길이가 길어서 한 번에 읽기 어려운 경우, 특별히 강조하고 싶을 때, 소리나 장면을 효과적으로 나타내고 싶을 때 나눈다. 그러면 동시에서 연은 무엇일까요? 연은 내용의 통일성을 갖는 묶음으로 행들이 모여서 된 것이다. 그러면 연은 언제 나눌까요? 연으로 나누는 것은 글의 내용이 달라질 때, 글감이나 대상이 바뀔 때, 시간과 장소가 바뀔 때, 대화글, 인용글, 감탄글을 시에 쓰려고 할 때 나누게 된다. 우리가 직접 동시를 지어볼까요?

우선 다음 줄글을 행으로 나누어 봅시다.

"첫눈 오는 날 아침 골목 골목에서 눈덩이가 굴러 나온다. 눈사람도 같이 나온다.
눈밭을 온통 뒹굴어 모두가 눈사람. 강아지도 아이들도 쫄랑대는 하얀 눈사람."

몇 행으로 나누었나요? 행으로 나누어 써보니 시 같은 맛이 나나요? 행으로 나눈 것을 소리 내어 천천히 읽다 보면, 무엇인가 내용이 달라진 부분이 있지요? 그럴 때 연으로 나누어야 한다.

첫눈 오는 날 아침
골목 골목에서
눈덩이가 굴러 나온다.
눈사람도 같이 나온다.

눈밭을 온통 뒹굴어
모두가 눈사람.
강아지도 아이들도
쫄랑대는 하얀 눈사람.

동시를 처음 쓸 때는 자신의 생각을 줄글로 죽 써본다. 그리고 조금씩 조금씩 말을 줄여나가고 행을 나누어 쓰고, 그런 다음 내용이 달라졌거나 대상이 바뀌었을 때에는 연을 나누도록 한다. 이렇게 연습하면 모두들 훌륭한 동시를 쓸 수 있게 되는 것이다.

다음 문장을 읽고 빈칸에 들어갈 적당한 표현을 생각해 보자. (　　) 고드름, (　　) 눈, (　　) 바람, 앞에 모양이나 소리를 흉내 내는 말을 적어보고, (　　)같은 눈사람, (　　)처럼 앉아 있는 친구. 등과 같이 빈칸에 알맞은 말들을 채우다 보면 표현력을 키울 수 있다.

이제 실제로 조용히 생각해 보자. 오늘 무슨 일이 있었나요? 자신에게 물어 보고난 후에 생각나는 것을 줄글로 한번 써보자. 그리고 내가 쓴 줄글을 읽으면서 말에 생각을 넣어 줄여서 행으로 나누고 연을 만들어 봅니다. 멋진 표현법을 생각하면서 정리한다면, 아름다운 동시가 완성되는 것이다.

05 | 일기 쓰기

일기란 무엇인가.

하루 동안 겪었던 일 가운데 가장 기억에 남는 일을 글로 표현하는 것이다. 여러 일 중 한 가지 이야기를 글감으로 해서 그 일을 통해 내가 느낀 생각, 즉 중심 생각을 적절하게 표현해야 한다.

❶ 일기는 왜 써야 하나

(일기 쓰기의 좋은 점과 요령을 충분히 여러 차례 설명하여 내적동기 유발)

자신의 하루 생활을 되돌아보고 반성하며 나쁜 점을 고치고 좋은 점은 계속 살려나가기 위해서 쓰는 것이다.

❷ 일기 쓰기의 중요성

○ 관찰력, 사고력, 주의력을 키운다.
풍부한 경험을 통한 사고력, 관찰력, 주의력, 비판력, 정의감을 길러주고 자신의 감정을 조절하는 기회를 제공한다.

○ 논설문이나 논술 작성을 위한 기초 훈련 과정이다.
겪은 일을 생활문 형식으로 정리하는 습관을 가짐으로써 논리적 글쓰기의 기초를 쌓는다. 특히 일기를 시나 독서 일기, 영화 음악 감상, 자신을 주장하는 편지 형태 등으로 작성하면서 다양한 글쓰기 훈련을 자연스럽게 익힐 수 있다.

❸ 일기를 쓸 때 주의할 점

○ 솔직하게 쓴다.
○ 날짜, 날씨를 꼭 쓴다.
○ 오늘… 나는… 등의 말로 시작하지 않는다.
○ 늘 되풀이되는 일상생활은 쓰지 않는다.
○ 자세하게 쓰되 불필요한 말을 쓰지 않는다.
○ 제목을 정해서 쓴다.

❹ 일기쓰기

좋은 점이 많은 일기 쓰기를 시작해보자.

– 먼저 날짜로 시작한다. 그리고 그 다음으로 날씨를 쓴다. 날씨를 쓸 때는 " 눈, 비, 맑음" 이렇게 쓰지 말고 자세하게 써 본다. 날씨를 자세히 쓰다보면 그 날의 일이 떠오르기도 하고 정

리가 되기도 한다. 그리고 날씨의 변화 때문에 생긴 일, 또는 날씨로 인한 주변 관찰도 할 수 있다. "하루 종일 구름이 하늘을 덮었다. 손을 뻗치면 곧 하늘에 닿을 것처럼 하늘이 낮게 내려와 앉았다. 가끔 얼굴을 내미는 햇님이 반가웠다." 이렇게 써보면 어떨까요? 아니면, "오늘 추우니 옷을 따뜻하게 입고 가라고 어머니께서 말씀하셨다. 내의를 입고 외투를 입고 모자까지 쓰고 장갑을 끼고 현관에 있는 거울을 보니 내가 눈사람 같아 보였다. 밖에 나오니 나무에 서리가 하얗게 내렸다. 사람들 모두 어깨를 움츠리고 걸었다. 나뭇가지들이 흔들릴 정도로 바람이 세게 불었다." 어때요 이렇게 날씨를 자세히 적어보니 재미있지요?

 – 날씨를 쓰고 나면 다음에 무엇에 대하여 써 볼까요? 가만히 눈을 감고 오늘 있었던 일을 생각해 보자. 그리고 눈을 뜨고 하나씩 적어보자.

 – 있었던 일 : 아침에 학교에 갈 때 있었던 일, 쉬는 시간에 있었던 일, 수업시간에 새로 알게 된 사실, 점심시간에 있었던 일, 학원에서 있었던 일, 누군가에게 꼭 말해주고 싶은 일, 아무에게도 말하고 싶지 않은 일, 억울하고, 답답하고, 괴롭고, 속상하고, 슬프고, 따지고 싶은 일 등등.

 – 감정에 대하여 : 아침에 학교 갈 때 본 친구, 나무, 풀, 쓰레기, 교통지도하시는 아저씨, 급하게 출근하는 어른들, 짧은치마를 입은 대학생, 추운데 길에서 물건을 팔고 있는 할머니, 유모차를 타고 있는 아기와 바라보는 어머니, 수업시간에 선생님께 칭찬(꾸중)들었을 때의 기분 등등에 대하여 생각해 보자.

 – 오늘 하루 중에 있었던 일이나 감정 중에 가장 인상에 남는 것을 고르고 제목을 정한다. 제목을 정하는 일은 정말 중요하다. 왜냐하면 우리가 제목을 정하고 나면 한 주제에 집중해서 글을 쓸 수 있기 때문이다. 글을 쓰는데 있어서 꼭 지켜야 될 것은 제목에 맞는 즉 주제에 맞는 이야기를 쓰는 것이다.

이제 일기를 자세하게 써보기로 하자. 그 때의 상황으로 돌아가서 그 때의 감정을 되살려보고 그대로 써 본다. 상대방이 했던 말, 그 때 그 사람의 표정, 나의 행동, 주변 분위기 등을 자세하게 쓰다보면 새로운 생각도 떠오르게 된다. 풀리지 않았던 일들이 자연스럽게 정리되는 것을 느낄 수 있다.

일기를 쓸 때 주의해야 할 점은 '나는', '오늘은', '그리고', '그런데'와 같은 말은 꼭 필요한 경우에만 쓰도록 한다. 다 썼으면 다시 읽어보고 보태어 쓸 말이 있는지, 부호를 잘못 쓴 곳이 있는 지, 말이 안 되는 곳이 있는지, 띄어쓰기가 잘못 된 부분이 있는 지, 우리말을 써야하는데 외래어를 쓰지는 않았는지 살펴보고 일기를 완성한다.

일기는 자신이 하루 동안 겪은 일이나 감정을 가슴속에서 풀어내어 써가는 과정으로 이와같이 하루를 정리하고 생각을 걸러내는 일은 어린이에게 아주 좋은 보약과도 같은 역할을 한다고 생각된다. 나의 역사가 될 일기! 가슴에 손을 얹고 가만히 생각해 볼까요? 어떤 일들이 떠오르나요? 그 때 어떤 기분이 들었나요? 하나씩 하나씩 풀어내어 보자. 그리고 엮어보자. 오늘 쓰는 나의 일기는 나의 자서전의 한 페이지로 완성되고 있는 것이다.

06 | 독후감(독서 감상문) 쓰기

독서 감상문이란 무엇인가.

책을 읽고 자신의 느낌과 참고자료가 될만한 내용을 요약 정리해놓은 글이다.

❶ 독서 감상문을 쓰는 이유

○ 읽은 책의 내용을 오래도록 기억하기 위해서 쓴다.

○ 책의 내용을 확실히 알게 된다.

❷ 독서 감상문을 쓰면 어떤 점이 좋을까요?

○ 생각이나 느낀 점을 정리하는 힘이 늘어난다.

○ 긴 이야기를 요약하는 힘이 늘어난다.

○ 글쓰는 힘이 길러진다.

○ 필요한 때에 좋은 참고자료가 될 수 있다.

❸ 독서 감상문에 포함되어야 할 내용

○ 책을 읽게 된 동기

○ 지은이 소개와 책을 펴낸 출판사 이름

○ 책의 간단한 줄거리

○ 책의 내용과 나의 생각 비교하기

○ 책을 읽고 알게 된 새로운 사실이나 느낌

○ 등장인물의 성격

○ 표현이 잘된 곳이나 감명 깊은 부문

○ 주인공에게 바라는 점이나 나의 결심

독서 감상문은 어떤 내용과 형식이 있는가.

책의 내용과 전달의 효과 등을 감안해 가장 좋은 형식을 선택해야 한다. 보다 신선한 방법으로 책의 내용을 전달하려는 노력이 필요하다. 여기에서 소개된 여러 형태의 감상문을 잘 기억해 활용하도록 하자.

❶ 동화 감상문

처음에 책을 읽게 된 동기를 쓰고 이어 동화의 줄거리를 요약한다. 끝에는 짧게 느낌이나 생각을 정리한다. 동화 속의 등장인물이 보여준 행동이나 내 생활과 비교해 보면서 느낌과 생각을 동화의 내용과 어우러지게 쓰는 게 좋다(주인공의 성격 / 이 글이 나에게 주는 감동 등).

❷ 겪은 일을 넣어 쓴 독서 감상문

동화를 읽다보면 동화 이야기와 비슷한 일이 내 주변에서도 일어나고 있다는 것을 깨닫게 된다. 동화 내용과 비슷한 일을 내 생활 주변에서 보고 들었거나 내게도 그런 일이 있었다면 동화 내용과 관련지어 글을 쓴다. 생활 글쓰기를 할 때도 동화 속의 이야기를 실마리로 자신이 겪은 일을 끄집어낼 수 있다.

❸ 편지로 쓴 감상문

독서 감상문을 줄거리 중심으로 쓰는 아이들도 이 방법으로 쓰면 생생한 느낌이 담겨나는 글을 쓰게 된다. 주인공에게 하고 싶은 말 쓰기, 친구에게 책 소개하듯이 쓰기, 작가에게 쓰기, 엄마나 선생님에게 이야기해주듯 쓰기 등 대상을 달리해 쓴다.

❹ 시로 쓴 감상문

동화를 읽고 마음에 강하게 남는 느낌이나 이렇게 됐으면 하는 생각들은 시로도 나타낼 수 있다. (동시로 쓴 독후감은 느낌의 폭과 깊이를 더해준다는 점에서 권할 만하다.)

❺ 주장을 담아 쓴 감상문

환경이나 생활을 주제로 한 동화는 읽고 나서 자신이 깨달았거나 알게 된 내용을 가지고 다른 사람에게도 올바른 생활태도를 요구하는 주장을 담아 쓸 수 있다.

이때 현실적으로 참여하였거나 체험을 가졌을 때 상대방에게 주장하는 글을 설득력 있게 쓸 수 있다.

❻ 관련된 동화와 비교해 감상문 쓰기

동화를 읽다보면 주제나 소재 면에서 비슷한 동화들을 발견하게 된다. 전래동화의 경우 외국의 전래동화와 비교해볼 수 있다. 사건의 결말 처리를 비교하거나 이야기의 비슷한 점이나 다른 점 따위를 비교하면서 자신의 생각을 쓴다.

우리의 전래동화 가운데『바닷물이 짠 이유』가 있다. 이는『바다는 왜 짠가』라는 동화와 비슷하다. 이 두 동화의 인물, 사건, 배경의 비슷한 점과 다른 점을 비교해 쓴다. 우리의『젊어지는 샘물』은 일본의 전래동화인『원숭이가 된 부부』와 주제, 구성 면에서 비슷한데, 사건의 결말 처리를 비교해보고 어느 쪽이 결말이 더 좋은지를 생각해보게 한다.

교과서에 실린 동화와 원전 상태의 동화를 비교해보고 느낀 점을 쓸 수도 있다.『임금님 귀는 당나귀 귀』,『바다나리와 아기별』등이 있다.

❼ 과학 동화와 과학 책을 읽고 쓴 감상문

새롭게 알게 된 사실과 구체적인 느낌을 정리한다. 새롭게 알게 된 과학 지식이 나에게는 어떤 의미가 있으며 생활에서 실천하기 위해서는 어떤 노력이 따라야 하는지를 생각해보게 한다. 동화에서처럼 다양한 형식으로 쓸 수 있다.

❽ 위인전을 읽고 쓴 감상문

위인전을 읽으면서 위대한 인간이라는 생각보다는 한 인간이 자신의 삶을 얼마나 주체적이고 당당하게 살아갔는가를 알게 하는 것이 중요하다. 역사 속에서 그 인물이 걸어온 삶이 올바른 것이었는지를 비판해볼 수 있어야 한다. 또한 인물의 삶이 나에게는 어떤 영향을 미치는지를 생각해보게 하며 나는 어떻게 살아야겠다는 의지를 갖게 할 필요가 있다.

❾ 과학 도서 감상문 쓰기 사례

글의 순서는 '처음 — 중간 — 끝맺음'으로 정리한다.

① 처음 부분	–	읽게 된 동기
	–	책을 처음 접했을 때 생각
	–	다 읽고 나서 생각
	–	책에 대한 간단한 소개
② 중간 부분	–	새로 알게 된 사실과 나의 생각 2~3가지를 써본다.
③ 끝맺음	–	책의 간단한 내용에 나의 의견이나 결심을 써본다.

❿ 영화 · 연극 감상문

텔레비전이나 비디오를 통해 또는 극장에서 영화나 연극을 본다. 영화나 연극을 보면서 슬퍼 눈물을 흘릴 때도 있고 기쁘고 신날 때도 있다. 보고 나서 느낀 점을 글로 쓰면 영화나 연극을 본 감정이 오래도록 마음에 남아 있고, 영화나 연극을 보는 감상력도 생긴다.

독후감을 쓸 때 주의사항

- 감상문 제목은 읽은 책의 제목이 아닌 따로 재미난 제목을 붙이는 것이 좋다.
- 이야기의 줄거리와 느낌을 따로 쓰지 말고 골고루 섞어서 쓴다.
- 작품의 어느 한 부분만 쓰는 것보다 다 읽고 나서 전체의 내용을 고루 담는다.
- 읽어가면서 가장 크게 느낀 점이나 감동을 강조해서 쓴다.
- 항상 나의 생활과 경험을 작품의 내용과 견주어가면서 쓴다.
- 책 내용이 무조건 옳다고만 쓰지 말고 옳고 그름을 냉정히 가려내어 쓴다.
- 글의 앞뒤를 잘 연결하여 독후감만 읽고도 이야기의 흐름을 대강 파악할 수 있게 한다.
- 작품을 읽고 나서 어떤 마음을 가지게 되었으며 어떤 점을 뉘우치게 되었다는 것을 쓴다.
- 작품을 읽은 후 나의 독서 생활에 어떤 도움이 되었는지를 쓴다.

이제 좋은 책을 읽고 여러 형태의 감상문을 써보셨습니까? 그러면 여러분이 책을 읽은 나에게 칭찬의 내용을 적은 상장을 만들어서 수여해 주시기 바랍니다.

(읽은 사람(나)에게 또는 등장인물의 훌륭한 점을 생각해 보고 상장을 만들어보시기 바랍니다.)

상 장

이름:

초등학교

제   학년   반

위 사람은

20   년   월   일

독서회장

이 글감찾기

여러분이 지금까지 본 영화나 연극에는 어떤 것들이 있나요?
생각나는 대로 써보세요.

○ 제목
○ 등장 인물

○ 제목
○ 등장 인물

○ 제목
○ 등장 인물

02 자세히 쓰기

지금까지 본 영화나 연극 가운데 가장 재미있었거나 감동적인 것을 한 가지 골라
보기와 같이 써 보세요.

○ **처음**　　영화나 연극을 보게 된 느낌
○ **중간**　　본 내용과 자신의 느낌
○ **끝**　　전체적으로 느낀 점, 자신의 생각과 배울 점 등

03 원고지에 쓰기

앞에서 자세히 쓴 것을 바탕으로 원고지에 감상문을 써보세요.
제목도 큰 제목과 작은 제목으로 나누어 쓰세요.

07 | 독서 감상문의 평가

독서 감상문을 평가할 때에는 아동 발달단계에 따라서 작품을 정확하게 이해하고 있는가, 생활과 결부된 감상이 담겨 있는가, 그리고 글의 표현이 정확한가를 보아야 한다.

❶ 아동 발달단계에 따른 평가

① 초등 저학년　저학년의 경우 책을 읽는다는 것 자체를 즐거워하게 하는 것이 목적이므로 감상문을 쓰게 하는 일에 지나치게 기대를 갖는다든지 강요해서는 안 된다. 따라서 감상문의 평가도 책을 어떻게 즐겁고 흥미 있게 읽었는가? 어디가 재미있었는가? 무엇이 재미있었는가? 등 극히 소박하게 직접 받아들인 인상을 중심으로 평가하는 것이 좋다.

② 초등 중학년　중학년은 독서의 질보다 오히려 독서의 양과 독서의 영역이 어떻게 넓어지고 있는가에 중점을 두어서 평가하는 것이 좋다.

③ 초등 고학년　고학년의 경우는 중학년에 넓혀진 독서 영역 중에서 어떻게 스스로 적합한 것을 선택하여 목적을 둔 독서를 하는가에 평가의 시점을 두는 것이 좋다.

④ 중학교 · 고등학교　중학교 이상부터는 정확성, 사고성, 주체성 등에 중점을 두어 평가하는 것이 좋다.

❷ 작품을 정확하게 이해하고 있는가를 보아야 한다.

- 테마를 어떻게 파악하고 있는가?
- 작품 구성을 어떻게 읽어서 그 뜻이나 내용을 이해하고 있는가?
- 시대적 · 사회적 배경을 어떻게 파악하고 있는가?
- 문장 표현을 어떻게 생각하고 있는가?
- 그 작가의 계열 중에서 그 작품을 어떠한 위치에 두고 있는가?

❸ 자기의 생활과 결부된 의견이나 감상이 담겨져 있는가를 보아야 한다.

❹ 글의 표현은 정확한가를 보아야 한다.

  ○ 작품중 어느 인물이나 어떤 장면에 초점이 맞추어져 있지 않고 산만한 구문은 없는가?

  ○ 전체와 연관되지 않은 국부적인 표현은 없는가?

  ○ 내용이나 진실성은 결핍된 채 비분강개조로 과잉표현을 하고 있지는 않은가?

  ○ 도서의 내용과는 달리 자기가 하고자 하는 말만을 기술하는 독선적인 표현은 없는가?

08 | 논설문 쓰기

❶ 논설문이란

○ 글을 쓰는 사람이 어떤 사실에 대해 옳다고 믿거나 해야 된다고 생각한 것을 주장한 글이다. 이 주장하는 글은 글쓴이의 생각을 나타냄은 물론 남에게 해주길 바라고 권하는 내용을 담고 있다. 따라서 그 주장을 뒷받침할 만한 알맞은 이유가 또렷하게 나타나야 한다.

○ 주장에 대한 근거나 증명을 내세우며 남을 설득한다. 어떤 문제에 대해 자기의 의견을 논리적으로 풀어나가는 것이다. 따라서 모든 사람들이 알고 있는 일반화된 내용을 다시 깨우쳐줌으로써 긍정적으로 받아들이게 만든다. 신문의 사설, 학문을 연구한 논문, 평론 등이 대표적 논설문들이다.

○ 논설문 쓰기는 단계적인 훈련이 필요하다. 논리적 사고력은 짧은 시간에 키워지는 것이 아니기 때문이다. 오랜 훈련을 필요로 한다.

❷ 논설문의 특징

○ 지은이의 생각이나 주장이 뚜렷하다.
○ 서론(처음), 본론(중간), 결론(끝)이라는 3단 구성이 대표적이다.
○ 글의 내용이 합리적이고 조리가 있는 대신 부드럽게 꾸미는 말이 적어 딱딱하다.
○ 문단 구별이 뚜렷하다.
○ 상대방을 설득하기 위해 합리적인 이유나 근거를 들어 조리 있게 설명한다.
○ 이치나 논리에 중점을 둔다.
○ 사회 공통문제가 되고 있는 글감으로 구성한다.
○ 쉬운 말로 쓴다.
○ 간결하게 쓴다.
○ 여러 가지 보기를 들어 증명한다.

❸ 논설문 쓰기의 효과

○ 논설문 쓰기를 익히면 자기의 의견이나 주장을 당당히 내세우는 태도가 길러진다.

○ 어떤 일이든 자신감이 생긴다.

○ 남을 설득하는 힘이 생기며 억지가 아닌 이치에 맞는 생각을 찾게 된다.

○ 일의 옳고 그름을 가려내는 분별력이 생긴다.

○ 사회인으로서 할 바를 알게 되어 인격이 도야된다.

❸ 논설문은 어떻게 구성할 것인가

○ 서 론　서두, 발단, 머리라고도 하며 글의 시작 부분이다.

- 읽는 사람의 주의를 끌게 한다.
- 문제를 제시한다.
- 글을 쓰게 된 동기와 목적을 밝힌다.
- 다루어야 할 범위와 방향을 제시한다.
- 쓰고자 하는 글의 주제에 대해 암시해준다.

○ 본 론　중심, 본문, 몸체라고도 하며 논설문의 중심이다. 서론에서 주장한 부분을 뒷받침하는 내용으로 짜여진다. 보기를 들어 증명하거나 이유를 들어 문제점을 뚜렷이 밝힌다. 자기주장을 내세운다.

주장에 대한 이유 밝히기 ⇒ 보기 들기 ⇒ 자료 제시
⇒ 인용 ⇒ 실천하는 방법 제시

- 내가 내세운 주장을 다른 사람들이 납득할 수 있도록 주장의 근거를 쓴다.
- 내가 주장하는 것을 실천할 수 있는 여러 방법에 대해 자세히 설명한다.
- 내가 직접 경험한 것을 사례로 제시하여설득력을 갖게 한다.)
- 어떤 사실이나 현상에 대해 주장이나 생각을 쓴 다음 그 내용을 뒷받침할 수 있는 원인이나 증거를 들어가면서 주장을 강조한다.

○ 결 론　말미, 정리, 꼬리라고도 하며 글을 끝맺음하는 부분이다. 문제에 대한 자기의 주장이나 생각을 종합해서 묶어 마무리한다. 바람직한 태도나 방향을 제시한다.

독서와 논술 능력

　세상이 온통 디지털로 엮어져 있지만 사람들은 여전히 책을 읽고 있다. 그 이유는 무엇일까? 책이 전달하는 유익한 어떤 '심층 메시지' 가 있기 때문이라고 생각한다. 김정근(2004)은 책이 다른 메시지에 비해 효과적으로 전달한다고 이해되는 메시지에 대하여 다음과 같이 설명하고 있다. 1) '훈육하는 메시지' 가 있다(각성을 위한 메시지, 깨우침을 주는 메시지). 2) '능력을 주는 메시지' 가 있다(성취의 수단이 되는 메시지이며, 주로 정보, 지식과 관련을 가진다). 3) '치유하는 메시지' 가 있다(상처를 치유하고 성숙에 이르도록 안내하는 성질을 가진다). 독서 논술은 충실한 독서 활동의 기초 위에 독서교육의 결과로서 논술의 형태로 글을 쓰는 것이다. 이 장에서는 논술 쓰기에 대한 이론과 실제를 다룬 자료(이선옥, 2004)를 중심으로 정리해본다.

01 | 논술이란 무엇인가

　대학 입학 시험에서 논술의 비중이 높아지고 있다. 논술을 잘해야 대학입시에서 유리하다는 인식이 퍼지면서 중·고교생은 물론 초등학생까지 논술 열풍이 불고 있다. 문제는 '어떻게 해야 논술 잘하는 학생으로 만들 수 있을까'이다. 논술 우등생이 말하는 '논술 잘하는 법'을 살펴보면 모두 독서에 취미를 갖고 체계있게 다양한 내용의 책을 읽었음을 알 수 있다. 또한 논술을 잘하기 위해서는 어려서부터 지속적인 독서력의 축적이 필요함을 알 수 있다. 즉, 초등학교, 중학교, 고등학교를 거치면서 독서를 게을리하지 않았음을 알 수 있다.

　논술이란 '어떤 주제'나 제시된 과제에 대해 자신의 생각이나 의견을 이치에 맞게 논리적으로 전개하여 '읽는 사람'을 설득하는 글이다. '어떤 주제'란 우리가 살아가면서 만나게 되는 여러 가지 일을 말한다. 예를 들면 정치, 경제, 사회, 국제, 환경, 교육, 문화, 문학, 과학, 역사, 체육, 종교, 예술 등 모든 분야가 여기에 해당된다. 덧붙여 설명하면 논술이란 자기의 생각이나 주장을 내세우고 이를 일정한 형식에 따라 논리적으로 증명함으로써 남을 설득시키고 공감하도록 하는 글이다. 따라서 주장하는 내용에 대한 근거나 이유가 합리적이어야 한다. 논술을 쓸 때는 적절한 어휘의 선택, 문장과 문장의 연결, 글을 쓰는 목적, 글의 조직, 예상되는 독자의 반응, 맞춤법 등 여러 가지 문제들을 거의 동시에 생각하고 이것들을 한꺼번에 해결하면서 써야 한다. 이러한 논술 능력은 단시일에 습득되는 것이 아니다. 초등학교를 시작으로 학교 교육의 전 과정을 통해 누적되어지는 지식, 경험, 사고의 알맹이들이 쌓여 논술능력이 길러진다(이선옥, 2004).

> **논술의 필요조건**
> ○ 논리적이고 체계적이며 설득력이 있어야 한다.
> ○ 타당하고 분명한 근거를 가지고 논리적으로 자신의 의견을 나타내야 한다.
> ○ 감상적이고 감정에 치우치는 표현을 삼가한다.
> ○ 근거의 제시에 있어 그 근거가 창의적이어야 한다.

02 | 논술 쓰기

❶ 서론

문제를 제기하고 글쓰는 목적을 드러내야 한다. 즉 이야깃거리를 제시하는 것이다.

○ 주어진 주제와 내용에 대립되는 의견과 주장을 의문 형식으로 시작한다.
○ 주어진 주제와 내용이 추상적 개념이면 구체적 사실이나 경험을 토대로 시작한다.
○ 구체적인 주제와 내용이 주어지면 추상적 개념의 정의나 해설로 시작한다.
○ 논지를 명확히 할 수 있는 핵심을 밝히기 위해 문제점을 지적하는 글로 시작한다.
○ 연역적 방법을 사용하여 결론을 먼저 기술한다.
○ 서론은 가능한 짧고 간결하게 쓴다(전체 글의 1/5 정도가 적당하다).
○ 최근의 화제나 주변의 일상 생활로 시작한다.
○ 속담이나 격언, 예화를 인용해 시작한다.

> **서론의 성격**
> ○ 독자의 주의를 환기시킨다.
> ○ 글의 전반적 내용을 암시한다.
> ○ 다루고자 하는 주제의 방향을 제시한다.

❷ 본론

서론에서 제시한 내용을 분석하고 논증하며 종합하면서 논지를 발전시켜나가는 글의 중심 부분이다.

○ 예문, 일화 등의 서술 후에는 일반론을 도출한다.
○ 사실감과 현장성을 살리기 위해 숫자나 통계 또는 구체적인 예를 든다.
○ 잘 알고 있는 사실이나 상식적인 일은 상세한 설명을 피하고 간결하게 처리한다.

○ 설명은 객관적 처지에서 쉽고 구체적이며 간략하게 한다.

○ 정의할 때는 쉽고 정확하게 긍정적인 형식으로 정리한다.

○ 유사한 사물이 자료로 주어졌을 때는 비교, 상반되는 사물일 경우에는 대조시킴으로써 한 쪽을 선명하게 드러내는 방법을 쓴다.

○ 너무 많은 내용을 말하려 욕심부리지 말고 가장 중요하고 핵심적인 것을 한두 개 선정해 중점적으로 쓴다.

❸ 결론

모든 논의와 종합 요약 논지의 강조를 드러낸다.

○ 결론은 단호하고 대담하게 내린다.

○ 결말에서는 내용의 요약, 자신의 의견이나 주장 제시, 요망사항 등을 기술한다.

○ 여운을 남기는 방법도 좋다.

○ 풍자나 짤막한 인용문으로 결론을 대신하는 것도 신선하다.

03 | 논술문을 쓸 때 유의할 점

논술문은 어떤 문제에 대한 주장이나 의견을 글로 표현한 것이다. 논술문은 쓰는 사람 혼자만 보고자 하는 글이 아니기 때문에 글쓴이는 글을 통해 전달하고자 하는 자신의 의견을 읽는 사람이 쉽게 이해하고 이용할 수 있도록 해야 한다.

이러한 논술문을 쓰는 데 있어서 몇 가지 유의할 점은 다음과 같다.

○ 정확하게 써야 한다. 글쓴이가 이용하는 정보나 자료는 믿을 만하고 가치가 있는 것이어야 하며 적절한 곳에 적절하게 사용되어야 한다는 것이다.

○ 독창성이 있도록 써야 한다. 남이 쓰지 않는 것을 쓰거나 남이 이미 말했다 하더라도 새로운 근거를 제시함으로써 새롭고 신선한 느낌을 줄 수 있도록 써야 한다.

○ 검증을 해야 한다. 자기의 주장이 논리에 맞는 것인지 너무 주관적인 생각을 쓴 것은 아닌지 스스로 읽어보고 잘 살펴서 잘못이 있다거나 무리가 있을 때는 고쳐서 객관적인 내용이 되도록 해야 한다.

○ 쉽고 평이하게 써야 한다. 아무리 좋은 내용이라 하더라도 그 글을 읽는 독자들이 이해할 수 없다면 그 주장은 쓸모가 없다. 따라서 논술문은 간결하면서도 명확한 표현을 써야 한다.

○ 일관성 있게 써야 한다. 주장하는 내용이 설득력이 있으려면 글의 내용이 일관성이 있어야 한다. 서로 반대되는 내용이 뒤섞여 있거나 주장과는 무관한 내용이 포함되어 있다면 독자는 말하고자 하는 바를 이해할 수 없게 된다.

04 | 좋은 논술의 조건은?

❶ 논술의 평가 기준

○ 논술이 자신의 입장에 대한 진술을 명료하게 나타내고 있는가?

  – 결론이 명백한가?

  – 애매하고 모호한 내용이나 용어를 쓰고 있지는 않는가?

○ 논술이 제시한 주제를 이탈하지 않았는가?

○ 전개과정이 올바르고 증거의 사용이 적합하며 조직이 산뜻한가?

  ▶전개과정

   – 이유는 충분하고 다양한가?

   – 결론이 이유로부터 도출되었는가?

   – 설명이 사실과 부합되는가?

   – 주장하는 내용의 가치가 원리에 입각하고 있는가?

  ▶증거사용

   – 정보나 자료의 출처는 믿을 만한가?

   – 사용한 증거는 내용에 적합한 것인가?

  ▶조직

   – 이유가 결론을 뒷받침하고 있는가?

   – 문단의 내용이 서로 다르게 취급되고 있는가?

   – 문단과 문단의 연결이 분명한가?

○ 반대에 대한 대안적 입장이 잘 나타났으며 바르게 평가되었는가?

  – 반대의 예가 명백한가?

  – 반대하는 이유는 무엇인가?

○ 문법이나 형식에 주의를 기울이고 있는가?

❷ 좋은 글이 갖추어야 할 조건은?

○ 올바른 어휘의 선택과 사용

  – 문맥에 어울리는 어휘를 선택해서 쓴다.

  – 어휘의 정확한 뜻을 알고 쓴다.

  – 어감의 차이, 미묘한 의미의 차이를 구별해 문맥에 꼭 알맞은 어휘를 쓴다.

  – 문장의 호응 관계에 맞도록 어휘를 선택한다.

  – 상투어는 피하고 참신한 말을 쓴다.

○ 정확성

  – 주어와 술어 관계

  – 높임법, 시제, 조사의 선택과 생략

  – 문장의 접속, 피동문의 사용 자제, 어색한 서술어의 사용을 피한다.

○ 경제성

  – 말만 바꾼 불필요한 반복을 피한다.

  – 불필요한 동의어는 피한다.

  – 지나치게 복잡한 구문은 좋지 않다.

○ 강조성, 다양성, 명료성, 주체성, 사실성 등이 유지되어야 한다.

논술을 잘하기 위한 10계명

① 쓰라는 것을 쓴다. 가장 중요한 것은 문제 파악이다.

② 단순 솔직한 글이 가장 좋은 글이다.

③ 감정적이거나 어린애 같은 표현은 최대의 적이다.

④ 아는 것만을 쓰고 과장하지 않는다.

⑤ 논지의 일관성을 확보한다.

⑥ 주장의 근거는 항상 구체적이어야 한다.

⑦ 대안이나 해결 방안은 현실성이 있어야 한다.

⑧ 글의 구성을 단순하게 한다.

⑨ 논증적으로 답한다.

⑩ 상식을 깨뜨린다.

1. 분석적인 일기를 쓰자.

2. 어휘력을 기르자.

3. 문학 작품을 읽으면서 좋은 문장을 뽑아보는 습관을 가지자.

4. 사회성이 있는 화제를 선택해 자신의 의견, 비판을 가해보자.

5. 매주 다른 화제를 선정해 가족 토론회를 열고 그 결과를 자세히 기록해보자.

05 | 논술의 유형

❶ **단독 과제형** 특정 자료를 제시하지 않고 어떤 주제를 제시하며 이에 관한 생각이나 비판 문제해결 방안, 주장 등을 논거를 통해 전개하는 형태

❷ **자료 제시형** 자료를 살펴보고 전개한다.

❸ **내용 완성형** 글의 일부분을 제시하고 앞뒤에 올 내용을 글 전체의 흐름에 맞게 완성하거나, 중간 부분을 비워놓고 지시문을 제시하여 빠진 부분에 들어간 내용이 무엇인가 추리하여 쓰게 하는 형태

논술 철학

암기 위주의 교육 타파
창의적 사고훈련
실천문제의 합리적 해결책
건전한 세계관
비판적 지식인
예비학자적 소양
민주적 시민 양성
진리에 접근하는 방법 훈련

논술 목적

비판성 : 비판적 독서, 비판적 사고
합리성 : 합리적 판단, 논리적 사고,
          주장의 근거
민주주의 : 민주적 시민 양성, 다양한 시각,
          타인 존중

논술 지도법

첨삭 지도

문법 / 표현력
문단 구성력
논리적 일관성
다양한 입장 고려
자신있는 표현
수식어 남용 방지
논점의 증명성

자유 토론

쟁점있는 주제를 선택할 것
자유스러운 아이디어를 유도할 것
균형을 유지할 것
논점 일탈을 방지할 것
결론을 강요하지 말 것
순발력을 권장할 것

06 | 논술문과 논설문의 차이

❶ 표현과 문체

논술문과 논설문에서 가장 중요한 것은 논리적 구성이다. 논술문과 논설문은 주장의 근거나 주장을 입증할 수 있는 논리가 반드시 필요하다. 논술문의 핵심은 객관성이라고 할 수 있다. 하지만, 논설문은 논술문에 비해 비교적 자유로운 형식을 가지며, 객관성에서 좀 더 자유롭다. 개인의 주관적 판단 내용도 글의 한 부분이기 때문이다. 신문의 기획·심층기사는 논술문의 형태를 띠고 사설은 논설문의 형식을 띤다고 생각하면 이해하기 쉽다.

> **보기 글**
>
> **논술문**
> - 매년 찾아오는 태풍에 의한 피해가 올해도 어김없이 되풀이 되고 있다.
> - 지난 9월 우리나라를 빗겨 가 큰 피해가 없을 것으로 예상됐던 '나비'에 의한 피해가 약 800억 원에 이르는 것으로 집계됐다.
> - 태풍이 직접 강타한 이웃 일본에 비교하면 비교적 큰 피해라는 것이 전문가들의 지적이다.
> - 특히, 울릉도 지역은 전기·통신 등 모든 기반시설이 파괴되는 큰 피해를 입었다.
> - 울릉도를 지역구로 하는 국회의원들은 국정감사에서 이 부분을 중점적으로 다룰 것이라고 밝혔다.
>
> **논설문**
> - 매년 찾아오는 태풍에 의한 피해가 올해도 어김없이 되풀이 됐다.
> - 특히, 울릉도의 피해는 너무 커 방재 당국의 잘못을 지적하지 않을 수 없다.
> - 매년 책정된 예산이 적절하게 집행됐는지 국회의 국정감사를 통해 꼼꼼히 따져야 할 것이다.
> - 자연 재해 예방 관계자들은 더 완벽한 예방 대책 마련을 위해 힘껏 노력해야 할 것이다.

보기 글에서 보듯이 논술문과 논설문은 같은 내용을 다루고 있더라도 진행방식에 있어서 차이를 보여주고 있다. 논술문은 주관적 판단 내용을 가능한 배제하고 있었던 사실 위주로 글을 진행해야 한다. 모든 사람이 공통적으로 느끼고 수긍할 수 있게 하기 위해서는 실제로 있었던 일이어야만 한다. 객관적인 사실이 자연스럽게 사람을 설득할 수 있는 하나의 결론으로 이어지게 해야 한다. 논설문은 이에 반해 설득을 기초로 하면서도 읽는 사람이 어떤 행동을 하도록 직접적으로 주문하는 형식을 띈다. 보다 쉬운 예를 들면, "사람은 6시간 마다 밥을 먹어야 한다. 난 지금 밥을 먹은 지 7시간이 지났다. 때문에 나는 지금 밥을 먹어야 할 때라는 것이 일반적인 생각이다."라고 쓴다면 논술문의 형식이고 "난 지금 밥을 먹은 지 오래 돼서 배가 고파 밥을 먹어야 한다."고 말한다면 논설문의 형식이다.

❷ 논거의 사용

신문 사설 등의 논설문에서는 아주 시사적인 사건이나 사실 등 큰 내용을 글의 논거로 사용할 수 있다. 하지만, 논술문에서는 되도록 그 논거가 아주 시사적이고 개별적인 사건 그 자체 하나만 제시되어서는 안 된다. "사람은 6시간 마다 밥을 먹어야 한다. 나는 지금 밥을 먹은 지 7시간이 지났다."와 같이 하나의 논거를 뒷받침해 일반화를 시킬 수 있는 과정이 필요하다.

보기 글

논술문
- 박지성 선수가 영국 프로축구 리그인 프리미어 리그에 한국인 최초로 진출했다.
- 영국은 축구의 종주국으로 축구에 있어서만큼은 세계최고의 프로리그를 보유하고 있다.
- 특히, 박지성 선수는 입단하자마자 팀의 주요 경기에 선발 출전해 그 실력을 유감없이 보여주고 있다.
- 박지성 선수가 입단한 구단의 감독은 "박지성 선수 특유의 성실함과 꾸준함에 반해 팀의 핵심 선수로 클 것으로 기대해 선발했다"고 밝혔다.

논설문
- 박지성 선수가 프리미어 리그에 한국인 최초로 진출한 것은 월드컵 4강으로 높아진 한국 축구의 위상을 보여준 또 하나의 쾌거다.
- 박지성 선수는 이제 거기에 걸맞는 실력을 보여주어야 할 것이다.

덧붙여서 신문 사설 등 논설문에서는 논술문보다 논거의 중요성이 덜하다고 할 수 있다. 극단적으로 얘기하면 논설문은 주장만으로 글을 전개해도 된다. 하지만, 논술문은 논거를 통해 자연스럽게 주장이 연결돼야 한다.

❸ 논술과 논설

　논술은 한자로 論述이다. 논리를 글로 표현한다 또는 말로 설명한다는 뜻이다. 논설은 한자로 論說이다. 논리를 말해 설득한다는 뜻이다. 한자어 뜻대로 논술은 자신이 하고픈 얘기를 쉽게 설명하고 이해하도록 쓰는 글이다. 그렇게 하기 위해 논리를 뒷받침할 수 있는 객관적 근거들을 보다 자세하게 제시하는 것이다.

　반면에 논설은 논리를 제시하고 그에 맞게 어떤 행동을 요구하는 형식의 글이다. 이러이러한 것이 이치니 그 이치에 맞게 행동하라는 것이다. 그 이치에 근거해서 자신의 주장을 강하게 펼치는 것이다.

07 | 독서와 논술문

독서는 논술문을 잘쓰기 위해 꼭 필요한 것이다. 논술문 작성의 능력을 기르기 위해 독서를 잘하는 것이 지름길임을 아래 내용에서 알 수 있다.

어떤 주제가 주어지더라도 그 주제에 적절한 내용을 끌어낼 수 있는 능력이 길러진다.

논술문 쓰기에서 가장 중요한 것은 주제에 따른 적절한 내용을 끌어내는 일이다.

주제에 적절한 내용을 끌어낼 수 있는 많은 정보나 지식의 축적은 하루 아침에 얻어지는 것이 아니라 평소에 독서를 함으로써 가능하다. 초등학교 과정에서의 독서가 중요한 것도 바로 여기에 있다.

남이 쓰지 않은 것, 남이 이미 말했다 하더라도 새로운 증거를 제시할 수 있는 능력이 배양된다.

주어진 주제에 대한 생각이나 주장을 쓸 때 남이 이미 한 말을 다시 쓴다면 그것은 좋은 논술이라고 하기 어렵다. 따라서 새롭고 신선한 내용 또는 남이 이미 말한 내용이라 하더라도 새로운 사실과 다른 이유를 들어 설명한다면 설득력을 갖게 될 것이다. 이런 실력은 다른 사람의 글을 많이 읽음으로써 가능해진다.

독서 후의 독서 감상문 발표와 쓰기는 논술에 필요한 어휘력, 논리적인 언어 구사능력을 길러준다.

풍부한 어휘력은 여러 종류의 글을 읽고 여러 유형의 생각에 접함으로써 가능해진다. 논리적 언어 능력은 정평있는 문학작품을 읽고 그 작품에 담긴 입장, 관점 그리고 소감에 이르기까지를 발표하는 기회를 가짐으로써 길러진다. 따라서 독서를 중심으로 한 토론의 기회는 어휘력과 논리적 언어 능력 신장에 크게 도움이 된다.

독서에 의한 간접 경험은 논술의 근거 제시에 필요한 경험의 폭을 넓혀 준다.

논술은 자기의 생각과 주장에 대해 다른 사람으로부터 공감을 얻어야만 그 가치가 있다. 독서는 직접 경험하지 않는 세계에 대한 이야기를 들려준다. 예컨대 우주 여행을 해본 일이 없지만 생텍쥐페리의 어린 왕자를 읽음으로써 우주 세계에 대한 지식을 쌓고, 아프리카를 직접 다녀온 일이 없지만 슈바이처의 전기문을 읽음으로써 그 곳의 지형, 기후, 주민의 생활 모습을 알게 된다. 이처럼 독서는 읽는 이로 하여금 경험의 폭을 무한히 넓혀 준다.

독서에 의한 내용의 분석과 조합, 작품 줄거리의 추론은 통합적 사고력을 키워준다.

어른이나 아동이나 할 것 없이 일단 글을 읽으면 그 읽은 내용에 대한 의미를 생각하게 된다. 이와 같은 과정을 어린 시절에 겪게 되면 학업 성적과 관련 있는 사고력이 일찍부터 계발되는 것이다. 그래서 초등학교 다닐 때 책을 열심히 읽은 아동이 상급 학교에 올라갈수록 학교 성적이 나아지는 경우를 많이 보아왔다. 그것은 바로 독서가 학업 성취 수준과 밀접한 사고력을 길러주기 때문이다. 학자들의 연구에 따르면 통합적 사고력은 단기간의 노력에 의해 얻어지는 것이 아니고 어렸을 때부터 책을 읽고, 내용을 분석하고, 종합하는 과정을 꾸준히 가짐으로써 향상된다고 한다.

자기의 생각을 간추려 정리하는 실력을 길러준다.

글이나 작품 속에는 글쓴이의 생각이 담겨 있다. 책을 읽는다는 것은 글쓴이의 다듬어진 생각을 읽는 것이다. 아동들은 책을 읽으면서 '글쓴이의 생각과 나의 생각은 같은가?(혹은 다른가?)'를 비교하게 되고 '같은(다른) 점이 있다면 어떤 점이 같은가?(다른가?)를' 확인하게 된다. 이런 가운데 아동들은 비록 서툴지만 자기의 생각을 간추려 정리하게 되고, 정리된 생각을 기록하는 데 재미를 느끼게 된다.

남을 이해하는 능력을 갖게 된다.

글쓴이의 다양한 경험과 생각을 담고 있는 책을 많이 읽음으로써 다른 사람의 경험까지도 간접적으로 접하게 되고 여러 사람의 생각을 간접적으로 듣게 된다.

고난과 역경을 이긴 작은 거인

박지성 선수가 영국 축구 프리미어리그의 맨체스터 유나이티드에서 뛰게 될 것이라고 예상한 사람은 적어도 지난해까지 한 명도 없었을 것이다.

박지성 선수가 활약할 영국 '프리미어리그'는 세계에서 가장 오래된 전통을 자랑하는 동시에 가장 많은 부를 창출하는 꿈의 축구 무대다. 지금으로부터 116년 전인 1889년 탄생한 세계 최초의 프로 리그로 현재 명칭인 프리미어리그라는 이름을 쓴 것은 1992~93 시즌부터로 현재 20개 클럽이 참가하고 있다.

프리미어리그는 박지성 뿐 아니라 해외진출을 꿈꾸는 국내 기대주들이 가장 가고 싶어하는 리그 1순위로 항상 꼽히고 있다. '한국축구의 희망'으로 평가받는 박주영 선수도 해외진출 희망 리그로 프리미어리그를 첫 손에 꼽고 있다.

박지성 선수가 뛰게 될 맨체스터 유나이티드는 세계 최초의 리그인 프리미어리그 중에서도 최고의 명가로 평가받고 있는 팀이다. 맨체스터 유나이티드는 이름에서 짐작할 수 있듯 산업운동의 발상지인 맨체스터에서 1878년 철도노동자들에 의해 만들어진 긴 역사를 자랑하는 팀이다. 특히 이 팀의 닉네임은 '레드 데블스(Red Devils)' 즉 '붉은 악마'여서 우리에게는 더욱 친근하게 다가온다. 맨체스터는 영국의 자존심이라는 명성에 걸맞게 그동안 11번의 FA컵을 거머쥐었고 지금은 호나우두와 루니, 반니스텔루이 등 스타들이 활약하고 있다. 축구팬들의 우상인 베컴과 베론도 얼마전까지는 이 팀 소속이었다.

맨체스터는 영국인이 내세우는 문화상품에서 셰익스피어에 이어 5위에 꼽힐 정도로 큰 인기를 끌고 있는 최고의 팀이다.

박지성 선수는 세계 최고의 축구리그에, 그 중에서도 최고의 팀에 입단하는 쾌거를 이룬 것이다. 차범근 감독이 선수시절인 1978년 독일 분데스리가의 다름슈타트팀에 입단한 이후, 프랑크푸르트와 레버쿠젠으로 소속팀을 옮기면서 축구대륙이라 할 수 있는 유럽에서 '차붐'을 일으킨 것과 비교할 수 있을 정도로 평가받고 있다.

더구나 중계권과 유니폼 스폰서의 부담없이 순수하게 실력으로 인정받아 영국 프리미어리그에 진출한 동양권 선수의 전례가 없었던 것 역시 박지성의 우수성을 뒷받침하고 있다.

박지성 선수는 언뜻 보기에 경력이 화려하지도, 체격이 우람하지도, 외모가 세련되지도 않았다. 그는 고등학교를 나온 뒤 프로팀 입단에 실패하고 대학을 택해야 했다. 일본 2부리그에서 뛰다 대표팀에 발탁됐을 때도 팬들은 냉담했다. 히딩크 감독을 따라 네덜란드로 간 첫해에도 부상으로 고전하며 관중의 야유를 받아야 했다. 쓰레기가 날아오기도 했다. 이 모든 고비를 그는 매번 성실함으로 넘어섰다. 많이 뛰고 열심히 달렸다. 그런 성실함이 드디어 결실을 맺은 것이다.

박지성 선수는 맨체스터로 떠나면서 "구단의 마케팅 전략이 아니라 내 실력으로 간다는 것을 보여주겠다"고 각오를 밝혔다. 한 인터뷰에서는 "인생의 고난과 역경을 안다"고 말하기도 했다. 그 말대로 박지성 선수가 특유의 성실함과 인내심으로 피나는 주전 경쟁을 뚫고 국민들에게 멋진 모습을 보여줄 것이라고 믿는다.

창의적 독서 논술 지도법

창의적 독서지도는 보고 · 듣고 · 만지고 · 움직이는 것을 한꺼번에 가르치는 방법이라고 할 수 있다. 예를 들면, 책을 그냥 읽으라고 하지 말고 책을 앞에 놓고 ① 보게(읽게) 하면서 동시에 ② 테이프를 듣게 하고 듣고 읽은 것을 ③ 쓰게 하고, 다음에는 ④ 읽고, 듣고, 쓴 것을 ⑤ 말하게 하는 방법인데 상당히 효과적인 방법이다. 이 방법은 막대한 시간과 노력이 든다. 이를 영어에서는 박트(VAKT) 방법이라 하는데, V=visual(눈으로 보는 것), A=auditory(귀로 듣는 것), K=kinesthetic(몸으로 움직이는 것), T=tactile(만져서 배우는 것)을 뜻한다(전정재, 2001). 창의성의 실체에 관해서는 아직 충분히 해명되지 못하였으나 감수성, 사고의 유창성, 유연성, 구체성, 독자성의 5가지를 창조성의 인자로 들고 있다. 이 장에서는 창의적 독서 논술 지도법을 다루고자 한다.

01 | 창의적 지도법

학습하는 방법

교사와 부모, 독서지도사는 참가자 중심으로 독서 지도를 하려고 한다면, 목적을 확실히 하고 기억할 수 있는 방법을 최대한 활용하여 지도해야 한다. 구체적인 방법으로는 수업하는 중에 칭찬을 많이 하며, 발표를 많이 하도록 유도하며, 학생들의 관심사를 파악하며, 강의 내용을 활용한 실질적 과제를 부여하며, 수시로 이해도를 평가하는 시간을 갖는다. 따라서 학생들의 효율적인 학습을 위하여 교사는 학생들의 사전지식과 연관성을 가질 수 있도록 지도안을 만드는 것이 좋다. 연구에 따르면 학습지도 방법에서 말로만 할 때와 그림을 보여주기만 할 때보다 말을 하면서 보여주거나 시청각 교재를 사용하면 학습에 효과가 있는 것으로 나타났다.

사람들은 1%의 미각, 1.5%의 촉각, 3.5%의 후각, 11%의 청각, 83%의 시각을 통해 배운다고 한다. 그리고 동일 집단으로부터 각각 다른 각도에서 수집한 데이터를 분석하고 연구한 결과 우리는 읽은 것의 10%, 들은 것의 20%, 본 것의 30%, 보고 듣는 것의 50%, 말하는 것의 80%, 행동하며 말하는 것의 90%를 기억한다. 이러한 사실을 과학적, 통계적으로 확인한 것은 불과 최근의 일이지만 우리는 오래 전부터 직관적으로 알고 있었다. 고대 중국의 속담에는 다음과 같은 것이 있다. "귀로 들은 것은 잊게 되지만, 눈으로 본 것은 기억이 되고, 손수해 보니 이해가 되더라. 그래서 하나의 그림은 천 마디 말의 가치가 있다(한국성과향상센터, 2004)."

교사가 사실을 주입하고 정보의 응용, 종합, 평가를 요구하는 질문을 던질 때 학생들의 성취도는 높아진다. 말로만 할 때는 3시간 후 70%를 기억하며 3일 후에는 10%를 기억한다. 보여주기만 할 때는 3시간 후 72%를 기억하며 3일 후에는 20%를 기억한다. 말하면서 보여 줄 때 3시간 후 85%를 기억하며 3일 후에는 65%를 기억한다. 대부분의 연구에서 비슷한 결과가 나와 시청각교재의 중요성을 말하는 연구라고 생각된다. 또한 학생들은 들은 것을 토대로 실습을 통해 새로운 정보를 장기적으로 기억하게 된다. 강의보다는 그림 등 별도의 교재를 사용하여 보여주고 실제로 해볼 때에 확실히 자신의 것이 되어 오래 기억하게 되는 것이다.

우리는 어떻게 할 때 잘 기억하는가 하면 기록하고 상기할 때, 맨 먼저 것, 맨 나중 것, 연관되는 것, 두드러진 것, 그리고 복습할 때라고 한다. 독서나 학습과 관련해서 생각해보면 읽고 복습하고, 상기할 때라고 한다면 독서 지도의 방법이 구체화된다고 할 수 있다.

7가지 학습의 법칙

밥 파이크는 7가지의 학습법칙을 다음과 같이 설명하고 있다.

① 가르치는 사람의 법칙 – 가르치는 사람은 무엇을 가르치고 있는지 알아야 한다.
② 배우는 사람의 법칙 – 배우는 사람은 강의 내용에 관심을 가지고 참여해야 한다.
③ 언어의 법칙 – 가르치는 사람과 배우는 사람은 공통의 언어를 사용해야 한다.
④ 학습의 법칙 – 사실 혹은 내용은 공인된 것만을 전달해야 한다.
⑤ 교육과정의 법칙 – 교육과정은 배우는 사람의 자발적 활동을 불러일으켜야 한다.
⑥ 학습과정의 법칙 – 배우는 사람은 배운 내용을 자신의 생활 속에서 적용해야 한다.
⑦ 복습과 적용의 법칙 – 가르치는 사람은 가르친 내용을 배우는 사람이 모두 이해하였는지 확인해야 한다(한국성과향상센터, 2004).

창의적 활동 사례

각자 자기 생각을 정리하면서 흥미를 자극한다.
○ 만나고 싶은 역사적 인물 5사람
○ 나를 행복하게 만드는 일 5가지
○ 변화시키고 싶은 역사적 사건 5가지
○ 타임캡슐에 넣고 싶은 5가지 물건
○ 섬에 고립시켜야 할 사람 5명
○ 내년에 이루어졌으면 하고 바라는 것 3가지
○ 받고 싶은 선물 3가지
○ 나의 춥고 어려웠던 일 3가지

02 | 창의적 독서 논술 지도법 설계

효과적인 학습을 유도하기 위해서 교사는 수업자료를 학생들의 수준에 맞게 준비하고 학생들에게 수업과 관련 동기유발을 시키도록 노력한다. 적극적으로 참여하는 학생들의 학업 성취도가 높아지기 때문이다.

창의적 교수법은 몇 개의 단계를 거쳐서 계획되고 설계된다. 여기에서는 창의적 교수법과 독서 지도와 접목한 창의적 독서 논술 지도법을 설계해보고자 한다.

창의적 독서 논술 지도 설계

독서 지도에 참여하는 학생들의 읽은 책을 파악하고 학부모들이 원하는 바를 설문 조사와 상담을 통하여 일반적인 것과 구체적인 요구사항을 기록해둔다. 학년을 확인하고 수준을 파악한 후 올바른 독서 지도 전략을 계획한다. 교사는 이 때에 무엇을 할 수 있다고 말하며, 학부모는 상담을 통하여 어떤 지도내용과 방법이 필요하다고 말할 수 있다.

학생의 수준 진단을 위해서 여러 가지 평가도구가 사용될 수 있다. 주로 학생의 읽기 수준 검사로서 성취도 검사, 일반능력 검사, 읽기 영역과 관계된 독서 수준 검사를 할 수 있다. 독서환경 검사, 비형식적 독서 수준 검사를 할 수 있다(한복희, 2004).

읽기 수준 검사인 비형식적 검사를 통하여 읽기의 수준이 독립 수준, 지도 가능 수준, 좌절 수준으로 나뉘어질 때 어느 수준에 들어가는지를 판단할 수 있다. 진단 후에는 학생들에게 적절한 동기부여를 해야 한다. 학생들은 적절한 동기가 마련되면 학습효과가 높아진다. 동기부여는 학생으로 하여금 행동을 일으키게 하며 내재적 동기유발은 그 사람의 상황에 따라 다르기 때문에 상황별 목록이 필요하게 되는 것이다. 학습동기를 유발시키는 방법은 여러 가지가 있지만 개인적 책임감 부여, 인정해줌, 내재적 동기부여, 관계 구축 등을 들 수 있다. 예를 들어 자동차를 좋아하는 어린이에게 자동차 관련 동화책을 읽게 한다면 흥미 있는 책 읽기로 유도할 수 있을 것이다.

목표설정은 다양한 교육기법을 활용하여 알고, 느끼고 행동할 수 있도록 3단계로 설정 할 수 있다. 인간 뇌에는 크게 감동할 때 활성화되는 부분이 있으며, 이 두뇌 작용은 기억력을 증진시킨다. 따라서 어떤 내용이 감동을 줄 때 우리는 그것을 더 잘 기억한다는 것이다(『한국성과향상센터, 2004). 강의나 토론은 학습결과를 명료하게 이해할 수 있는 방법이며, 문제해결이나 태도변화를 원한다면 현장학습, 사례연구, 역할 연기, 촌극, 시뮬레이션 게임 등을 응용할 수 있다. 따라서 유능한 교사는 사실에 대해 여러 가지 방법으로 설명하고 절차를 보여주며, 학생들의 참여가 요구되는 활동을 실시한다. 책을 읽고 독서 지도의 목표가 설정되면 그 목표를 수행하기 위한 독후 활동이 중요한 것이다.

책을 선정한 후에 책을 잘 읽도록 어린이들의 관심을 끄는 방법으로 책 내용을 소개하고 흥미를 유발시킬 수 있는 에피소드를 얘기해준다. 새롭고 특이한 방법으로 학생들의 관심을 불러일으킨다. 마인드맵을 사용하여 간단하게 개요를 설명한다. 지도내용에 따라 학생들의 참여를 유도한다. 독서 활동에 필요한 강의실 좌석을 배치하고 독서 전, 독서 중, 독서 후의 활동이 이루어질 수 있는 환경을 만든다.

창의적 독서 논술 지도 적용 설계

자신이 알고 있는 것을 누구에게 가르친다는 것은 지도내용에 대한 철저한 계획과 그에 따른 준비물을 충분한 시간을 두고 준비하는 것으로 내가 가르치려는 내용을 훤하게 통달한 다음에 가능할지도 모른다. 창의적인 독서 지도를 위하여 끊임없이 학생들을 독려하고 관심속에서 필요한 지식과 주제내용 파악, 감상을 하면서 마음에 감동이 느껴지고 두뇌활동이 활발해 지도록 지도한다는 것은 어렵지만 그러나 즐거운 일이라고 생각된다.

아래에 나오는 내용은 『마당을 나온 암탉』을 읽고 창의적 독서지도 적용 수업 안을 작성해 본 것이다. 모든 책을 이 방법으로 지도할 수 있는 것은 아니며 정독의 가치가 있는 고전을 선택하여 지도하는 것이 좋다. 앞서 언급된 많은 독서 지도 방법과 이론들을 접목하여 창의적인 교수법을 활용한다면, 이러한 활동이야말로 교사들이 학생들에게 활기찬 학교생활을 할 수 있도록 돕는 방법이라고 생각된다.

마당을 나온 암탉

황선미 지음 / 김환영 그림 / 사계절

작품 개요

  잎싹은 양계장에서 알을 낳는 암탉이다. 잎싹은 가슴에 품은 소망 하나가 있다. 그것은 알을 품어서 병아리의 탄생을 보는 것이다. 잎싹은 오리알을 품어 청둥오리 초록머리를 탄생시킨다. 그리고 가슴에 품은 그 소망 하나로 잎싹은 죽음의 구덩이에서도 탈출하며 온갖 역경을 극복하며 자신의 꿈과 자유를 찾게 된다. 꿈이 있기에 용감하게 싸워온 잎싹은 자신의 꿈을 이루었기에 다른 이의 꿈을 위해서 아름답게 죽게 된다. 이 책은 자라나는 청소년들은 물론 자신의 삶을 돌아보고자 하는 모든 부모들에게 권하고 싶다.

내용 개요

○ 알을 낳지 않겠어

  – 주인공 잎싹은 어떤 닭인가?

  – 주인공 이름이 잎싹인 까닭은 무엇인가?

  – 마당에서 사는 식구들은 누가 있나?

  – 잎싹의 소망은 무엇인가?

○ 닭장을 나오다

  – 정신을 잃은 잎싹이 깨어난 곳은 어디인가?

  – 누가 누구로부터 잎싹을 구해주었나?

○ 마당 식구들

  – 헛간의 우두머리는 누구인가?

  – 헛간의 우두머리는 잎싹에게 어떤 결정을 내렸나?

  – 잎싹은 어디에서 많은 먹이를 발견하였나?

○ 친구

  – 잎싹이 우울증에 빠진 이유는 무엇인가?

  – 잎싹은 찔레 덤불 속에서 무엇을 발견하였나?

○ 이별과 만남

  – 나그네는 잎싹에게 어떤 행동을 하였나?

- 청둥오리는 족제비에게 어떻게 되었나?
- 잎싹이 품었던 알은 어떻게 되었나?

○ 마당을 나오다
- 잎싹이 품었던 알은 누구의 것이었을까?
- 잎싹과 그 아기에 대한 주인 부부의 계획은 무엇이었나?

○ 떠돌이와 사냥꾼
- 오리 우두머리는 잎싹에게 어떤 제안을 하였나?
- 잎싹의 아기는 물에 빠졌을 때 어떤 행동을 하였나?
- 마당의 병아리들은 어떻게 되었나?
- 잎싹이 어디에도 보금자리를 만들지 않겠다고 다짐한 이유는 무엇인가?

○ 엄마, 나는 꽥꽥거릴 수밖에 없어
- 잎싹은 아기의 이름을 무엇이라고 정하였나?
- 잎싹이 말하는 세 개의 기적은 무엇 무엇인가?
- 초록머리는 잎싹에게 무엇을 제안하였나?

○ 저수지의 나그네들
- 주인 여자가 초록머리를 어떻게 하였나?
- 잎싹은 족제비에게 어떻게 하였나?
- 잎싹은 초록머리에게 어떻게 하였나?
- 가을이 깊어갈 때 저수지에 누가 도착했나?

○ 사냥꾼을 사냥하다
- 잎싹은 초록머리가 무리와 어울리지 못하는 이유를 무엇이라고 생각하였나?
- 초록머리가 나그네들 속에 합류하게 된 계기는 무엇인가?
- 무리에서 초록머리의 역할은 무엇인가?
- 잎싹은 버드나무 아래의 굴에서 무엇을 발견했나?
- 잎싹은 초록머리를 사냥하려는 족제비를 따돌리기 위하여 어떤 행동을 하였나?

○ 아카시아 꽃처럼 눈이 내릴 때
- 봄이 오니 무리들은 어떻게 되었나?
- 잎싹의 또 다른 소망은 무엇인가?
- 잎싹은 결국 어떻게 되는가?

내용을 어떻게 나누어 지도할 것인가

이 책은 몇 년 전에 읽었지만 지도안 작성을 위해 다시 읽게 되었다. 전에는 건성으로 읽었는지 다시 읽어보니 마음이 뜨거워지면서 감동의 눈물이 흘렀다.

이 책은 3부분으로 나누어 지도계획을 세운다.

　　○ 닭장을 나와 아카시아나무 아래 살게 되기까지
　　○ 알을 품게 되어 청둥오리를 세상에 내놓기까지
　　○ 청둥오리가 추운 나라로 떼지어 날아가기까지

도입부

50분 수업을 계획한다면 도입부는 10분 정도를 할애한다.

　　○ 마인드맵을 사용하여 책의 내용을 개관한다.(기본 마인드맵 자료 준비)

　　○ 닭장에 가본 적이 있는지요?

　　○ 닭과 관련된 속담으로 빈칸 채우기(백지 준비)

　　○ '마당을 나온 암탉'이라는 제목을 보면, 무슨 내용일 것 같은가? 이야기 나누기

생각 펼치기

　　○ 창틀 채우기(등장인물)

　　○ 톱 텐 리스트(잎싹이 잘한 일) 만들기

　　○ "나는 괜찮아. 많은 것을 기억하고 있어서 외롭지 않을 거다."라고 잎싹은 중얼거린다.
　　　자신의 기분 좋은 기억들을 적어보기

　　○ 잎싹의 첫 번째 기적은 무엇인가?

　　○ 잎싹의 두 번째 기적은 무엇이었나?

　　○ 잎싹의 세 번째 기적은 무엇이었나?

　　○ 내 이름의 뜻에 대해 적고 말해보기

효과적인 종료 방법

이제 마무리할 단계이다. 기억할 내용을 주지시키면서 10~15분 정도의 시간을 할애한다. 다음 활동 중 적절한 것을 선택할 수 있다.

○ 마인드맵 완성

○ 실천 아이디어 리스트(나는 이럴 때 이렇게 하겠다) 만들기

○ 마당을 나온 암탉의 일과 나의 생활에서 일어난 일들을 적용해서 써보기(원고지 매수는 학년에 따라 조정한다. 고학년의 경우 6~9장 정도)

예제1 '마당을 나온 암탉'을 읽고 느낀 소감은?

예제2 잎싹은 꿈을 꾸던 알을 품어 청둥오리를 세상에 내놓는다.
나와 내 주위에 꿈을 꾸고 그 꿈을 이루어낸 이야기를 적어보자.

16장

생활 코치로서의 부모

우리나라의 가족 구조는 일제시대 수난의 역사를 보내고 6.25를 겪은 우리의 할머니, 할아버지 세대 그리고 해방 이후 산업화 과정을 겪으면서 단기간의 초고속 성장을 이룬 부모 세대와 그 부모 아래 풍요롭게 자란 자녀 세대가 공존하고 있다. 이러한 경제 성장 속에서 우리나라의 현실 상황은 많은 사람들에게 희망도 주었지만 좌절감도 안겨주었다. 이러한 현상은 자아정체감의 문제, 올바른 가치관의 문제, 가정문제 등 여러 가지 문제를 일으키고 있다. 이러한 사회 환경 속에서 정신없이 보냈으나 집안에서 어머니와 아버지가 시키는 일을 하거나 형제들과 더불어 살아가면서 부지불식간에 세상살이의 지혜를 터득하게 되었다.

그러나 세상은 예측 못하게 급변하고 있다. 현재 시대를 대과학시대, 1950년 이전의 시대를 소과학시대라고 한다. 현대인들은 인류 과학 발전의 90%를 보고 있다는 것이다. 학교의 정규교육을 통하여 지식을 습득하고 가족관계에서 자연스럽게 지혜를 터득하던 부모세대와 아이들이 살아갈 시대가 다르게 된 것이다. 다루는 정보의 양과 발전 양상이 상상할 수 없도록 변한 것이다.

개개인의 일상생활과 관련하여 실제의 생활과 지혜를 맞춤으로 지도하는 생활 코치가 뉴질랜드와 미국 등지에서 부상하고 있다고 한다. 일률적인 수험교육으로 자신을 개발할 여유 없이 사회에 진출하는 요즈음의 청 · 장년들에게는 잦은 갈등을 소화시키고 새 지평을 열어가는 방법을 알려줄 수 있는 맞춤 인생 코치의 수요도 절실하다. 어릴 때 외국에 유학 간 아이들에게 현지에서 적응과외라는 것이 있다고 한다. 학교수업은 어떻게 진행되며, 발표는 어떻게 하고 전체적인 분위기 파악, 특별한 문화행사 등 학교생활 전반에 관한 내용으로, 학업능력보다 빨리 그 사회에 적응능력을 키우는 과외라고 한다. 이렇게 준비한 학생들은 새 학교와 환경에 잘 적응한다고 한다.

01 | 책 읽기와 관련된 명언

책 읽기와 관련된 명언은 수백 개가 되지만 그 중에서 몇 개를 살펴보면 다음과 같다.

사람은 음식물로 체력을 배양하고, 독서로 정신력을 배양한다. - 쇼펜하우어 -

생각하지 않고 읽는 것은 씹지 않고 식사하는 것과 같다. - E. 버크 -

사색하는 데 요령이 있는 것처럼 쓰는 데에도 요령이 있으며, 독서하는 데에도 요령이 있다.
- 디즈레일리 -

독서가 정신에 미치는 영향은 운동이 육체에 미치는 영향과 다름이 없다. - 에디슨 -

사람이란 그 얼굴이나 용맹이나 조상이나 문벌을 가지고 이야기할 것이 아니다. 다만 독서한
학문인이라야 더불어 이야기할 수 있느니라. - 공자 -

조용헌은 조선일보에 연재되고 있는 조용헌 살롱에서 "독립불구(獨立不懼 : 홀로 있어도
두렵지 않음)하고 둔세무민(遁世無悶 : 세상과 떨어져도 근심이 없음)할 수 있는 힘은 바로 독
서의 습관에서 나온다."라고 하였다. 그는 또 소개하기를 "독서를 통하여 불운을 견딜 수 있
었던 사람 가운데는 중세 피렌체 공화국의 서기관이었던 마키아벨리…. 낮에는 주막집에서
시골의 장돌뱅이들과 어울렸지만, 밤이 되면 흙으로 더러워진 평상복을 벗고 관복으로 갈아
입은 다음, 책이 가득한 서재로 돌아가 독서에 몰입하곤 하였다." 시오노 나나미는 『나의 친구
마키아벨리』〈한길사〉에서 그 대목을 이렇게 묘사하였다. "예절을 갖춘 복장으로 몸을 정제한
다음, 옛사람들이 있는 옛 궁전에 입궐하지… 그곳에서 나는 부끄럼없이 그들과 이야기를 나
누고, 그들의 행위에 대한 이유를 물어 보곤 하지. 그들도 인간다움을 그대로 드러내고 대답
해준다네. 그렇게 보내는 네 시간 동안 나는 전혀 지루함을 느끼지 않네. 모든 고뇌를 잊고,
가난도 두렵지 않게 되고, 죽음에 대한 공포도 느끼지 않게 되네." 만약 마키아벨리가 독서하
는 습관이 없었더라면 어려운 시절에 자살했을 가능성이 높다.

동양의 식자층들은 어땠는가. 중국 당나라의 관료들은 관청에서 퇴근하면 부인, 자식들과 저
녁식사를 하면서 잠깐 이야기를 나눈 후에 곧바로 서재로 들어가곤 하였다. 가장이 한번 서재로
들어가면 누구도 그 독서를 방해할 수 없었다. 그러다가 정년퇴직을 하면, '그 동안 읽지 못했던
책을 이제야 마음 놓고 실컷 읽을 수 있겠구나!' 하면서 더욱 독서에 몰입하였다고 한다(조선일보,
2005. 2. 25).

02 | 책 읽는 부모

문자를 개발하여 사용한 이후로 인간은 독서를 통하여 지적이고 정서적인 욕구와 탐구심을 개발하여 왔으며 시대의 변천에 따라 그 목적과 방법은 다소 다른 양상으로 나타나고 있다. 현대에 들어와서 일반적 독서의 목적은 대략 다음과 같이 크게 나눌 수 있다.

1) 인간의 생활을 풍요롭게 하는 교양을 위하여, 2) 일정 분야의 개선과 개발 연구를 위하여, 3) 일상에 필요한 생활 정보와 수단을 얻기 위하여, 4) 여가선용과 오락을 위하여, 5) 사고능력과 커뮤니케이션 능력을 키우기 위해서이다. 사람들은 책을 읽으면서 즐거움을 얻으며, 사고력을 높일 수 있으며, 필요한 지식을 얻을 수 있으며, 감성을 높일 수 있으며, 좋은 책을 통하여 올바른 가치관을 형성해나갈 수 있으며, 나아가 마음의 병도 치료해줄 수 있다. 그러므로 어린 시절에 좋은 책을 많이 읽을 수 있다는 것은 위에 언급한 많은 장점들을 자신의 것으로 만들 수 있다는 것을 의미한다.

책 읽기는 음식 먹는 것과 같다고 생각된다. 아이들이 맛있게 먹어본 음식은 다 큰 후에라도 다시 그 음식을 먹고 싶어하는데 이러한 이유 때문에 어머니들은 어린아이가 간난아기 시기를 조금 지나면 이유식을 통하여 각종 식품의 맛을 보여주는 것이다. 이와 같이 어린아이들에게 책 읽기는 아주 재미있는 것이라는 인식을 심어주는 것은 매우 중요한 일이다. 이러한 재미있는 책 읽기의 경험은 일생을 살아가면서 그의 인생관을 넓고 깊고 풍요롭게 하며 또한 올바르게 해줄 수 있다. 어른들은 어린이들에게 이러한 책 읽기의 즐거움을 가르쳐주고 몸소 실천하는 생활을 해야 할 것이다.

독서의 힘이라고 할 수 있는 듣기, 말하기, 읽기, 쓰기의 과정은 상호 보완적이면서 통합된 지식 습득 능력이라고 할 수 있다. 요즈음은 독서 지도가 각급 학교에서 교과목으로 채택되어 보편적으로 이루어지고 있으며, 가정에서도 관심 있는 학부모들을 중심으로 활발하게 진행되고 있다. 이와 같은 독서 붐은 아동도서 출판계에도 적잖은 바람으로 작용하고 있다.

린다 수 박은 그의 저서 『사금파리 한 조각』에서 독서 습관 들이기에 대한 조언을 다음과 같이 하고 있다. "책 읽기를 좋아하는 어린이들은 여러모로 행운입니다. 공부를 잘하게 될 뿐 아니라 집 밖을 나서지 않고도 전 세계를 탐험할 수 있거든요. 사람이나 어떤 문제에 대해 보다 깊게 들여다볼 수 있는, 사려 깊고 현명한 어른으로 자라날 잠재력도 얻게 되고요, 즐거움이라는 최고의 방법을 통해 지식을 얻기도 하지요. 아이들이 책 읽기를 좋아하게 하려면 부모들은 어떻게 해야 할까요? 일찍 시작하세요, 모범을 보이세요, 함께 하세요, 아이들이 책을 즐기도록 해 주세요. 책 읽기의 기쁨은 아이들이 받을 수 있는 가장 훌륭한 선물이예요."라고 조언하고 있다.

03 | 가정의 독서 환경 실천방법

부모는 가정에서 자녀들이 책을 가까이 하고 읽고 싶은 생각이 들도록 분위기를 조성해야 한다. 요즈음 TV 끄기 운동이 벌어지고 있는 가정이 늘고 있어 책 읽는 분위기를 조성하고 가족 간의 대화도 활발하게 이루어지기 시작했다고 한다. 사회적으로는 군, 면 혹은 구 단위 내지는 동네마다 공공도서관 또는 작은 도서관을 지어 주민들이 쉽게 자료에 접할 수 있는 여건을 조성해야 한다.

또한 각급 학교의 경우 학교 도서관과 학급문고의 적극적인 활용이 필요하다. 이것은 어린이의 독서 흥미를 유발하고 독서 수준을 꾸준히 향상시킬 수 있는 원동력이 될 것이다. 또한 가정에서는 부모를 중심으로 독서 분위기를 조성하는 것이 중요하다. 우선 부모가 책 읽기에 모범을 보이고, 자녀에게 책을 선물하면서 독서를 권장하고, 읽은 책의 내용에 관한 이야기를 나누는 분위기를 조성할 필요가 있다. 서울 방학초등학교에서 실천한 독서 지도 실천사례에서 학부모들이 도와주어야 할 사항으로 홍보한 내용을 살펴보면 다음과 같다.

"부모가 솔선수범 보이기, 외식보다는 함께 책방을 둘러보거나 도서관에 같이 가기, 하루 30분 독서하기, 일주일에 한 번은 가족 독서 토론회 열기, 뜻 깊은 날에는 책이나 도서상품권으로 선물하기, 언제나 책 한 권은 내 손 가까이 두기, 도서관 이용을 습관화하기, 일기를 쓰고 독서 후의 기록을 습관화하기, 학급문고 협조, 독서 위생 지도" 등이 있었다.

끝으로, 인쇄된 책보다 텔레비전이나 비디오, 인터넷 등 전자매체에 대한 자녀들의 선호도에 어떻게 대처할 것인가를 연구해야 한다. 정보가 중요시되는 현대 사회에서는 인간이 가장 중요한 자원이 된다는 것이다. 왜냐하면 지식과 정보가 바로 인간에 의해 생산되기 때문이다. 이상적인 독자는 현대 사회가 추구하는 가장 이상적인 인간형으로 바로 지식과 정보를 효율적으로 다루는 사람이다. 따라서 탐구심이 강한 아동들은 인쇄매체만이 아니라 영상매체와 전자매체를 활용하여 정보를 습득하는 것은 당연하다. 그러나 책을 읽는 즐거움을 한번 경험한 아동들은 여전히 책을 즐겨 찾을 것이다. 책만큼 강한 정보 전달력을 지닌 매체는 아직까지 없는데 그 이유는 책은 이동이 편리하며 언제 어디서나 기계의 도움 없이 자유자재로 뛰어넘어가며 읽을 수 있는 가장 편리한 독서 자료이기 때문이다.

이제 우리는 망설임 없이 자신을 위하여 그리고 자라나는 자녀들에게 독서의 즐거움을 맛보이기 위하여 온갖 방법을 동원하여 읽히고, 독후 처리 방법을 습득시켜서 21세기를 살아가는 데 필요한 정보 활용력을 키워주기 위하여 온 힘을 기울여야 할 것이다.

04 | 정보사회, 지식사회 그리고 독서

　21세기를 살아가야 할 청소년들이 추구해야 할 주요한 가치 덕목은 많지만 주로 다음의 내용들이 논의되고 있다. 즉 1)문화 이해, 2)의사 소통 능력, 3)자기관리, 4)수에 대한 이해, 5)외국어 능력, 6)창의성, 7)리더십, 8)정보매체 이용 능력이며 그밖에도 어린이의 소비습관, 경제교육, 시간관리 등이다.

　21세기에 살아남기 위한 생존 전략기법으로 창의성(Creativity), 의사 소통(Communication), 협업능력(Collaboration), 문제해결능력(Problem Solving), 통찰력(Insight), 관리능력(Management) 등을 들고 있다. 필자는 여기에 독서 능력(Reading Power)을 더하고 싶다.

　청소년들은 부모와의 관계가 정상적일 때 정서적으로 안정감을 보이며, 공부도 해라가 아니라 스스로 실력을 쌓는 것이 필요하다고 느낄 때 잘하게 된다고 한다. 이 모든 가치 덕목에 필요한 기초능력은 독서 능력이라고 할 수 있다.

　우리가 살고있는 현대사회는 정보화 사회로서, 대량의 정보가 매우 신속하게 전달, 습득되는 시대이다. 정보화 사회라는 용어는 1962년 F.마흐루프가 미국 사회를 지칭하여 처음으로 사용한 것으로, 통신·컴퓨터·교육·정보 서비스 등의 정보 관련 산업에 종사하는 사람이 총인구의 3분의 1에, 이런 산업에 의한 생산이 국민총생산의 3분의 1 이상에 달하는 사회를 의미한다. 정보에 대한 가치는 컴퓨터와 통신의 발달로 정보의 처리와 전달이 신속해지고 일반인이 다양한 정보를 쉽게 접하게 됨으로써 정보에 대한 이용도가 높아지기 때문에 창출된다.

　이러한 '고도정보화사회'는 '지식사회'라고도 불릴 만큼 정보가 곧 가치 있는 재화(財貨)로 인식되는 사회적 특성을 지닌다. 이러한 사회에서 정보의 이용능력은 곧 그 사람의 능력과도 동일시될 수 있다. 그만큼 현대사회에서 정보매체를 활용할 수 있는 능력은 중요하며, 넘쳐나는 방대한 양의 정보를 효과적으로 선별, 습득할 수 있는 능력이야말로 앞으로 미래를 책임지게 될 청소년들이 반드시 갖추어야 할 요건이다. 독서 능력은 가정과 학교와 사회가 공동으로 책임을 지고 지도해나가야 할 중요한 업무이며, 독서 능력은 정보력의 기초적 능력이라고 본다.

오늘날 인류는 과거 어느 시대에도 경험하지 못한 새로운 유비쿼터스(Ubiquitous) 혁명을 맞이하고 있다. 즉, 이제까지의 정보화는 현실세계에 존재하는 모든 것을 디지털화하고 이를 컴퓨터와 네트워크가 창조한 새로운 사이버 공간에 집어 넣는 작업이었다. 그러나 유비쿼터스(Ubiquitous) 혁명은 현실에 있는 모든 객체(집, 교량, 컵, 신발, 옷 등등 무수한 사물에 이르기까지)를 대상으로 컴퓨터와 센서 그리고 칩을 심는 작업이라고 할 수 있으며, 이들이 상호 네트워크로 연계되어서 작동할 수 있도록 하는 것이다.

"Any time, Any Where, Any Device to Network"라는 유비쿼터스(Ubiquitous) 의 본질적 특성을 고려할 때, 그러나 아직 우리사회는 새로운 디지털 기술에 대한 관심과 이해가 상당히 부족하고 특히 유비쿼터스(Ubiquitous) 혁명을 앞당김에 있어서 필수적이라 할 수 있는 학제 간(interdisciplinary), 업종간 협력은 미미한 수준에 머물고 있다.

이제 농업사회와 산업사회에서 금과옥조로 여기던 부지런하고 열심히 일하는 것만으로는 경쟁에서 이길 수 없으며, 혼자서 많이 알고 있는 것이 항상 경쟁에 유리한 것이 아니다. 네트워크를 통하여 상호협력하면서 변화의 방향과 내용을 읽고, 변화에 적응하는 것이 무엇보다 중요하다.

첨단과학의 디지털 그리고 유비쿼터스의 세상이 되어도 사람들은 여전히 책을 읽고 있을 것이다. 과연 그 이유는 무엇일까? 아마도 책이 전달하는 유익한 어떤 것이 있기 때문이라고 생각한다. 책이 다른 메시지에 비해 효과적으로 전달한다고 이해되는 메시지에 대하여 다음과 같이 설명하는 학자(김정근, 2004)가 있다. 즉,

　○ '훈육하는 메시지' 가 있다(각성을 위한 메시지, 깨우침을 주는 메시지).
　○ '능력을 주는 메시지' 가 있다(성취의 수단이 되는 메시지이며, 주로 정보, 지식과 관련을 가진다).
　○ '치유하는 메시지' 가 있다(상처를 치유하고 성숙에 이르도록 안내하는 성질을 가진다).

우리는 누구나 꿈을 꾸며, 그 꿈이 언젠가는 이루어진다는 생각을 가지고 살고 있다. 요즈음도 성공한 사람들의 이야기를 들어보면 오랫동안 꿈꾸어 오던 것을 드디어 이루어 낸 이야기들이다. 10대들은 꿈을 키워야 한다. 그러나 그들이 그 목표를 설정하기 전에 먼저 해야 할 일이 있다. 그것은 자신이 정말 잘 할 수 있는 일과 진짜 하고 싶은 일과 사회에서 필요로 하

는 일과 옳다고 확신이 드는 일이 무엇인지를 적어보고 정하는 것이다. 진정한 자신의 내면의 목소리는 자신이 잘하고, 하고 싶고, 사회가 필요로 하며, 옳은 일들의 교집합으로 이루어진 다고 생각된다. 그러나 대부분의 10대들은 그것이 무엇인지를 확실히 모르기 때문에 열심히 학업에 정진하는 가운데 깨닫게 되는 것이다. 그래서 1990년대의 '난 알아요'가 새로운 문화 코드가 되었고 대단한 선풍을 일으킨 것이다. 지금도 '난 알아요'를 자신있게 소리치기는 쉽 지 않다. 부모들은 10대들의 갈등을 줄여주고 자신이 확신하는 일을 찾고 다른 사람도 이롭 게 할 수 있는 사람들이 될 수 있도록 도와주어야 한다. 그것은 바로 올바른 독서를 통해서 이 루어질 수 있다.

이제 이러한 책 읽기를 통하여 자녀들에게 변화에 유연하게 적응할 수 있는 힘을 키워주자. 독서의 힘을 키워주자.

참고문헌_

● 고은진 역. 2003. 사카토 겐지 저. 『메모의 기술』. 해바라기.
● 공경희 역. 2004. 멤폭스 저. 『현명한 아이로 키우는 독서육아법』. 중앙M&B.
● 교육부. 1997. 〈초·중등학교 교육과정〉. 교육부 고시 제 1997-15호.
● 김경희, 이상경, 김명환, 김재윤. 1995. 〈제3회 국민 독서 실태 조사〉. 독서새물결운동추진위원회.
● 김동일, 이대식, 신종호 공저. 2003. 『학습장애 아동의 이해와 교육』. 서울: 학지사.
● 김봉순. 1996. 〈텍스트 의미 구조의 표지 연구〉. 서울대학교 박사 학위논문.
● 김승환. 2003. 〈독서자료 분석제공이 독서활동에 미치는 영향〉. 한국문헌정보학회지 37,4, pp.89~111.
● 김종철. 2003. 〈근대 초기의 독서론〉. '독서연구' 제10호. pp.77~100.
● 김정근. 2004. 〈김정근의 독서치료 이야기: 스캇펙(M. Scott Peck)을 아십니까?〉. 국회도서관. 2004
년 6월호. pp.58~61.
● 김현애. 2005. 『단계별 독서지도. 독서지도 기초과정』. 국립중앙도서관. pp.33~47.
● 김효정, 김승환, 한복희, 송영숙. 1992. 『독서의 힘』. 서울: 구미무역출판사.
● 김효정, 김승환, 한복희, 송영숙. 1997. 『독서교육의 이론과 실제(개정판)』. 서울: 한국도서관협회.
● 남태우, 김중권. 2004. 『한국의 독서문화사』. 서울: 태일사.
● 노명완 등 저. 1998. 『국어과 교육론』. 서울: 갑을출판사.
● 노명완. 1996. 〈독서 개념의 현대적 조명〉. '독서 연구' 창간호. 한국독서학회.
● 민병덕 역. 1989. 모티머 J. 애들러, 찰스 반도렌 지음. 『독서의 기술』. 서울: 범우사.
● 박수자. 1993. 〈읽기 전략 지도 교재 구성에 관한 연구〉. 서울대학교 박사 학위 논문.
● 박영목 외. 2001. 〈창의적 학습능력 신장을 위한 효과적인 독서지도 모형개발연구〉. 교육인적자원부
정책연구과제(정책 2001-3)
● 박정길. 2004. 〈한국인의 독서부진 요인에 관한 연구〉. 미간행 박사학위논문. 부산대학교.
● 박종용. 2004. 『초등독서지도 직무연수 자료집』. 충청남도교육연수원. 교육과정. pp.83~91.
● 손정표. 2001. 『신독서지도방법론』. 대구: 태일사.
● 신연식. 1982. 『유아교육개론』. 서울: 형설출판사.
● 양재한 등 저. 2001. 『어린이독서지도의 이론과 실제』. 대구: 태일사.
● 이선옥. 2004. 경기대학교 평생교육원 독서와 논술 교재.
● ______. 2002. 〈읽기학습부진아를 위한 개별화 프로그램이 자아개념 및 읽기능력에 미치는 효과〉. 미
간행 석사학위 논문. 가톨릭대학교 교육대학원.
● 이원수. 2001. 『아동문학입문』. 서울: 소년한길. p.100.
● 이인한. 1996. 〈SQ3R 독서전략이 학업성취와 읽기능력에 미치는 효과〉. 미간행 석사학위논문. 대
구대학교 교육대학원.
● 전정재. 2001. 『독서의 이해』. 서울: 한국방송출판.
● 정기철. 2000. 『읽기교육의 이론과 실제』. 서울: 도서출판 역락.
● 정범모. 1992. 『21세기의 사회, 인간 그리고 교육』. 한국교육개발원.

● 정옥년. 2001.『독서력 지도 어떻게 할 것인가』. 서울: 카톨릭문화원.

● 정옥년 역. 2003.『독서전략을 활용한 교과학습 지도』. 서울: 카톨릭문화원.

● 조국남. 2003. 〈사회과 '전략적 읽기 교수방법'의 개발과 효과성 검증〉. 미간행 박사학위논문. 서울대학교.

● 천경록. 〈읽기 교육 과정의 변천과 구조화〉. 청람어문학 16. pp.108~146.

● 천경록, 이재승 등 저. 1998.『읽기교육의 이해』. 서울: 우리교육.

● 한국독서학회. 2003.『21세기 사회와 독서지도』. 서울: 도서출판 박이정.

● 한국성과향상센터. 2004.『창의적 교수법』저자 Bob Pike의 자료워크시트.

● 한국아동상담센터 편역. 2004. 루이 라플레르, 드니즈 델랑-마르케 지음.『학습장애클리닉』. 한울림.

● 한복희. 1995.『풍부한 지식 논술이 풀린다』. 서울: 대청마루.

● 한복희. 2004.『독서클리닉의 이론과 실제』. 서울: 도서관협회.

● 한윤옥. 1997.『어린이 정보자료와 활용』. 서울: 아세아문화사.

● 한철우. 1992. 〈효율적인 어휘 지도 방안〉. 교원 교육 8권 1호. 한국교원대학교 교육연구원.

● ______. 1995. 〈독서 지도의 개선 방향. 독서 연구의 과제와 전망〉. 한국독서학회 창립 기념 학술 발표 대회 자료집.

● Bandura, 〈Self-Efficacy: Toward Unifying Theory of Behavioral Change. Psychological Review〉, 84, 2. pp.191~215.

● Bob Pike,『창의적 교수법』, 한국성과향상센터.

● Stanley, Jacqueline D. 1999.『Reading to Heal: How to Use Bibliotherapy to Improve your Life』. Boston: Element Books.

● www.mamapapa.co.kr 발췌.

■ **독서캠프**

■ **책을 읽고 생각을 키워요**

　_풀코스 나무여행

　_나뭇잎 프레디

독서캠프

독서 지도를 하면서 방학을 이용하여 집중적인 독서 지도와 자기 계발의 기회로 삼을 수 있다. 한국독서클리닉연구회는 2001년부터 해마다 방학을 맞이하여 독서 클리닉 캠프를 개최해왔다. 다음은 지난 8월에 시행된 여름 독서 캠프 자료를 소개한 것이다. 이 자료는 학교나 그 외 독서 지도 과정에서 1일 캠프 지도 자료로 활용할 수 있을 것이다.

제5회 한국 독서클리닉 연구회

〈여름 독서 캠프〉

안녕하세요?

저희 '한국 독서클리닉 연구회'에서는 여름방학을 맞이하여 「아이는 곧 자연이다」라는 평소 선생님들의 생각을 실천으로 옮기고자 『책이랑 숲이랑』이라는 주제로 여름 독서캠프를 마련하였습니다. 친구와 손잡고 선생님과 나란히 숲속을 산책하며, 나무와 풀꽃과 들꽃을 읽어가는 추억의 시간에 여러분을 초대합니다.

- **대 상** 초등학생 1~6학년
- **날 짜** 2005년 8월 18일(목) ~ 20일(토), 2박 3일
- **장 소** 서대산 드림 리조트 (http://www. sds-resert. co. kr)
  충남 금산군 추부면 성당리 2~2 전화. (041) 754-5097
- **참가비** 20만원
- **준비물** 필기도구(연필, 지우개, 가위, 색연필)
  학년별 필독서 2권
  세면도구 (칫솔, 치약, 수건)
  수영복(또는 간단한 복장) 양말, 속옷, 모자 등
  ◑ 개인 소지품에 이름을 꼭 써 주세요

┃ 견학지   공주 산림 박물관 전화. (041) 850-2661~3
  충남 공주시 반포면 도남리 산 21-1
┃ 신청방법 ❶전화 접수방법
  ❷전화로 참가 신청 후 은행계좌로 입금
  ◑ 궁금한 사항은 전화로 문의해 주세요.

독서 캠프 참가 신청서

독서 캠프 참가 신청서	
❶ 이름	(남 · 여)
❷ 학교	초등학교　　　　학년
❸ 주소	
❹ 주민등록번호	여행자 보험 가입시 필요
❺ 연락전화번호	핸드폰
❻ 보호자	(인)
❼ 아동에 대한 소개	독서와 관련된 기초자료이니 특별히 선생님께서 알아야 할 사항이 있으면 상세하게 적어주세요. 독서경향 흥미, 취미(특기)
❽ 캠프를 보내면서	기타사항

필독 도서 목록

Ⅰ, 2 학년	❶ 나무는 좋다 / 시공주니어 ❷ 풀꽃 친구들 / 바다어린이
3, 4 학년	❶ 아낌없이 주는 나무 / 시공주니어 ❷ 풀코스 나무 여행 / 현암사
5, 6 학년	❶ 풀꽃과 친구가 되었어요 / 창비 ❷ 나뭇잎 프레디 / 창해
참고도서 (교사용)	보리어린이 식물도감 / 보리

⬆ 위의 책들은 '독서캠프'의 필독서입니다. 꼭 읽고, 캠프 참가시 지참해 주십시요.
(분실할 경우를 대비하여 책에 자기 이름을 꼭 표기해 주시기 바랍니다.)

한국 독서클리닉 연구회

저희 '한국 독서클리닉 연구회'는 충남대학교 문헌정보학과 한복희 교수를 중심으로 대전지역에서 독서지도사, 사서, 교사로 활동하고 있는 회원(충남대학교 평생교육원 독서지도사 과정 수료)들의 연구모임입니다. 현재 유성도서관, 가수원도서관, 신탄진도서관에서 '독서 Clinic 센타' 운영 및 독서캠프 개최, 독서를 통한 사회봉사활동 등을 하고 있습니다.

책을 읽고 생각을 키워요

책이름	풀코스 나무여행
지은이	우종영
출판사	현암사(2000)

책 소개

『풀코스 나무여행』이란 책을 처음 손에 잡으면 아마 많은 사람들이 깜짝 놀라게 될 것입니다. 왜냐하면 책이 너무 가벼워서이지요. 그리고 책장을 넘겨보면 마치 옛날 책처럼 누런 종이를 만나게 됩니다. 이런 모습의 책이 된 이유는 바로 이 책을 재생 종이로 만들었기 때문입니다. 종이를 한 장 만들더라도 나무가 필요하고 그렇게 되면 더 많은 나무가 잘려야 하니까요. 그러다 보면 우리 주위에서 점점 나무의 모습은 사라져 버리겠지요?

이 책은 나무를 사랑하고 보호해야 하는 이유와 나무의 구조를 자세하고 재미있게 설명하고 있습니다. 후손에게 아름다운 강산을 물려 주고 온 인류가 행복할 수 있기 위해서 말입니다.

작가 소개

작가 우종영은 1954년 서울 정릉에서 태어났습니다. 꽃과 나무를 너무나 좋아하여 나무 가꾸는 일을 했습니다. 여러 식물들과 더불어 즐겁게 지내면서 우리 야생화들의 모습을 담는 사진 작가입니다. '푸른 공간'이라는 나무관리회사를 만들어 아픈 나무들을 고치는 나무 의사로서 일하고 있습니다. 주요 저서로『풀코스 나무여행』『나는 나무처럼 살고 싶다』『나무야, 나무야 왜 슬프니?』『게으른 산행』『나무 의사 큰손 할아버지』들이 있습니다.

생각 열기

❶ 내가 좋아하는 나무는 어떤 나무인가요?

❷ 최근에 가 본 숲은 어디인가요? 그곳에서 즐거웠던 일을 이야기해보세요.

생각 펼치기

❶ 나무 이름을 알아 맞춰주세요.

추운 곳에서 살고, 곧게 뻗은 몸매가 정말 예쁩니다.

산기슭이나 밭둑에 살고, 우산 모양으로 넓게 가지를 뻗고 있습니다.

서리에도 불면하는 의지를 상징하고 사철 푸른 잎과 꼿꼿함을 자랑합니다.

여름날 사람들에게 시원한 그늘을 만들어 주고 사람들에게 쉼터를 제공해 줍니다.

나무 모양이 세로로 갈라져 벗겨져 있습니다. 이 나무에서는 좋은 냄새가 나고 향료나 가구를 만드는 데 사용됩니다.

이 나무는 햇빛이 잘 들고 물이 잘 빠지는 곳에 심어 주고 바람 또한 솔솔 부는 곳에 심어 주면 좋습니다.

꽃은 대개 꽃잎이 다섯 장이고 꽃색은 흰색, 보라색, 자주색 등 아주 다양합니다.

꽃잎 색깔은 하얀색과 보라색이고, 꽃잎은 6~9장이다. 봄을 알리는 꽃이기도 합니다.

가로수로 쓰이기 때문에 도시에서 많이 볼 수 있습니다. 나무 껍질은 은백색입니다.

나무에게 궁금한 점을 물어보세요.

안녕하세요? 은행나무, 단풍나무님! 안녕하세요. 만나서 반가워요.

Q ________________________________

A ________________________________

Q ________________________________

A ________________________________

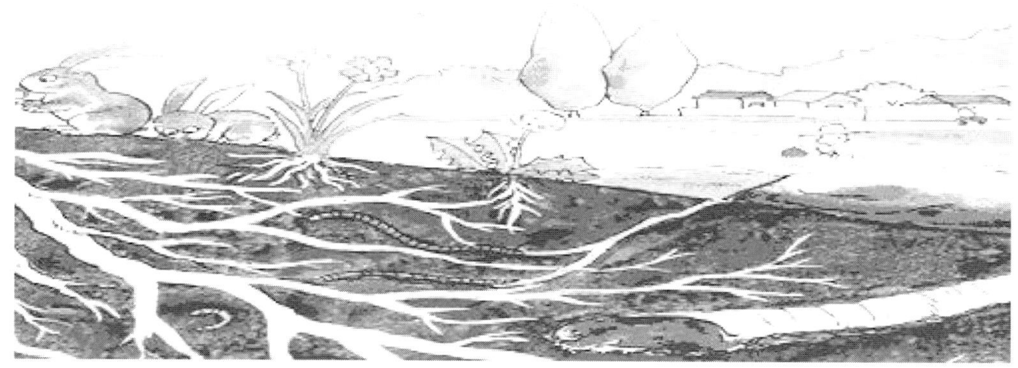

● **흙이 살아 있다**

흙 속에 사는 미생물 덕분에 흙이 살아있다. 흙 속에는 '방선균' 이라는 미생물이 있어 흙을 부드럽게 만들어 주기도 합니다.

● **흙이 하는 일 세 가지**

첫째 나무가 쓰러지지 않게 붙들어 주고 뿌리를 보호해 준다.

둘째 양분을 저장하고 있다가 나무가 필요할 때 내어 준다.

셋째 흙은 나무에게 수분과 공기를 공급해준다.

● **나무는 지렁이를 좋아한다**

지렁이가 하는 일

지렁이는 지표의 낙엽이나 땅속에 썩은 뿌리 등을 먹어 분쇄하고, 흙을 먹고, 땅에 터널을 만들고, 먹은 낙엽이나 뿌리 등 유기물을 지중 깊게 까지 운반하고, 반대로 땅속의 깊은 광물질 토양을 지표에 운반한다고 하는 것, 즉 토양과 유기물을 혼합해줍니다. 농사로 말하면, 이것은 땅을 가는 것, 「경운」이라고 하는 일을 지렁이가 하는 것이 됩니다.

① 지렁이는 땅에 떨어진 낙엽을 부식시켜 땅 속의 미생물이 잘 자랄 수 있게 합니다.

② 지렁이는 흙을 먹고 삽니다. 먹은 흙을 다시 배설하는데 이 지렁이의 배설물을 분볕토라 하며 땅심을 좋게 하는데 아주 좋습니다.

③ 지렁이의 활동으로 생긴 터널은 공기가 많이 들어갑니다. 이 때문에 땅에 많은 산소가 공급되고 땅 속의 미생물이 살기가 좋아집니다.

사육중인 지렁이

지렁이가 먹이를 먹기 전

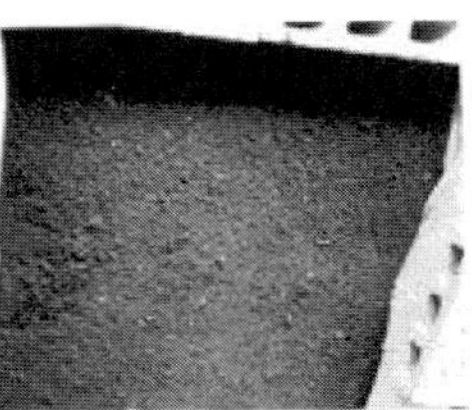

지렁이가 먹이를 먹고 난후

④ 나무는 영양분이 많은 흙을 좋아합니다. 색깔이 까만 흙은 영양분이 많고 그 흙에는 지렁이가 많다고 합니다.

⑤ 지렁이는 흙을 먹는데 지렁이의 창자를 통과한 흙은 양분을 지니는 능력이 네 배나 커진다고 합니다. 그리고 지렁이가 지나다니던 길로는 신선한 공기가 들어와서 나무가 뿌리를 뻗기 좋게 해 줍니다.

❺ 나무야, 너에 대해서 알고 싶어!

● 뿌리의 친구 - 근균

굵은 뿌리도 영양분을 공급해 주지만, 주로 작은 뿌리가 근균과 함께 영양분을 공급해 줍니다. 근균은 뿌리에 사는 미생물이고 뿌리 끝에 하얀 것이 바로 근균입니다.

● 뿌리가 하는 일

나무가 쓰러지지 않게 붙잡아 주고 산소와 수분, 영양분을 공급해 줍니다. 큰 나무를 서 있게 하려면 뿌리도 커야 합니다. 나무가 키가 크면 뿌리도 깊이 박혀 있어야 하고 가지가 넓다면 뿌리도 넓게 퍼져 쓰러지지 않게 중심을 잡아 주어야 합니다. 뿌리는 나뭇가지 모양과 비슷하게 생겼습니다.

● 보이지 않는 전쟁 - 자리를 확보하라!

숲 속의 나무는 평화로워 보이지만 속속들이 들여다보면 땅 위에서나 땅 속에서 서로 치열한 몸싸움을 벌이고 있습니다. 땅 위에서는 햇빛을 서로 받으려고 가지를 뻗어 대고, 땅 속에서는 물기를 더 많이 먹기 위해 '군사(뿌리의 끝 부분)'를 움직입니다.

● 줄기

나무의 뿌리에서 모인 수분이 굵은 뿌리를 지나 잎과 줄기로 이동하는 관이 있다. 나무는 항상 새로운 관을 만드는데 이것은 새로 트는 '눈' 들 때문입니다. 새로운 '눈' 이 이렇게 만들어진 관을 따라 물과 공기와 영양분을 공급받습니다. 이러한 관을 식물학 용어로는 '도관' 이라고 하는데 지구에 좀더 일찍 나온 바늘잎나무(잎이 뾰족한 나무)들은 관을 잘 만들지 못해 '가도관' 이라는 엉성한 관을 가지고 있습니다.

● 잎

건강한 잎은 1그램의 이산화탄소로(나뭇잎은 사람들과는 반대로 이산화탄소를 마시고 산소를 내뱉습니다.) 0.62그램의 포도당을 만들 수 있습니다.

● 꽃

나무에 암꽃과 수꽃을 따로 만들기도 하고(자웅이화), 한 꽃에 암술과 수술을 함께 만들기도 하고(자웅동주), 은행나무처럼 암나무와 수나무가 따로 떨어져 바라보기도 합니다(자웅이주). 이렇게 결혼을 준비하는 모양이 다른 것은 더 건강한 자식을 얻으려는 나무의 지혜에서 나온 것입니다.

● 열매

열매는 씨앗의 식량입니다. 씨앗은 땅에 떨어져 싹을 틔우는데, 싹을 틔우는 동안 먹을 거리가 필요한데 그게 바로 우리가 먹는 열매의 달콤한 부분입니다.

나무와 함께한 즐거운 퀴즈 시간!

1 근균은 줄기 속에 사는 미생물이다. (○ , ×)

2 나뭇가지 모양이 뿌리 모양이다. (○ , ×)

3 나무가 사는 환경과 나무 모양에 따라 뿌리 모양이 달라진다. (○ , ×)

4 현사시나무는 뿌리를 수십 미터씩 뻗어 주위의 물을 다 빨아들인다. (○ , ×)

5 심재는 부드럽고 결이 빽빽하다. (○ , ×)

6 잎을 초록빛으로 보이게 하는 것을 무엇이라고 하나요?
   (   )

7 우리나라에서 열리는 꽃 축제 3 가지를 써 보세요.
   ①
   ②
   ③

8 맛있는 열매를 맺게 하는 방법을 써 보세요.
   (   )

9 식물이 싹트기 위한 조건은 무엇인가요?
   (   )

10 식물이 자라는 데 필요한 조건은 무엇인가요?
   (   )

11 더운 날에는 물을 더 주어야 할까요, 덜 주어야 할까요?

(   )

12 한낮에 물을 주면 식물은 어떻게 되나요?

(   )

13 나무가 무럭무럭 잘 자랄 때 주의해야 하는 점은 무엇인가요?

(   )

14 겨울에는 밑동을 싸 주어야 합니다. 특히 남서쪽으로 밑동을 싸주어야 하는 이유는 무
엇인가요?

(   )

15 나무가 잘 자라기 위해서는 해충을 없애 주어야 합니다. 해충을 없애주는 방법 2가지
만 써 보세요.

(   )

16 피톤치드는 무엇인가요?

(   )

책을 읽고 생각을 키워요

책이름	나뭇잎 프레디
지은이	레오 버스카글리아
출판사	창해 (2004)

책 소개 프레디는 눈부신 봄날 나뭇가지 끝에서 태어난 연두색 이파리다. 봄바람에 몸을 맡겼던 프레디는 여름의 푸르름, 가을의 단풍을 지낸 후 하얀 눈 위로 떨어지며 속삭인다. "죽는다는 건 자연의 이치에 따라 변하는 현상일 뿐"이라고. 프레디는 자신의 죽음을 통해 우리들에게 희망과 용기를 전한다.

작가 소개 레오 버스카글리아(Leo F. Buscaglia)
1924년 로스엔젤레스의 이민가정에서 태어나 1998년 6월에 74세로 생을 마감했다. 남 캘리포니아대학에서 교육학을 전공한 후 한동안 공립학교 교사를 지냈고 그후, 남 캘리포니아대학 교육학 교수로 재직했다. 사랑하는 제자가 자살하는 사건을 계기로 19년 동안의 학교생활을 그만두고 〈러브 클래서〉라는 사회 교육 세미나를 열어, 미국 젊은이들에게 삶의 지혜와 용기를 심어주었다. 이를 계기로 '닥터 러브'라는 애칭을 얻으며 자기 달성과 사랑에 관해 전도하는 인물로 널리 알려졌다. 저서로는 『살며 사랑하며 배우며』 『아버지라는 이름의 큰나무』 『사랑이 교실』 『서로 사랑한다는 것은』 『나를 찾기 위하여』 『사랑의 철학』 등이 있다.

생각 열기 ❶ 나뭇잎 프레디의 친구들 이름을 말해 보세요.

❷ 프레디의 가장 친한 친구는 누구인가요?

❸ 가을이 되자 프레디는 어떤 색으로 물들었나요?

④ 프레디와 친구들은 왜 모두 다른 색으로 물들었을까요?

⑤ 나무가 아주 오랫동안 살아 있으리라는 것을 어떻게 알 수 있나요?

⑥ 나뭇잎들은 왜 공포에 사로잡혔나요?

⑦ 죽음에 대해 두려워하는 프레디에게 다니엘은 무엇이라고 말해 주었나요?

생각 넓히기

❶ **처음 태어났을 때 프레디의 모습은 어떠했을까요?**
   그림으로 그려서 보여주세요

❷ '사람들에게 그늘을 만들어 주는 것' 이 나무들의 존재 이유라고 다니엘은 말합니다.
여러분의 존재 이유는 무엇인지 각자 자신에 대해 써 봅시다.

❸ 나뭇잎 프레디를 읽고 4 컷 만화를 그려봅시다.

❹ 나뭇잎 프레디의 일생과 나의 삶을 비교하여 생각해보고 글로 써 봅시다.

	프레디	나
탄생	키가 큰 나무 꼭대기 근처의 가지에서	
진정한 행복		
경험	뜨거운 태양. 비, 바람,	
떠남	프레디는 자신이 살았던 나무가 아주오래 살아남을 것이라고 확신했고 자신이 그 나무의 일부임을 알게 되었다. 끝은 늘 새로운 시작이다.	

독후 활동

우리는 자기 자신에 대해서 얼마나 잘 알고 있을까요. 어떻게 하면 내 안에 숨겨진 무궁한 잠재력을 찾아내 꽃 피울 수 있을까요? 복잡한 현대를 살아가는 우리들은 내가 하고 싶은 일, 나를 행복하게 하는 일을 찾아내고 실현시키기에 여러 가지 어려운 난관에 부딪히게 됩니다. 그럴수록 나만의 가치를 제대로 발견하려는 노력이 중요하다고 생각합니다. 그런 의미에서 나의 성장 나무를 심고 가꾸어 봅시다.

– 나의 뿌리(나를 지탱하게 하는 것)

– 나의 가지(영향을 준 것 : 인물, 선생님, 가족…)

– 나의 잎(미래의 꿈을 키우기 위해 오늘도 노력하고 있는 것들)

– 나의 열매(나의 꿈, 미래의 내 모습…)

지은이 한복희

이화여자대학교 도서관학과 및 동 대학원 졸업(문학석사)
영국 러프러버대학교 정보학대학원 졸업(정보학 석사)
성균관대학교 대학원 도서관학과 졸업(문학 박사)
現 충남대학교 문헌정보학과 교수
現 한국독서클리닉센터장
現 대통령소속 도서관 정보정책위원회 위원(2009~2011)

저서 『독서교육의 이론과 실제』 한국도서관협회. 1999.
     『독서클리닉의 이론과 실제』 한국도서관협회. 2004.
     『독서 전문가들이 권하는 내 아이가 꼭 읽어야 할 그림책』 랭기지플러스. 2006.
     『초 · 중학생 독서지도를 위한 상황별 도서목록』 랭기지플러스. 2006 외 다수.

초등학생 독서와 논술

초판 1쇄_ 2005년 10월 10일
초판 3쇄_ 2009년 11월 20일

지은이_ 한복희
책임편집_ 권이준 · 윤지현
표지디자인_ 이건화
펴낸이_ 엄태상
펴낸곳_ 랭기지플러스
등록일자_ 2000년 8월 17일
등록번호_ 제 1-2718호
주소_ 서울시 종로구 종로2가 71-6
TEL_ 편집부 02-742-0582
     도서주문 02-3671-0582
FAX_ 02-3671-0500
e-mail_ info@langpl.com
Homepage_ www.langpl.com

• 이 책의 내용을 사전 허가 없이 전재하거나 복제할 경우
  법적인 제재를 받게 됨을 알려 드립니다.
• 잘못된 책은 구입하신 서점이나 본사에서 바꿔 드립니다.

ISBN / 978-89-5518-394-8 13370

이 도서의 국립중앙도서관 출판시도서목록(CIP)은 e-CIP 홈페이지(http://www.nl.go.kr/cip.php)에서
이용하실 수 있습니다. (CIP 제어번호 : CIP2007000481)